KB158440

ESG 2.0

ESG 2.0

김용섭

자본주의가 선택한 미래 생존 전략

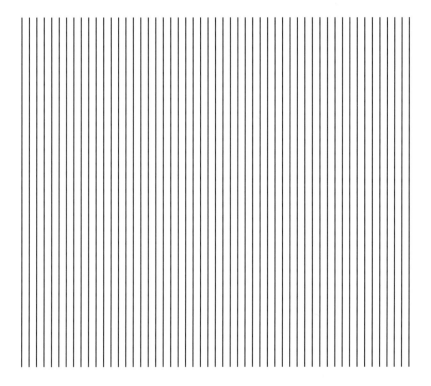

퍼블리온
Publion

> **"지속가능성에 초점을 맞추는 것은
> 환경론자이기 때문이 아니라 자본가이기 때문이다."**
>
> - 래리 핑크(Larry Fink, 1952 ~), 세계 최대 자산운용사 블랙록BlackRock 회장/CEO
>
> * ESG 투자 열풍을 촉발한 장본인이자 1경 원 이상의 거대 자본을 굴린다.

———

> **"ESG가 중요하다는 데는 이의가 없지만,
> 회사의 가장 큰 목표는 합법적 방법으로 수익률을 올리는 것이다."**
>
> - 워런 버핏(Warren Buffett, 1930 ~), 투자 지주회사 버크셔해서웨이Berkshire Hathaway 회장/CEO
>
> * 투자 역사상 가장 위대한 투자가로 꼽히는 '오마하의 현인', 가치주 투자의 대가다.

———

> **"측정하지 않으면 관리할 수 없고,
> 관리할 수 없으면 개선할 수 없다."**
>
> - 피터 드러커(Peter Drucker, 1909~2005), 미국의 경영학자
>
> * 경영학의 아버지로 추앙받는 경영 구루, 스스로는 '사회생태학자social ecologist'라고 불렀다.

———

> **"기업과 개인의 경제활동의 자유를 최대한 보장하고
> 국가의 간섭은 최소화해야 한다."**
>
> - 애덤 스미스(Adam Smith, 1723 ~ 1790), 영국의 정치경제학자
>
> * 경제학의 아버지로 불리며, 《국부론》 저자이자, 자본주의의 개념을 정립했다.

가장 자본주의적인 인물 4명의 말을 왜 시작부터 인용해서 제시하는 걸까? 자본주의 개념을 만든 사람부터, 자본주의의 중심세력 중 하나인 기업의 경영이론을 만든 사람, 그리고 자본주의의 꽃인 금융자본(투자자본)에서 가장 성공한 두 사람이다. 영국인 1명과 미국인 3명이다. 자본주의를 태동시키고, 자본주의를 발전시키고, 현존하는 최고의 자본주의 국가의 사람들이다. 래리 핑크와 워런 버핏은 자산운용사와 투자회사를 창업해 억만장자가 되었다. 워런 버핏은 <포브스Forbes> 억만장자 순위에서 전 세계 5위, 버크셔해서웨이는 전 세계 기업 중 시가총액 순위 7위다. 블랙록BlackRock의 운용자산AUM 규모는 10조 100억 달러(2021. 12. 기준)로 한화로 1경 2,000조 원대이고, 한국의 GDP보다 5.5배 정도 많다.

이들은 자본주의 개념을 만든 경제학의 아버지, 경영학의 아버지, 그리고 투자자본의 큰손이자 억만장자로 이뤄진 자본주의 어벤저스 4명인 셈이다. 자본주의를 가장 잘 이해하고 있는 사람이자, 자본주의가 계속 진화하며 생존하길 가장 바라는 사람일 것이다. 두 명은 이론가이고 두 명은 투자자본가다.

시대도 조금 다르지만 이들의 말로 이 책을 시작하는 건, 이 말에 담긴 의미가 ESG 경영이 가야 할 방향을 말해주기 때문이고, ESG 2.0의 핵심이 되기 때문이다. 이 책을 읽기 전인 지금 이 말들의 의미를 되새겨보고, 이 책을 다 읽고 나서 다시 돌아와 이 말의 의미를 되새겨보길 바란다. 아마도 같은 말에서 다른 의미, 여러 가지 생각들이 떠오를 것이다. ESG 2.0은 ESG의 진화 과정 중 하나다. 이후 ESG 3.0으로도 진화해야 하고, 금융자본과 산업(기업)자본 모두를 위해서라도 ESG는 필수다.

착한 ESG가 아니라 합리적 ESG가 필요하다
방어적 ESG가 아니라 공격적 ESG가 필요하다

ESG는 기업의 미래가 걸린 비즈니스

ESG를 '착하다'라는 시각으로 이해하는 사람들이 가장 바보같다. 그런 이해로는 ESG를 왜곡해서 바라보고 방어적으로 대응할 수밖에 없다. 아마도 많은 사람의 관심사가 과연 ESG가 일시적 유행일지, 어디까지 해야 할지(돈을 얼마나 써야 할지)가 아닐까? 이런 질문 자체가 ESG를 수동적, 방어적으로 받아들인다는 증거다. ESG 워싱과 ESG 쇼잉, ESG 한계론과 ESG 회의론 등이 나오는 건 ESG가 정말 필요 없어서가 아니라, 역설적으로 ESG가 대세가 되고 필수가 되었기 때문이다. 빛이 밝을수록 그림자는 짙고, 기회가 커질수록 제대로 하지 못해서 생기는 위기도 크다.

ESG 2.0은 완전히 새로운 ESG가 아니라, ESG가 제 궤도에 들어섰음을 의미한다. ESG를 받아들이는 과정에서 초기에 겪는 과도

한 버블, 마케팅적 접근에서 비롯된 ESG 워싱과 쇼잉은 불가피하다. ESG 자체가 가진 문제가 아니라 ESG를 받아들이고 활용하는 이들이 가진 이해관계의 상충에서 생긴 문제다. 결국 초기 단계를 지나 제 궤도에 들어서면 해소될 문제다.

한국 사회에서 ESG 경영이 강조되기 시작한 건 겨우 2020~2021년이다. 유럽과 미국이 주도하는 ESG 투자와 ESG 경영 흐름 속에서 한국 기업들은 지극히 방어적, 소극적으로 대응하는 후발주자일 수밖에 없었다. 하지만 ESG는 선택이 아닌 필수이고, 결국 기업의 경쟁력이자 격차를 만든다. 글로벌 비즈니스 환경에선 후발주자라고 양해해달라고 할 수도 없다. 앞서나가지 못하면 결국 뒤처질 뿐이다. ESG 2.0도 유럽과 미국이 앞서가고 있다. 먼저 시작했고 먼저 초기의 문제도 겪고, 먼저 진화하며 ESG 경영이 가야 할 제 궤도에 본격 진입하고 있다.

이제 한국 기업도 ESG가 아니라 ESG 2.0으로 고속 진화해야 한다. 아직 ESG를 제대로 시작조차 하지 않았는데 ESG 2.0을 해야 하느냐고 반문하는 사람도 있다. ESG 선발주자들이 겪은 초기의 시행착오를 후발주자들이 그대로 겪을 필요는 없다. ESG는 실전이다. 그리고 기업의 미래가 걸린 비즈니스다. 늦을수록, 제대로 못할수록 결국 위기만 커진다. 시간이 걸리고 돈이 들더라도 ESG 경영을 받아들여야 하는 게 지금 시대 기업의 숙명이다. ESG 2.0 화두를 받아들이든, 그러지 않든 상관없다. 어차피 모든 기업이 살아남진 못한다. 점점 기업의 수명은 짧아진다. 아무리 잘나가던 글로벌 기업이라도 세월의 흐름을 무시할 수 없다. 변화에 둔감하면 망한다. 적자생존은 생물학에서만 통하는 말이 아니라 기업에도 통한다. 변화하는 환경에 적응하는 자만 살아남고, 그러지 못하면 도태된다. 지금 시대 기업이 적응해야 할 환경이 바로 ESG 2.0이다.

ESG는 환경Environmental, 사회Social, 지배구조Governance를 합친 말이다. 그동안 기업의 매출, 영업이익, 순이익 등 재무적 지표가 기업의 가치를 판단하는 전통적 지표였다. 그런데 이젠 비재무적 지표로만 보던 E, S, G가 기업의 성과와 재무적 지표에 결정적 영향을 미치는 요소로 부상했다. 지속가능하게 경영하려면 비재무적 지표도 중요하게 다뤄야 하기 때문이다.

ESG라는 용어는 2004년에 유엔글로벌콤팩트UN Global Compact가 발표한 〈Who Cares Wins – Connecting Financial Markets to a Changing World〉 보고서에서 처음 등장했는데, ESG에 해당하는 지속가능 경영은 그전부터 활발하게 쓰이고 있었다. 자본주의가 지속가능 경영을 선택하고, 자본주의가 ESG를 선택했다.

결코 ESG는 반자본주의적 어젠다가 아니다. ESG는 금융자본과 산업자본 모두에 이득이 될, 돈 버는 방향이지 절대 세상을 위해 이로운 행동을 하는 게 목적이 아니다. 곧 ESG는 돈 쓰는 것이 아니라 돈 벌기 위해서 필요하고, 지속가능 경영은 더 이상 사회적 가치가 아니라 기업이 가질 최고의 비즈니스 가치다.

ESG에 대한 개념 이해는 이 정도면 충분하다. ESG에 대한 이해가 전혀 없더라도, 이 정도만 알고 책을 읽으면 된다. 오히려 왜곡된 이해를 한 사람보다는 아예 백지인 상태가 낫다. ESG를 암기하듯 원론적 개념만 알고 있는 사람이 오히려 ESG를 둘러싼 빠른 트렌드 변화에 둔감할 때가 있다. ESG는 시험치기 위해 공부하듯 외우려 들지 말고, ESG 트렌드 속에서 기회를 찾는 데 주목해야 한다. 'Part 3. ESG, 견고하게 구축된 금융자본의 리스크 관리 체계'에서 다시 ESG 개념을 다루겠지만, Part 1부터 순차적으로 읽기 권한다. ESG 개념을 이해하기 전에 먼저 기업은 왜 ESG 경영을, 투자기관은 왜 ESG 투자를 하는지 최신 사례 중심으로 이해하는 게 우선이다.

ESG 경영과 ESG 리더십

이 책은 크게 7개 파트로 구성되었다.

첫 번째로 기업의 존재 가치와 기업가의 존재 이유를 얘기하면서, 기업의 경영과 ESG가 어떤 관계를 가시는지 사례 중심으로 본다. 두 번째로 투자자본의 존재 가치와 투자기관의 존재 이유를 얘기하면서, 투자와 ESG가 어떤 관계를 가지는지 사례 중심으로 본다. 첫 번째, 두 번째 파트에서 자본주의의 두 주인공인 기업(기업가, 경영자)과 금융자본(투자자본)이 ESG와 어떻게 연결되는지 본다.

그리고 세 번째로 ESG가 비즈니스, 자본주의와 어떻게 관계를 갖는지, 금융자본이 ESG를 통해 리스크 관리 체계를 구축하는 이유를 다룬다. 네 번째, 다섯 번째는 ESG 2.0을 다루는데, 네 번째 파트에선 비즈니스 전환으로서 ESG 2.0을, 다섯 번째 파트에선 글로벌 기업들의 초격차 전략으로서 ESG 2.0을 다룬다.

여섯 번째는 ESG를 둘러싼 리스크와 비판론에 해당하는 ESG 워싱, ESG 쇼잉, ESG 버블, ESG 회의론, ESG 한계론 등을 다루며 ESG 자체가 아닌 ESG를 다루는 태도와 전략에서 드러난 문제와 함께, ESG 1.0 단계에서 주로 드러난 리스크들을 다룬다.

그리고 마지막으로 새로운 리더십으로서 부각되는 ESG 리더십을 다루며, ESG를 위해 리더가 얼마나 중요한지 다룬다.

7개의 파트별 주제는 서로 별개가 아니다. 앞에서 이해한 내용이 뒤에서 다시 연결된다. 그래서 순차적으로 이해를 쌓아가며 읽길 권한다. 책을 집필하면서 가장 공들인 것 중 하나가 7개 파트의 주제(그 안의 세부적인 이슈들)와 순서를 정하는 것이었다. ESG가 단순히 개념만 이해하고 대응할 수 있는 것이 아니기에, 더 전략적으로 이해하도록 하고 싶었다.

ESG 2.0으로 진화하고, 그 속에서 기회를 찾아라

이 책은 쉽지 않다. 다양한 사례 중심으로 최대한 쉽게 쓰려고 노력했지만, ESG 자체가 아주 방대하고 거대한 주제인 데다, E, S, G 각기 방대하다 보니 수많은 이야기가 쏟아지듯 이어진다고 느껴질 것이다. 그래서 중심을 잘 잡아가며 읽어야 한다. 책을 읽다가 흔들리면 프롤로그로 돌아왔다가 다시 진도를 나가도 좋다. ESG 연대기와 ESG 맵을 만든 것도 같은 이유다. 한 권을 다 읽기도 전에 뭔가를 파악하고 싶은 조급한 이들을 위해서 ESG 연대기와 ESG 맵을 만들기도 했지만, ESG라는 아주 방대한 퍼즐을 풀기 위한 지도로 이해해도 좋다. 읽는 동안 잘 활용하길 바란다.

이 책은 단순한 개념 이해나 용어 설명 같은 목적의 책이 아니다. 그런 책들은 이미 나온 것들로 충분하다. 이 책은 ESG에 대한 좀 더 전략적이고, 비즈니스 관점의 이해를 도모하고자 한다. ESG를 추상적이고 모호하게 이해하는 사람들에게, ESG를 둘러싼 이해관계와 ESG가 연결할 비즈니스 기회를 보여주고자 한다. 그리고 ESG를 둘러싼 음모, 계략, 이해관계를 보면서 기업이 가져갈 ESG 전략을 고민하게 하고자 한다. ESG에 대해 더욱 뜨거운 논쟁이 필요하기 때문이다. 무조건 받아들여야 한다는 접근이 아니라, 전략적, 비즈니스적 관점으로 ESG를 이해하고 나면 받아들이는 태도도 달라진다. 그래서 이 책은 ESG를 둘러싼 근본적 질문에 중점한다.

과연 왜 자본주의가 ESG를 지지하는가? ESG는 지구를 위해서가 아니라 자본주의를 위해, 지속적 비즈니스를 위해 존재한다. 왜 자본주의는 ESG를 선택한 것일까? 왜 자본주의의 꽃이라 불리는 금융자본, 투자자본이 ESG를 확산시키고, ESG를 통해서 뭔가를 기대하는가? 금융자본의 존재 목적은 무엇일까? 금융자본은 무엇을 가장 원하고, 무엇을 가장 두려워할까? 금융위기, 경제위기와 ESG는 어떤 관계가 있는가? 블랙 스완으로 정의될 수 있는 글로벌 금융위기에서 금융자본이 깨우친 가장 큰 교훈은 기업이 가질 리스크에 대한 투명한 정보 공개가 아닐까? ESG 공시를 통해 기업이 가질 수 있는 환경적, 사회적, 지배구조적 리스크를 다 드러내면, 투자자 입장에선 리스크 관리에 훨씬 수월하지 않을까?

ESG가 어떻게 무기가 되는지, ESG를 통한 사다리 걷어차기가 한국 경제에 어떤 영향을 줄까? 왜 EU가 넷제로에 적극적일까? 왜 EU는 탄소국경세를 가장 먼저 도입하려 하는가? 왜 미국과 EU가 넷제로에서 공세적 입장을 취할까? 왜 중국, 인도, 한국, 일본 등 아시아 경제 대국은 넷제로에 상대적으로 취약할까? 미중 갈등이자 경제 전쟁에서 ESG는 어떻게 무기로 쓰일까? 러시아의 우크라이나 침공은 ESG에 어떤 영향을 줄까? 방어적 ESG와 공격적 ESG는 어떤 차이가 있을까? ESG 1.0과 ESG 2.0은 어떻게 다를까? ESG 투자와 ESG 경영은 절대 같지 않다. 과연 무엇이 다를까? 왜 ESG 경영이 더 중요할까? 삼성전자와 애플은 과연 미래에도 경쟁관계일까? ESG가 경쟁관계의 격차를 벌리는 전략으로 어떻게 활용될까?

ESG를 착한 일이라 여기는 사람이 왜 바보같고, 왜 무능한 걸까? ESG 열풍을 이용해 논벌려는 사기꾼만큼이나 ESG에 대해 잘못 알고 있는 사람이 위험한 건 왜일까? ESG를 제대로 아는 것이 당신의 미래와 무슨 상관이 있을까? 투자자와 경영자가 아니어도 ESG가 바꿀 미래가 우리와 무관하지 않은 이유가 뭘까? ESG를 테마주 정도로만 인식하는 게 얼마나 위험할까? 리더가 ESG에 무지하면 기업과 정부에 얼마나 해를 끼칠까?

이 질문들에 대한 답을 독자와 함께 찾고자 한다. 정해진 답이 아니라 진화하는 답이다. ESG 2.0은 ESG의 진화 과정일 뿐 완결이 아니다. ESG가 세계 경제에 차지하는 영향력과 비중이 점점 커질 것이기 때문에, ESG는 점점 더 살아 있는 생물처럼 진화에 진화를 거듭할 것이다. 분명 이 책에서 다루는 일부 주장들은 논쟁적이다. 이해관계에 따라 호불호도 있고, 비판과 반론도 가능하다. 그것이 이 책의 목적이기도 하다. ESG라는 자본주의의 미래와 방향이 담긴 거대한 어젠다를 그동안 우린 너무 맹목적으로 받아들이고, 암기하듯 개념 이해만 하는 경우가 많았다. 투자자본이 주도한 ESG 관점만 이해하기도 했고, ESG 1.0에 머무르기도 했다. 이제 ESG의 주도권을 ESG 경영이 가져가면 어떤 상황이 될지, ESG 2.0으로 진화하면 어떻게 될지 계속 지켜보고, 그 속에서 기회를 찾아야 한다.

ESG가 만드는 부의 재편과 미래의 기회

이 책은 이해하며 퍼즐의 조각조각을 맞춰가듯 읽으면 좋다. 책에서 다룬 방향과 전략은 유효하나, 여전히 새로운 내용이 앞으로도 계속 나올 것이 많기에 책을 다 읽었다고 끝나면 안 된다. 책 이후에도 세부 이슈별로 어떻게 진척되는지 지켜보길 바란다. ESG가 만들어낼 미래 비즈니스 기회는 살아 있는 생물처럼 계속 진화될 것이고, 더 커져갈 것이기 때문이다.

이 책을 통해 ESG의 전략과 방향의 기준점을 잡고, 향후에도 계속 새로운 뉴스, 새로운 책, 새로운 리포트를 보며 변화와 기회에 대응하길 권한다. 우린 지금 ESG 개념 이해나, 벤치마킹하듯 공부해서 시험 치려는 게 아니다. 바로 여러분의 기업, 여러분의 조직, 여러분의 비즈니스, 여러분의 투자와 미래의 방향에 활용하기 위해 ESG를 전략적으로 이해하려는 것이다.

더 이상 ESG를 보여주기식, 평가에서 점수따기식으로 이해하는 리더는 사라져야 한다. ESG를 비즈니스의 전환이자 미래 먹거리, 곧 돈 되는 일이라 이해해야 한다. 이해가 부족할수록 결국 손해가 커질 것이고, 이런 리더가 있는 조직이라면 미래의 위험은 더 커진다. 왜 자본주의의 꽃인 금융자본, 그중에서도 최고 정점에 있는 세계 최대의 자산운용사 블랙록이 ESG 투자 열풍을 부추기고, 넷제로 관련한 기술을 개발하는 스타트업에 투자하는지 알아야 한다. 그들은 지구를 위해, 환경을 위해 그러는 게 아니라 돈을 벌기 위해서 그렇게 한다. 이것이 ESG 2.0 화두를 제기하는 이유이고, 이것이 ESG가 만드는 부의 재편이자 미래의 기회를 우리가 알아야 할 진짜 이유다.

ESG라는 용어가 시작된 2004년(ESG와 유사한 개념은 훨씬 오래 전부터 시작)부터, ESG 투자가 본격화된 2010년대를 지나 ESG 투자 열풍이 부는 2020년대를 살고 있다. ESG도 다음 단계로 진화할 시간을 충분히 거쳤다. 투자자본도, 기업도 ESG가 진화되어야 더 이득이다. ESG 2.0 화두는 이런 배경에서 제기되었고, 서서히 번지고 있다.

이 책은 ESG 2.0을 좀더 구체적이고 실질적인 내용으로 풀어내고자 한다. 이미 자리를 잡은 웹 3.0, 산업 4.0(4차 산업혁명), 마케팅 4.0 같은 화두도 논쟁이 있었다. 보는 시각에 따라 이전 버전과 큰 차이가 없다며, 작은 진화를 큰 진화인 양 신조어로 만들어 새로운 마케팅 버블을 유도해 관련 이해관계자들의 흥행을 노린다고 보는 비판적 시각도 있다. 하지만 진화의 실체와 방향을 제대로 이해하려면, 좀 더 세분화해서 단계를 나눠 이전 버전과 다음 버전을 구분해야 한다.

ESG는 추상적 구호도 마케팅 키워드도 아니다. 일부가 그렇게 이용하긴 하지만 그건 계속될 수 없다. ESG 워싱과 ESG 쇼잉, ESG 버블과 ESG 회의론을 뚫고 나가야만 ESG가 바꿀 경영의 미래, 기업의 미래를 만날 수 있다. ESG 2.0은 ESG가 가야 할 방향이고, 기존 ESG 접근과 질적 차별화를 두기 위해 ESG 1.0과 ESG 2.0으로 구분해야 한다. 소극적, 방어적, 추상적인 ESG 1.0에서 벗어나야만 하는데, ESG 2.0을 제기해 이전 단계와 결별을 꾀하려 한다. 이것이 ESG 2.0이 제기된 이유다. 기업은 세상을 위해서가 아니라, 기업을 위해서 ESG를 제대로 해야 한다. 방어적 ESG가 아니라 공격적 ESG가 필요하다. 착한 ESG가 아니라 합리적 ESG가 필요하다. 그것이 바로 ESG 2.0이다. 우린 늘 진화한다. 우린 늘 더 나은 답을 찾아간다. 그래야만 생존할 수 있다는 것을 알기 때문이다.

자본주의가 선택한 미래 생존 전략

누가 시작했는지는 모르겠지만, 메타(페이스북) 사용자들 사이에서 ESG 챌린지가 퍼졌다. 텀블러나 에코백을 들고 인증하거나, 일회용품 쓰지 않음으로써 친환경적인 라이프를 누린다는 것을 드러낸다. 뭔가 한참 잘못되었다. 플라스틱 프리 챌린지도 아니고, 일회용품 안 쓰기 챌린지도 아니고, 이걸 왜 ESG 챌린지라고 할까? ESG

가 유행어처럼 퍼지자 이 멋지고 좋은 말로 뭔가 하고 싶어 한 것이다. 하지만 이것은 ESG를 제대로 알지 못해서 나타난 현상이다.

사회적, 정치적 리더들 중에서도 ESG를 이런 수준에서 인식하는 경우가 의외로 많다. 이것이 한국에서 ESG를 인식하는 현주소다. ESG는 개인의 일상 얘기가 아니다. 개인이 실천하고 말 성질의 문제가 아니다. 만약 정말 ESG 챌린지를 하고 싶다면, 세금 얼마나 잘 냈는지, 성차별을 비롯해 소외계층이나 약자에 대한 차별을 안 했는지, 술 담배 안 하는지, 전기 얼마나 아껴쓰고 에너지 낭비, 물 낭비 안 했는지, 로컬푸드를 먹고 비건을 지향하거나 동물복지 식품을 먹었는지 등, 환경 외에도 사회적 책임과 동물윤리, 젠더, 인권 등 총체적으로 드러내야 한다.

기업들도 ESG 한다면서 E만 조금 하고서 ESG 열심히 하는 양 ESG 쇼잉을 하는 경우가 꽤 있는데, ESG 챌린지가 바로 딱 그 정도의 관점으로만 ESG를 인식한 것을 드러낸다. 이건 결국 부메랑으로 돌아온다. ESG는 한국만이 아니라 글로벌 전체의 이슈이고, 자본주의가 가야 할 방향이다. 이걸 왜곡되게 받아들이거나 쇼잉과 워싱하면서 '척' 하는 정도로만 접근하면 결국 위기와 손해로 되돌아올 수밖에 없다. 이것이 ESG 1.0을 지나 ESG 2.0을 본격화해야 하는 이유기도 하고, 이 책을 쓰게 된 이유기도 하다.

ESG를 자본주의의 선의나 기업의 호의로 바라봐선 안 되는데, 너무 순진하고 호의적, 낙관적 시선이 많다. ESG는 태생적으로 자본주의적이고, ESG 경영도 기업의 이익이 목적이다. 결코 ESG는 세상에 좋은 일 하려고 만든 어젠다가 아니다. 물론 ESG 투자와 ESG 경영을 하는 과정에서 세상의 긍정적 진화에 기여하는 부분도 있지만, 그 목적은 결국 지속가능한 비즈니스이자 돈이다. 기업이 ESG 워싱, ESG 쇼잉을 하는 건 사악해서가 아니다. ESG를 제대로 이해하지 못해서, ESG 경영전략을 세우지 못하고 무능해서 그러는 것이다. 결국 그 손해는 고스란히 무능한 기업과 경영자, 주주가 본다. 경영자와 투자자, 소비자, 사회와 정치가 바라보는 ESG에 대한 인식 수준이 진화하고, ESG 2.0이 자리 잡아갈수록 ESG 워싱과 ESG 쇼잉은 크게 줄어들 것이다. ESG 2.0은 기업을 위해서도, 사회를 위해서도, 자본주의의 미래를 위해서도 필수적인 진화다.

2022~2025년, 우리에게 필요한 ESG가 바로 ESG 2.0이다. ESG는 앞으로도 계속 중요할 것이고, 계속 NEXT ESG를 요구하며 2.0을 지나 3.0, 4.0으로 진화할 것이다. 물론 앞으로 계속 진화하기 위해서라도 ESG 2.0이 제대로 구현되어야 한다. 분명한 건 ESG는 잠시 부는 열풍도 트렌드도 아니다. 패러다임을 넘어 자본주의의 주요 코드로 자리 잡을 문화다. ESG는 자본주의가 선택한 미래 생존 전략이자, 기업의 지속가능성을 이루는 핵심이기 때문이다. 자본주의가 붕괴되지 않는 한, ESG는 절대 선택이 아닌 필수다. 사회나 NGO가 말하는 ESG가 아니라, 정치가 말하는 ESG가 아니라, 학계나 법제도가 말하는 ESG가 아니라, 자본과 기업이 말하는 ESG를 이해해야 한다. 기회와 위기는 모두 거기서 나오기 때문이다.

ESG의 진화가 한국 경제의 미래를 결정한다

트렌드 분석가로서 비즈니스와 산업 트렌드에 대한 연구도 많이 하는데, 그러다 보니 ESG에 대해서도 태동하던 초기부터 정보를 접하고 있었다. 《라이프 트렌드》 시리즈가 10년을 이어왔는데, 초기부터 환경과 기후위기, 젠더, 다양성, 동물윤리 이슈를 의식주와 라이프스타일 트렌드로 다뤄온 데다, 기업의 지속가능성을 비즈니스 트렌드로 다뤄온 것과도 무관치 않다. 그러다 5년여 전부터 ESG를 연구 주제로 삼고 본격적으로 들여다보기 시작했다. 투자자본이자 금융자본의 필요에 의해 시작된 ESG가 진화를 거듭해, 미국의 빅테크 기업을 비롯한 글로벌 기업들이 ESG 경영에 뛰어드는 것을 보면서 연구할 필요를 느꼈다.

국내에서도 SK그룹이 ESG 경영을 가장 중요한 비즈니스 가치로 내세운 것도, 삼성전자가 아쉽게도 소극적으로 접근하는 것도 연구의 동기부여가 되었다. 경영 전략으로서, 비즈니스 모델로서 ESG의 영향력은 점점 커진다. 개별 기업이나 소비자의 특정 이슈가 아니라, 사회와 경영 전반에서 더욱 광범위하게 적용되는 ESG를 트렌드 분석가의 관점으로 바라보기 위해선 시간이 필요했다. 결정적으로 맹목적 예찬론이 아니라, 회의론을 비롯해 ESG 워싱과 쇼잉 등 한계론도 두루 살피기 위해선 시간이 필요했다.

전 세계적으로 ESG 투자 열풍이 불고, 가장 왕성하게 ESG 관련 사례들이 쏟아진 것이 2020~2021년이고, 2022년에도 열풍은 가속화된다. ESG 경영 사례도 쏟아졌고, 유럽과 미국의 제도적 진전도 많았다. 국내에서도 마찬가지다. ESG에 대해선 제도든 기업의 접근이든 투자의 행태든 매년 진전되고, 우리가 주목해야 할 이슈가 그만큼 많아졌다. ESG는 투자자본뿐 아니라, 기업과 사회, 정부까지도 얽혀 있고, 계속 확장한다. ESG에 대한 초기 이해이자 E 중심으로만 이뤄지거나 정성적 목표와 감성적 구호가 가득하던 ESG를 1.0 버전으로 두고, 그다음의 진전된 ESG를 2.0 버전으로 정의하는 것은 중요하다. 이 부분에 포커스를 두고 ESG를 비즈니스 트렌드의 관점으로 분석해서 다루는 것이 이 책이다.

이 책의 궁극적 목적은 논쟁이다. 'Trend Insight' 시리즈를 만든 이유도 건설적 논쟁을 불러일으키기 위해서다. 어떤 담론이든 논쟁 없이 진화하지 못한다. 우리나라는 ESG를 너무 모범생처럼 받아들인다. 해야 한다는 명제만 가득하고, 그 속에 담긴 이해관계나 비즈니스 전략보다 환경과 사회를 위하는 대의명분이나 멋진 구호로만 다루는 경향이 많다. 금융자본과 자본주의는 결코 선의로만 변화를 주도하지 않는다. 일부러 분란을 일으키려는 게 아니라, 너무 당연하게 혹은 단순하게만 봐라봐선 안 되는 대상이나 주제를 우리 사회가 간과하거나 가볍게 보는 것에 대한 문제 제기다. 그리고 문제의 방향이자 대응, 다가올 기회나 위기를 보여주고자 했다.

ESG를 좋은 것, 지속가능을 위해 필요한 것 같은 식의 두루뭉술하거나 추상적으로 이해해서는 안 된다. 그런 이해는 아마추어적이다. 비즈니스에선 버려야 할 태도다. 비재무적 지표에 해당하는 ESG가 궁극에는 경영 성과와 재무적 지표로 이어지게 해야 한다.

돈이 되는 ESG, 구체적이고 계산적인 ESG, 냉정하고 실행 중심의 ESG여야 한다. 더 이상 구호로 외치는, 감상적이고 정치적인 ESG는 그만 해야 한다. 이제 ESG의 진화가 필요하고, ESG 2.0 단계로 진입해야 한다. 이제 한국 기업에겐 착한 ESG가 아니라 합리적 ESG가 필요하다. 방어적 ESG가 아니라 공격적 ESG가 필요하다. 더 이상 따라가기만 하지 말고 선도적으로 나서야 할 때다. 한국 경제의 미래는 결국 ESG를 통한 비즈니스 전환에 성공하느냐 그러지 못하느냐가 결정할 것이다.

2022년 7월
트렌드 분석가 김용섭

차례

Part 1
기업의 존재 가치,
기업가의 존재 이유는 무엇일까?

Part 2
투자자본의 존재 가치,
투자기관의 존재 이유는 무엇일까?

Part 3
ESG, 견고하게 구축된
금융자본의 리스크 관리 체계

Part 4

ESG 2.0 :
본격적 ESG 투자와 비즈니스 전환 단계

Part 5

글로벌 선두 기업의
초격차 전략이 되는 ESG 2.0

Part 6

ESG 버블과 회의론,
그리고 ESG 워싱과 쇼잉

Part 7

NEXT Leadership,
ESG Leadership은 무엇일까?

Part 1

기업의 존재 가치,
기업가의 존재 이유는 무엇일까?

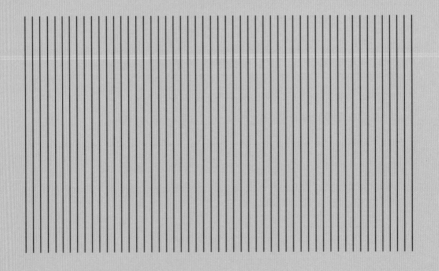

러시아의 우크라이나 침공 이후 글로벌 기업들은 신속하고 과감한 선택으로 러시아에 경제제재를 가했다. EU와 미국이 주도하며 전 세계가 러시아 경제제재에 나서고 있지만, 정부와 기업은 다르다. 러시아가 보복할 가능성도 배제하지 못하고, 불이익을 기업이 감당한다는 건 손실을 감수한다는 의미다. 돈 날려도 좋으니 러시아에 제재를 가한다는 건 비즈니스 측면에선 쉽지 않은 선택이다. 그럼에도 러시아를 손절하는 글로벌 기업이 줄을 잇고 있다. 기업가는 왜 우리 사회에 필요한가? 기업은 왜 존재해야 하는지 확실히 보여준 사례다. 기업은 돈 버는 것이 목적이지만, 그것이 전부는 아니다. 기업은 세상과 아주 긴밀히, 복잡하게 연결되어 있다.

왜 BP는 250억 달러 손실을 감수하려 했을까?

영국의 석유회사 BP는 250억 달러 손실을 감수하는 결정을 내렸다. BP는 러시아 국영 석유회사 로스네프트РОСНЕФТЬ, Rosneft와 30년 정도 사업 파트너 관계였다. BP는 2006년 로스네프트가 IPO할 때 참여해 지분을 확보하기 시작해, 2013년 자회사를 로스네프트에 매각하면서 지분이 늘어나 총 지분은 19.75%다. 이걸 다 판다는 것은 로스네프트와의 30년 사업 파트너 관계도 끝낸다는 의미다. 합작 투자한 것도 3건이나 있는데 이것도 손실이 불가피하다. 로스네프트 주가는 러시아의 우크라이나 침공 이후 급락한 상태다. 사실 BP의 로스네프트 지분을 파는 건 쉽지 않다. 이미 투자해놓은 것들도 다 손절하는 판인데 누가 사겠는가? 가치는 급락하고, 막대한 손실을 봐야 한다. BP는 지분의 가치에 해당하는 250억 달러를 상각 처리하는 것을 공식화한 것이다. 러시아가 우크라이나를 침공하고 바로 결단을 내렸다. 영국 최대 기업인 BP의 2021년 매출액은 1,642억 달러 정도고, 영업이익은 181억 달러, 순이익 84억 달러 정도다. 로스네프트로 인한 손실이 BP에 분명 적은 금액은 아니지만, 그럼에도 과감한 선택을 했다. 공식적으로 BP의 CEO는 러시아가 우크라이나를 침공한 이후 '애석하게도 근본적 변화로 더 이상 로스네프트 사업에 참여할 수 없다'는 성명도 냈다. 러시아는 미국, 사우디아라비아 다음가는 세계 3위의 산유국이다. 천연가스 생산에서도 미국 다음으로 세계 2위 생산국이다. EU는 천연가스의 약 40%, 원유의 35%, 석탄의 40% 이상을 러시아에서 수입하고 있다.

BP뿐 아니라, 프랑스의 토탈Total, 영국과 네덜란드의 쉘Shell 등 유럽에 있는 세계적 석유회사들이 러시아와 오랫동안 비즈니스 관계를 맺고 있다 BP의 결단 이후 다른 기업들도 어떤 형태로든 제재에 나설 수밖에 없었다. 토탈은 신규 러시아 에너지 프로젝트 참여를 중단했고, 쉘은 러시아 국영 가스기업 가즈프롬Gazprom과 합작사업을 중단했다. 노르웨이 에너지기업 에퀴노르Equinor도 러시아 합작법인 지분 처분과 신규 사업 중단을 선언했다. 미국의 엑손모빌ExxonMobil은 러시아 사할린 석유·천연가스 합작 개발사업에 30% 지분을 가지고 있는데(지분 가치만 40억 달러) 이 사업에서 철수하고 향후 신규 투자도 중단하겠다고 발표했다. 석유, 천연가스 주요 생산국인 러시아엔 타격이 클 수밖에 없다.

전 세계 석유회사 중 2위 기업인 BP는 석유, 천연가스, 정유, 석유화학 등을 주요 사업으로 하고 있다. 기후위기이자 탄소 발생의 주범으로 꼽히는 사업을 하는 회사다 보니 ESG가 중요해진 상황에선 아쉬움이 클 수밖에 없다. 그런데 E에선 취약점이 있지만, 러시아의 우크라이나 침공 이후 손실을 감수하며 로스네프트와 관계를 끊은 건 S에선 큰 강점을 보여줬다. 전쟁이라는 인류 보편의 위기 상황에서 손실을 감수하고서라도 제재를 가할 수 있는 선택은 결코 쉽지 않다. 물론 전쟁으로 석유나 천연가스 가격이 급등해 손실을 어느 정도 보전할 여건도 되고, 전 세계가 러시아에 강력한 경제제재를 가하는 상황과 러시아에서 푸틴 정부가 향후에도 건재하고, 그에 따른 전쟁 리스크가 앞으로 드러날 가능성까지 고려한다면 빠른 손절이 가장 이득이라고 판단할 수도 있다. BP가 손실을 감수하며 러시아 투자를 단절하는 것은 명분이자 실리 모두를 충족하는 선택일 수 있다.

EU에서 러시아 에너지 의존도를 낮추는 방안은 결국 재생에너지 비율을 높여, 궁극적으로 에너지 대전환을 이뤄내는 것이다. 러시아의 우크라이나 침공이 EU의 태양광, 풍력 등 재생에너지 가속화에 계기를 만들어주는 셈이다. 독일의 로버트 하벡 Robert Habeck 경제부총리 겸 경제에너지부 장관은 러시아산 에너지 의존도를 줄이기 위해 2035년까지 재생에너지 100% 완료를 목표로 밝히고, 에너지 안보가 최우선이라 원자력 발전소 사용 연장도 반대하지 않겠다고 얘기했다. 로버트 하벡은 반핵녹색당의 공동대표이기도 하다. 다른 당도 아니고, 반핵을 내건 당의 대표다. 독일은 원자력 발전소 가동 중단이 결정된 상태지만, 에너지 안보가 더 중요한 과제라서 불가피할 경우 원자력 발전소를 사용 연장해서라도 에너지의 러시아 의존도를 낮추겠다는 것이다. 러시아에 대한 태도가 얼마나 강경한지 알 수 있다. EU의 다른 국가들도 에너지 독립을 위해 재생에너지에 더욱 투자할 수밖에 없다. 의도치 않게 전쟁이 만드는 나비효과가 생기는 셈이다.

투자는 늘 리스크가 있다. 하지만 전쟁이라는 반인륜적 상황에선 투자에서도 과감한 결단이 요구된다. 사실 쉽지 않다. 막대한 돈이 걸린 일이고, 그 손실을 스스로가 결정하는 일이기 때문이다. 21세기에는 상상도 못 할 침략 전쟁이 벌어진 상황에서 투자자본들의 선택도 주목해봐야 한다.

운영자금 1조 4,000억 달러인 노르웨이 국부펀드NBIM가 러시아 신규 투자는 중단하고, 이미 투자한 러시아 최대 은행 스베르방크, 국영 가스기업 가즈프롬 등 수십 개 러시아 기업의 주식과 국채 등 250억 크로네(3조 4,000억 원)어치를 매각하기로 한 것도 러시아의 우크라이나 침공 때문이다. 비정치적이고, 장기 투자를 하는 노르웨이 국부펀드가 전쟁을 일으킨 러시아에 강경하게 대응한 것이다. 물론 매각을 통해 손실이 불가피하지만 감수한다. 하지만 장기적 투자를 고려하면 손실을 보더라도 매각해야 했다. 투자에서 ESG가 중요해진 것도 같은 이유다. 당장의 돈만 보고 사업을 하는 게 아니다. 이건 투자자본도 경영도 마찬가지다. 노르웨이는 주력 산업인 석유·가스 산업에서 발생한 수익으로 노르웨이 국부펀드를 조성했다. 1990년 노르웨이 의회는 석유 수입 감소와 석유 가격의 높은 변동성으로 인한 충격을 완화하기 위해 노르웨이 석유기금을 설립하기로 결정했다. 엄밀히 기후위기를 초래한 석유로 번 돈으로 만든 국부펀드가 이젠 ESG를 철저히 따진다. 노르웨이 국부펀드의 운영자금 1조 4,000억 달러(약 1,686조 원)는 전 세계 연기금 중 두 번째 규모다. 첫 번째는 총자산 193조 엔(약 2,011조 원)인 일본의 공적연금GPIF이다. 일본 공적연금이나 노르웨이 국부펀드 모두 투자 시 ESG(환경·사회·지배구조) 항목을 중요하게 적용하고 있다.

러시아의 우크라이나 침공 이후 글로벌 기업들의 아주 발빠르고 과감한 선택들이 돋보였다. 크게 두 가지인데 빅테크 기업들이 기술의 힘을 강력하게 지원하는 선택과, 투자자본들이 러시아와 관계를 정리하는 선택이다. 이번 일은 기업은 왜 존재해야 하는가, 기업가와 경영자는 왜 중요한가, 인류는 왜 사업을 하는가에 대한 질문을 되새기게 만들어줬다.

왜 일론 머스크와
빅테크 기업들이 나섰을까?

일론 머스크는 리스크가 큰 사업가다. 스스로가 말로 리스크를 만드는 일이 잦았다. 그의 입 때문에 주가가 오르락내리락해서 투자자들이 울고 웃는 경우도 많았다. 그럼에도 일론 머스크는 중요한 사업가다. 자동차 산업을 내연기관에서 전기차로 패러다임 전환하는 데 일등공신이라 할 수 있고, 우주를 중요한 비즈니스 기반으로 확장하는 데도 그는 일등공신이다. 거칠고 때론 가볍지만, 가장 과감하고 혁신적인 사업가임은 분명하다.

그에게 우크라이나가 손을 내밀었다. 우크라이나 부총리 겸 디지털 트랜스포메이션 장관Minister of Digital Transformation인 미하일로 페도로프Mykhailo Fedorov가 트위터로 일론 머스크에게 스타링크 서비스를 지원해달라고 요청했다. 러시아 침공으로 인터넷망이 훼손된 우크라이나가 일론 머스크에게 SOS를 보낸 것이다. 스타링크는 일론 머스크가 CEO인 스페이스X의 위성인터넷 서비스다. 저궤도 인공위성을 이용해 전 세계에 초고속 인터넷 서비스를 하는 게 목표인데, 아직은 일부 국가에서만 베타 서비스 중이고, 우크라이나는 서비스 대상이 아니었다.

미하일로 페도로프의 트윗 요청을 받고 10시간 후 일론 머스크가 트위터로 우크라이나에 스타링크 서비스가 개시되었음을 알렸고, 단말기를 그쪽으로 보내는 중이라고 메시지를 올렸다. 스타링크 위성인터넷 서비스를 사용하기 위해선 위성 접시 모양의 단말기가 있어야만 한다. 그로부터 46시간 후 미하일로 페도로프는 스타링크 단말기가 차에 가득 실린 사진과 함께, 잘 도착했다며 일론 머스크에게 감사 트윗을 보냈다. 처음 요청에서부터 스타링크 서비스 시작과 단말기 기계까지 다 받는 데 3일이 채 걸리지 않은 것이다.

일론 머스크에게 따라붙는 표현 중 하나가 실행력 깁이다. 그동안 전기차와 우주 로켓, 하이퍼루프 등에서 증명해줬다.

〈타임TIME〉이 2021년 연말에 선정한 2021년 '올해의 인물'이 일론 머스크다. 2020년 올해의 인물은 조 바이든 미국 대통령 당선자와 카멀라 해리스 부통령 당선자고, 2019년 올해의 인물은 환경운동가 그레타 툰베리다. 흥미롭게도 이들의 면면과 ESG는 연결된다. 일론 머스크는 미래의 테슬라 자동차는 비건 자동차가 될 것이라는 말도 했고, 우크라이나를 지원하는 것에서도 기업의 존재 가치, 기업가의 역할을 생각해볼 수 있다. 과거의 자본주의는, 과거의 기업은 돈 버는 게 최고의 목표였는지 모른다. 하지만 지금의 자본

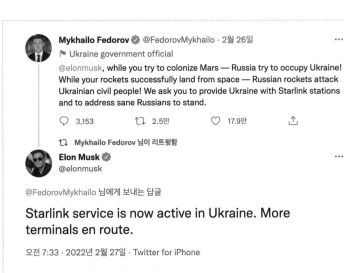

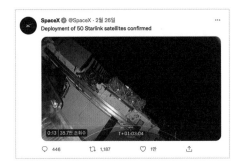

우크라이나의 부총리 겸 디지털 트랜
스포메이션 장관 미하일로 페도로프
와 일론 머스크가 주고받은 트윗.
러시아 침공으로 우크라이나의 인터
넷망이 훼손되자 미하일로 페도로프
는 일론 머스크에게 위성인터넷 서비
스를 지원해달라고 요청했고, 10시간
후 일론 머스크는 스페이스X의 위성
인터넷 서비스인 스타링크 서비스가
개시되었음을 알린다. 그리고 단말기
를 우크라이나로 보내는 사진을 올린
다. (출처 : twitter)

주의와 지금의 기업은 다르다. ESG가 계속 중요할 수밖에 없는 것
도 이런 이유다.

우크라이나를 위해 마이크로소프트MS도 나섰다. 마이크로소프

트는 공식 성명을 통해 러시아의 침공에 문제 제기하고, 우크라이나를 협력하고 기술적, 인도적 지원을 강조했다. 지금 시대의 전쟁은 물리적 전쟁과 함께 디지털 전쟁도 병행된다. 러시아가 우크라이나를 침공하기 전 한 달 동안 우크라이나의 외무부, 국방부, 내각, 금융기관을 비롯해 주요 기간시설의 전산망이 사이버 공격을 당해 마비되었다. 사이버 공격과 해킹은 이제 전쟁의 한 요소가 되었다. 테크 기업이 나설 수밖에 없다. 디지털 기술이 인류의 편리를 위해 존재하지만, 전쟁에서 악의적으로 사용될 수도 있고, 이런 디지털 전쟁이 민간 부문이 타깃이 될 때는 제네바 협약을 침해하기 때문에 문제가 된다. 마이크로소프트는 이런 상황을 방관하지 않고 우크라이나의 편에 섰다. 이건 인도적인 차원이다. 아울러 MS가 운영하는 온라인 플랫폼에서 러시아 정부의 국가 선전 활동을 지원하는 콘텐츠와 광고가 차단됐다.

구글, 유튜브, 메타(페이스북), 트위터 등에서도 러시

Mykhailo Fedorov
@FedorovMykhailo
🏴 Ukraine government official

Starlink — here. Thanks, @elonmusk

오전 5:19 · 2022년 3월 1일 · Twitter for iPhone

6.7만 리트윗 8,584 인용한 트윗 51.2만 마음에 들어요

46시간 후 미하일로 페도로프는 스타링크 단말기가 차에 가득 실린 사진과 함께, 잘 도착했다는 감사 트윗을 일론 머스크에게 보냈다. (출처 : twitter)

아 정부가 유포하는 허위정보나 가짜뉴스를 막기 위해 이와 비슷한 조치를 취했다. 넷플릭스는 러시아 국영 채널에 의무적으로 콘텐츠를 보급해야 하는 러시아법을 따르지 않기로 했다. 넷플릭스도 러시아에서 사업의 손해를 감수하는 강경한 결정을 내린 것이다. 유튜브는 러시아의 국영 미디어 〈러시아투데이〉를 비롯한 일부 러시아 채널의 광고 수익 창출을 일시적으로 금지하고, 이용자 추천에서도 제한하고, 우크라이나 정부 요청에 따라 우크라이나에서 러시아 채널 접속을 차단했다. 유튜브는 오랜 시간 동안 러시아에서 영향력 있는 플랫폼으로 자리 잡았음에도 손실을 감수하며 이런 결정을 내렸다. 트위터도 러시아 관련 광고를 잠정 중단했다.

소셜네트워크에서 빅테크 기업의 러시아 제재가 신속하게 결정된 건, 가짜뉴스와 허위정보로 상대국 국민을 혼란에 빠뜨리는 사이버 무기가 될 수 있기 때문이다. 실제로 거짓 정보를 퍼뜨리는 건 오래전부터 러시아의 군사전략이기도 하다. 빅테크, 엄밀히 미국의 빅테크 기업들이 적극 나섰다. 애플도 러시아에서 제품 판매 전면 중단을 선언했고, 러시아에서 애플페이 결제를 제한하고, 앱스토어에서 러시아 매체들의 뉴스 다운로드를 차단했다. 빅테크 기업이 러시아에 제재를 가하자, 러시아도 빅테크 기업을 압박한다. 구글, 유튜브, 메타(페이스북), 애플 등 빅테크 기업의 사업에 제약을 가할 수 있다. 이런 상황을 충분히 인지하면서도 빅테크 기업들이 우크라이나를 지원한다. 사업적 손해를 감수하는 선택을 한 것이다.

기업은 단순히 돈만 벌기 위해 존재하지는 않는다

전쟁이라는 인류 전체의 보편적 화두에서는 기업도 이익과 경쟁을 잠시 멈출 수 있다. 기업은 사회와 연결된 사회의 일부임을, 인류의 보편적 가치를 지지하고 따르는 지극히 인간적인, 인류애적인 기업가의 모습을 우크라이나 전쟁에서 실감하고 있다. 전 세계 여러 업계에서 수많은 기업이 각자의 방법으로 러시아를 제재한다. 일본 오션네트워크익스프레스ONE, 독일 하파로이드, 덴마크 머스크, 스위스 MSC, 프랑스 CMA CGM 등 글로벌 해운사들도 러시아 경제제재 차원에서 러시아 노선 운항 중단을 발표했다. 다임러트럭은 러시아 카마즈에 부품 공급을 중단했고, 르노는 러시아의 생산공장을 폐쇄했다. 인텔, 포드, 보잉, GM, 볼보, 토요타, 혼다, 할리데이비드슨, 폭스바겐 등도 러시아와 사업 중단을 선택했다. 루이비통, 디올, 셀린느 등을 보유한 LVMH는 러시아에 있는 124개 매장을 일시 폐쇄했다. 구찌, 발렌시아가, 생로랑 등을 보유한 케링그룹을 비롯해, 에르메스, 샤넬 등 럭셔리 패션 기업들도 러시아에서 매장 일시 폐쇄와 상업 활동을 중단했다. 비자카드와 마스터카드가 결제 서비스를 중단했고, 은행들도 러시아의 국제송금망 스위프트SWIFT를 닫아버렸다. 나이키, H&M, 자라, 리바이스, 유니레버, 이케아도 매장을 폐쇄했다. 월트디즈니, 소니픽처스, 워너브라더스는 러시아에서 영화 개봉을 중단했다. 러시아에 대해 자발적으로 사업 중단을 선택하는 기업은 계속 늘어갔다. 전쟁이 끝나면 중단된 사업을 다시 재개할 수도 있지만, 그렇다고 전쟁 이전과 동일하지는 않을 것이다. 기업들의 러시아에 대한 디스카운트가 계속될 가능성이 크다.

물론 모두가 러시아와 관계를 끊고, 손실을 감수해야만 하는 건 아니다. 맥도날드, 코카콜라뿐 아니라, KFC, 버거킹, 펩시 등도 러시아 영업은 중단하지 않았다. 스타벅스 CEO가 성명을 통해 러시아의 우크라이나 침공을 비판했지만, 러시아 영업은 중단하지 않았다. 맥도날드는 러시아에 847개 매장이 있는데, 전체 맥도날드 매출의 9% 정도를 차지하는 나라가 러시아라고 한다. 코카콜라도 러시아에서 인기 있는 음료다. 글로벌 식음료 브랜드가 러시아 영업을 계속하자 온라인상에서 이들을 불매하는 움직임도 나왔다. 지금 시대가 이렇다. 기업 경영에 대해 일반 시민의 목소리가 직접적으로 드러나는 시대다.

사실 전쟁은 러시아 정부와 푸틴이 일으킨 것이지 러시아 국민도 피해자다. 가령 맥도날드나 코카콜라가 사업을 중단한다면, 거기에서 일하는 수많은 직원과 아르바이트, 지역사회는 고스란히 피해를 입는다. 러시아의 전쟁에 대한 보이콧도 필요하지만, 러시아 국민이자 그동안 함께 일해온 현지 직원과 파트너를 보호하고 책임지는 것도 필요하다. 그래서 ESG는 때론 이해와 가치가 상호 충돌을 일으키기도 한다. 분명 전쟁을 일으킨 국가에 대한 제재도 ESG의 관점이지만, 사업 과정에서 직원을 지키고 지역사회와 신뢰를 구축하는 것도 ESG의 관점에 해당되기 때문이다.

결국 맥도날드, 코카콜라, 스타벅스 등도 러시아에서 영업을 중단했다. 맥도날드는 영업을 중단하는 동안 러시아에 있는 직원 6만 2,000명 전원에게 급여를 지급하고, 매장 임대료와 공급망 비용도 계속 지급한다고 밝혔다. 월 5,000만 달러 정도가 비용으로 나간다. 영업 손실까지 감안하면 이보다 훨씬 디 큰 손해를 감당해야 한다. 맥도날드는 우크라이나에 있는 매장 100여 개도 영업 중단 중이지만 직원 급여는 계속 지급한다.

러시아에선 맥도날드는 개방의 상징이다. 엄밀히 소련 개방이다. 1990년 3월 맥도날드가 처음 소련에 진출했고, 1991년 12월 소련은 붕괴되며 해체했다. 소련 진출 32년이 된 2022년 3월에 전쟁 때문에 영업을 중단하게 된 것이다. (결국 2022년 5월, 맥도날드는 러시아 사업을 완전 철수하기로 하고 러시아 사업가에게 매각하기로 했다. 러시아 사업가 알렉산드로 고보르가 모든 지점을 인수해 새로운 브랜드로 운영하는데, 기존 직원들을 현재 조건으로 2년간 고용 유지하기로 했다.

알렉산드로 고보르는 2015년 맥도날드와 라이선스 계약을 맺고 시베리아에 25개 맥도날드 매장을 운영하고 있다. 전쟁이 끝나고 모든 상황이 달라지면 맥도날드의 러시아 재진출도 불가능한 일은 아닐 것이다.)

스타벅스도 러시아 내 130여 개 매장을 영업 중단하면서 2,000명의 직원에게 계속 급여를 지급하겠다고 했다. 이건 선의가 아니라 투자다. 사회적 책임이자 지역사회에 대한 투자이자 브랜드 가치를 유지하거나 높이려는 기회비용을 쓰는 것이다. 전쟁에 대한 대응 차원의 보이콧을 하더라도 직원과 지역사회에 대해 이런 배려를 하는 건, 언젠가 사업은 재개될 것이고 앞으로도 중요한 시장이기 때문이다. 맥도날드와 스타벅스는 확실히 ESG 경영의 가치를 보여준 셈이다.

전쟁에서 드러난
ESG 경영의 가치

러시아가 우크라이나를 침공한 지 2주일이 조금 지난 시점에서, 유럽과 미국의 글로벌 기업들은 업종을 막론하고 러시아 경제제재에 동참했다. 손해를 자발적으로 감수하는 선택을 하는 것은 기업 성과와 주주의 이익이란 측면에서도 쉽지 않은 선택이다. 주주의 이익을 우선하는 경영을 하는 것은 ESG의 관점이기도 하다. 참 어렵고도 복잡한 딜레마다. 유럽과 미국의 러시아 제재조치의 예외 품목인 경우에는 사업을 계속 이어가기도 하고, 우크라이나로부터 러시아 제재와 협조 요청을 받고서도 거절하는 기업도 많다. 기업으로서 정치적 분쟁에 휘말려 손실을 보는 상황을 기피하는 것도 이해는 간다.

한국의 대표적 글로벌 기업 삼성전자와 현대자동차는 어떤 선택을 했을까? 러시아가 우크라이나를 침공한 지 2주일이 지난 시점에서도 상황만 주시했다. 현대자동차의 러시아 공장이 가동을 일시 중단했지만 러시아 제재가 아닌 부품 공급 차질 때문이고, 삼성전자가 러시아에 수출하는 선적을 중단했지만 물류와 지정학적 상황이라는 외부 변수 때문이지 러시아 제재를 선택한 건 아니다. 수출 선적 중단으로 결국 재고가 소진되면 영업 중단도 자연스럽게 이어질 수밖에 없다. 결과적으론 러시아 사업이 중단되었다. 삼성전자는 러시아에서 스마트폰 시장 점유율 15년 연속 1위이며, 2021년 기준 1위(30%)이고, 2위인 애플(15%)보다 점유율이 2배 앞선다. 삼성전자는 러시아 브랜드 시장조사업체 OMI가 발표한 '소비자들이 뽑은 가장 좋아하는 브랜드'에서 10년간 전 세계 1위를 차지할 정도로, 스마트폰뿐 아니라 가전에서도 러시아는 주요 시장이다. 애플이 판매 중단한 이후, 삼성전자까지 중단하면 반사이익은 화웨이, 샤오미 등 중국 기업이 크게 볼 수 있다. 친러시아 성향인 중국 기업들은 러시아 제재를 할 가능성이 거의 없기 때문이다.

러시아에서 자동차 판매 중단을 선택한 자동차 기업들은 시장 점유율에서 현대기아자동차보다 다 낮다. 러시아 자동차 시장 점유율 1위는 러시아 기업 라다(22.3%)이고 2위는 기아자동차(12.3%), 3위는 현대자동차(10.3%) 순이지만, 현대기아자동차 그룹으로 보면 22.6%로 현지의 라다를 앞설 정도다. 어렵게 이룬 점유율 선두의 위치를 포기하기 쉽지 않다. 현대기아자동차가 공장 가동과 판매를 중단하면 라다가 가장 반사이익을 많이 볼 것이다. 사업이냐 평판이냐에 대한 대책회의도 숱하게 한 것으로 알고 있는데, 쉽지 않은 선택이다. 삼성전자와 현대기아자동차는 러시아 공장도 있고, 2014년 러시아 경제위기 때 영업점과 생산거점을 유지하며 현지 호감과 신뢰를 구축한 점도 러시아 제재에 적극 나서지 못하는 이유다. (푸틴 대통령이 러시아에서 철수한 외국 기업의 자산을 국유화하겠다고 선언한 것도 러시아 사업에 투자 많이 하고 높은 시장점유율을 가진 삼성전자, 현대차, LG전자 등이 쉽게 사업 철수를 하지 못하는 배경도 된다. 전쟁은 분명 절대 악이지만, 러시아를 절대 악으로 바라본다고 문제가 다 해결되는 게 아니다. 결국 러시아와 미국, 유럽의 이해관계와 그와 연결된 기업, 자본의 이해관계도 봐야 한다. 아주 복잡한 문제지만 여기서도 기업은 전략적 판단이 필요하다. 특히 한국 기업으로선 더더욱 그렇다.)

거기다 ESG에 대한 민감도가 국내 기업, 국내 주주들이 상대적으로 낮다는 점도 일부 작용했을 것이다. 미국과 유럽의 기업들이 적극적이고 신속하게 러시아 제재에 나선 것은 ESG에 대한 영향을 상대적으로 더 많이 받기 때문이기도 하다. 결국 한국 기업의 ESG 경영이 미국, 유럽의 글로벌 기업보다 상대적으로 늦게 시작되었다는 점이 러시아 제재에서도 기업의 태도 차이로 드러났다고 볼 수 있다. 그리고 유럽과 미국의 정부가 강경한 제재를 하는 것과 달리 한국 정부는 상대적으로 그렇지 않기에, 한국 기업으로선 정부 가이드라인을 보면서 대응할 수밖에 없기도 하다.

한국이 외교적으로 EU와 미국의 힘을 가진 것도 아니고, 한국 경제에서 수출 비중이 절대적으로 높기에 이런 상황에서 한국 정부와 한국 기업의 입장은 현실적으로 계산기를 더 많이 두드릴 수 있는 상황임을 이해하지 못하는 것은 아니다. 그럼에도 아쉬운 건 분명하다. 이를 계기로 ESG 경영을 한다고 강조하는 한국 기업들에서 E에만 지나치게 편중된 모습에서 벗어나, S의 요소가 될 전쟁이나 무력 도발 같은 상황에 대해서도 구체적인 대응 전략을 모색하고 계산해둬야 한다. 기업에 ESG와 지속가능성은 점점 더 선택이 아닌 필수가 되기 때문이다.

2021년 12월 기준으로 자산운용 규모 949조 원의 국민연금공단과 기획재정부와 한국은행이 가진 달러의 일부를 위탁받은 국부펀드로 자산운용 규모가 2,000억 달러가 넘는 한국투자공사KIC도 ESG 투자를 강조하지만, 러시아의 전쟁에선 소극적인 태도를 보였다. 앞서 노르웨이 국부펀드의 태도와는 크게 달랐다. 확실히 ESG를 E 중심으로만 바라보고 대응하는 건 국내 기업이나 국내 투자기관도 마찬가지다. ESG가 E에 내한 편중을 넘어서 E, S, G 각기 위상이 커지는 것이 기업에 주어진 새로운 ESG의 숙제다.

불의에 맞서며 손해를 감수하느냐, 손해 보지 않으려고 불의를 눈감아주느냐 하는 선택의 기로는 누구에게나 생길 수 있다. 기업뿐 아니라 개인이 이런 선택 앞에서 모두가 불의에 맞서 손해를 감수하라고 할 수 있겠는가? 개인보다 기업의 선택은 더 복잡하고 어려울 수 있다. 그럼에도 경영자는 선택을 해야 하고, 그에 따른 결과도 감수해야 한다. 러시아에 적극 협조하며 전쟁에 기여하는 기업이라면 문제가 되겠지만, 러시아 소비자에게 소비재를 팔거나 우크라이나에 협조하지 않는다고 나쁜 기업이라 할 수는 없다. 단지

중립적(엄밀히 회피하는) 태도를 취하려는 것일 뿐이고, 기업의 안위나 주주의 이익을 위해선 이런 태도가 필요할 수도 있다. 사실 힘이 있는 기업과 그렇지 못한 기업의 차이도 있다. 러시아로부터 보복당하지 않고 설령 손해를 봐도 감수할 여력이 있는 기업으로선 상대적으로 과감한 선택과 행동이 가능하기 때문이다.

결국 기업의 행동주의가 되었건, ESG 경영이 되었건 크고 힘 있는 기업들이 좀 더 여력이 많다. 그래서인지 ESG 평가에서도 거대 기업들이 유리한 점이 많다는 지적도 있다. 평가지표에 대해 개선을 위한 투자 여력이 더 많기 때문이다.

기업의 이익을 위해, 경쟁사를 이기기 위해, 목표에 도달하기 위해 기업은 크고 작은 이해충돌을 겪는다. 그 속에서 기업의 사회적 책임을 요구하고, 환경, 윤리, 젠더, 인권, 노동 등에서 기업의 역할을 기대하기도 하고, 그 기대에 부응하시 않아 지단하거나 또 다른 이해충돌이 생기기도 한다. 기업의 존재 가치는 사회 속에 있다. 하지만 기업은 주주의 이익을 위하고, 성장과 수익을 위할 수밖에 없다. 결코 쉽지 않은 것이 기업의 경영이자 기업가의 역할이다.

노동조합 싫어하던 일론 머스크는 왜 마음이 바뀌었을까?

2022년 3월 초, 일론 머스크는 자신의 트위터에 노동조합 결성 투표에 전미자동차노조UAW를 초대하겠다며, 노조 결성을 막지 않겠다고 밝혔다. 테슬라에서 노동조합 결성 시도는 오래 전부터였지만 일론 머스크는 계속 반대했다. 아니 반대하는 정도가 아니라 노동조합 혐오 발언도 서슴지 않았다. 전미자동차노조의 지원을 받아 캘리포니아 프리몬트의 테슬라 공장에서 직원들이 노조 조직화에 나선 적이 있는데 일론 머스크는 이를 방해했다. 2017년 2월 사내 메일로 전미자동차노조는 대기업들에 충성하는데, 테슬라에서 노조비로 벌 돈보다 그쪽에서 버는 돈이 훨씬 더 많기 때문이라는 내용을 직원들에게 보냈고, 언론 인터뷰에선 전미노동차노조가 NUMMI를 망하게 만들고 노동자를 배신했다고 말했다. 테슬라의 프리몬트 공장은 NUMMI의 공장을 인수한 것이다. (NUMMI는 GM과 토요타가 합자해서 만든 자동차공장으로, 양사의 자동차를 생산했는데 글로벌 금융위기로 GM이 2009년 6월 파산하면서 GM 생산물량이 종료되고, 토요타는 북미의 다른 공장으로 생산을 몰아주고 2010년 3월에 NUMMI에서 손을 뗐다. 노조보다는 글로벌 금융위기의 여파가 크다. 그렇게 NUMMI가 망했고 테슬라에 매각되었다.) 2017년 6월에 전미자동차노조는 계급이 양분화되었고, 전미자동차노조만 발언권이 있고 노동자는 없다고 말하기도 했다.

2018년 3월, 일론 머스크는 트위터에 테슬라에서 노조 설립을 막는 사람은 없다면서도, 회사가 주는 스톡옵션을 포기하고 회비까지 내면서 노조에 가입하려는 이유를 모르겠다는 글을 올렸다. 이 글은 논란이 되었는데, 그의 말은 그냥 말로 그치는 것이 아니기 때문이다. 실제로 테슬라에선 노조 활동을 하려는 직원을 추궁하거나, 스톡옵션을 상실할 수 있다는 위협을 가했다는 사실도 드러났다. 2019년 캘리포니아 행정법원은 일론 머스크의 글이 노조에 가입하면 회사에서 불이익을 줄 수 있다는 메시지라서, 이는 노조 설립 방해를 금지하는 노동관계법을 위반했다고 판결했다. 그는 직원 주차장에서 노조 유인물을 배포하지 못하도록 한 규정을 만들어, 사전허가 없이 노조 활동을 위한 스티커나 팸플릿을 배포하면 징계하겠다는 위협도 했다. 노조를 지지하는 의류 착용을 금지하고, 노조 위원을 해고했는데, 이런 것이 노조 활동 방해에 해당되었다.

그리고 2021년 3월, 미국 연방노동관계위원회NLRB는 2019년 노동 활동 방해 유죄를 근거로, 일론 머스크가 트위터에 쓴 노조 가입

비판과 노조 혐오 관련 글을 삭제하라는 명령도 내렸다. 하지만 테슬라는 2021년 4월에 뉴올리언스 연방항소법원에 삭제 명령 무효화 소송을 제기했다. 일론 머스크의 노조에 대한 태도는 한결같다. 법원과 노동당국의 판결에도 전혀 달라지지 않았다.

일론 머스크가 한 얘기 중에 아주 인상적인 게 있다. "People need to work from around 80 to over 100 hours per week to change the world. There are way easier places to work, but nobody ever changed the world on 40 hours a week.(사람들이 세상을 바꾸려면 일주일에 80~100시간 일해야 한다. 일하기 쉬운 곳도 있겠지만, 일주일에 40시간씩 일해서 세상을 바꾼 사람은 아무도 없다.)" 이 말은 그의 노동관을 확실히 보여준다.

미국의 법정 근로시간은 주 40시간인데, 연장 근로 시간 제한은 없다. 초과 근무 조건은 노사가 협의해 결정히며, 초과 근무 수당은 통상 임금의 1.5배를 준다. 일론 머스크는 2018년 11월 언론 인터뷰에서 "모델 3 세단 생산을 늘리기 위해 주당 120시간씩 근무하고, 테슬라의 모든 직원이 100시간씩 일했다. 지금은 80~90시간으로 내려가서 정말 일할 만하다"라고 했다. 테슬라, 스페이스X 직원들은 평균 주당 80~90시간 일하는 것으로 알려져 있다.

일론 머스크는 혁신적인 창업가이자 새로운 사업을 키우고, 일자리를 창출해내는 데는 분명 탁월한 성과를 내지만, 노동조합에 대해선 아주 강경했다. 무노조 경영을 고수하고, 노동조합에 아주 부정적이던 일론 머스크가 왜 2022년 3월에 노조 결성을 동의하는 말을 남겼을까? 그사이 어떤 변화가 있었기에, 쉽게 바뀌지 않을 듯한 자기 주장 강한 일론 머스크가 한발 물러섰을까?

조 바이든 미국 대통령이 국정 연설에서 미국 자동차 회사인 포드와 GM은 적극적인 투자와 일자리 창출 사례로 칭찬하면서 테슬라는 언급하지 않았다. 테슬라도 투자와 일자리 창출에서 분명 큰 역할을 하고 있고, 자동차 회사들 중 시가총액도 1위이며 글로벌 영향력도 크다. 노조에 부정적이고 노조 결성도 안 된 테슬라와 달리, 포드와 GM은 강력한 노조가 있는 회사다. 바이든 대통령은 친노조적 성향이다.

2020년 11월, 바이든은 GM, MS 등 기업 CEO들과의 화상회의에서 "나는 노조 친화적 인물이다"라고 말하기도 했고, 대통령 선거운동 중 피츠버그 유세(2020. 11.)에선 "역대 대통령 중 가장 노조에 친화적인 대통령이 되겠다"고 했다. 그리고 차기 정부의 경제 정책 발표 자리(2020. 11.)에서 "노조 가입이 가능하고 좋은 보수를 약속하는 수백만 개의 일자리를 만들겠다"고 했다. 아마존에서 노조 결성을 위해, 앨라배마주 배서머 직원들의 노조 설립 우편투표 때(2021. 2.)는 "누군가의 노조 가입 여부는 대통령인 내가 결정할 일이 아니라는 점을 명확하게 하고자 한다. 더 명확한 것은 고용자가 결정할 일도 아니라는 점이다"라는 메시지를 남기기도 했다.

그리고 바이든 행정부가 추진하는 전기차 추가 세액공제 정책에 따르면, 산별노조인 전미자동차노조의 지부가 들어선 사업장에서 생산한 전기차에 현 세액공제액 7,500달러에 추가로 4,500달러의 혜택을 제공한다. 곧 노동조합이 있는 미국 공장에서 생산한 전기차에 혜택을 주는 것이니 GM, 포드, 스텔란티스(Stellantis : 크라이슬러Chrysler, 지프Jeep, 닷지Dodge 등) 미국 빅3 자동차에 유리하다. 노조가 없는 테슬라, 토요타, 미국 공장에 노조가 없는 독일 자동차업계 등이 반발했다. 특히 일론 머스크는 강력히 비난하며 바이든 정부와 각을 세우기도 했다.

2021년 8월, 백악관에서 GM의 CEO, 포드의 CEO, 스텔란티스의 COO 등 미국 자동차 업계의 주요 경영진과 전미자동차노조 지도부가 참석한 행사가 열렸고, 이때 바이든 대통령은 BEV, PHEV, FCEV 등 전기차가 2030년 미국에서 판매되는 신차의 절반을 차지할 수 있도록 지원하는 행정명령에 서명했다. 전기차 관련 행사에 테슬라만 초대받지 못했다. 이를 두고 노조가 없는 테슬라만 일부러 제외했다는 해석이 많았다. 일론 머스크로선 이런 상황이 불편할 것이다. 전기차를 적극 지원하는 정책을 펴면서, 노조가 있는 미국 공장에서 생산한 자동차에 특혜를 주는 것을 보면 확실히 바이든 정부에선 친노조 정책이 계속될 것임을 짐작할 수 있다.

아울러 2022년 2월, 바이든 정부는 연방정부가 노조 참여와 단체협상을 지원하기 위해 어떻게 해야 하는지에 대한 70가지 권고를 담은 〈노동자 조직 및 권한 부여에 관한 백악관 태스크포스White House task force on worker organizing and empowerment〉 보고서를 발표했다. 이 보고서는 미국 최대의 고용주인 연방정부 내 30만 명 이상의 직원이 노조 가입 자격이 있지만 가입하지 않았다고 지적했고, 가입을

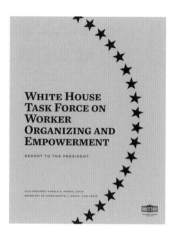

바이든 정부가 발표한 <노동자 조직 및 권한 부여에 관한 백악관 태스크포스> 보고서. 바이든 정부의 친노조 정책을 확인할 수 있다. (출처 : 백악관)

희망하는 연방정부 직원들의 노조 참여를 촉진해야 한다고 강조했다. 보고서는 연방기관이 신입 직원에게 단체교섭권 등 노조에 관한 정보를 더 많이 제공하고, 노조에는 직원들과 잘 소통할 수 있도록 보장하라는 내용을 담았다. 또한 권고 내용이 민간기업에도 모델이 되기를 기대했다.

바이든 대통령의 임기는 2021년 1월부터 2025년 1월까지이고, 재임하게 되면 2029년 1월까지다. 이런 배경이 일론 머스크의 노조에 대한 태도가 변화한 이유가 아닐까. 전기차 시장은 급성장하는 상황이고, 전기차의 경쟁력은 기존 자동차 회사들도 충분히 갖추기 시작했고 테슬라로선 미국 자동차 회사들에 주는 특혜를 걷어차버릴 필요는 없다. 노조를 위해서가 아니라, 기업의 성과이자 경영을 위해 노조에 대한 태도를 전환한 것이고, 얼핏 ESG 중 S, G 이슈로 보이지만 결국은 비즈니스의 이익을 위해서다.

무노조 경영을 고수하던 기업들에서 왜 최근에 노조가 결성되는 걸까?

　　스타벅스, 애플, 아마존, 알파벳(구글), 테슬라 등의 공통점은 뭘까? 다 미국 기업이라는 뻔한 답 말고, 무노조 경영을 고수해온 기업이지 최근에 노조가 만들어졌거나, 만들어지기 위해 시도하는 중이라는 공통점이 있다. 각기 1971년, 1976년, 1994년, 1998년, 2003년에 설립된 기업이 왜 2021~2022년에 이런 변화를 맞는 걸까? 공교롭게도 바이든 정부 1, 2년차 시기이기도 하고, MZ세대가 조직에서 영향력이 커진 시기이기도 하고, ESG 투자와 ESG 경영이 전 세계적으로 열풍이 분 시기이기도 하다. 우연이든 아니든 분명 이런 배경과도 무관하지 않다.

　2021년 12월, 뉴욕주 버팔로시에 있는 스타벅스 매장에서 열린 노조 설립 찬반 투표에서 가결되며 스타벅스의 무노조 경영이 끝이 났다. 2022년 3월 말까지 미 전국노동관계위원회에 노조 결성 투표를 위한 청원서를 제출한 미국 내 스타벅스 매장은 27개 주에 있는 140개다. 미국 전역으로 계속 확대될 가능성이 크다. 2022년 4월, 하워드 슐츠 창립자 겸 명예회장이 임시 CEO로 복귀했는데, 직원들에게 보낸 서한에서 자사주 매입 중단을 발표했다. 스타벅스는 2021년 10월 향후 3년간 200억 달러 규모의 자사주 매입과 배당금 지급 계획을 발표했다. 결국 계획을 바꿔 자사주 매입에 들어갈 자금을 직원들의 불만 해소에 투입해 노조 설립 의지를 꺾는 데 투자하려는 것이다. 노조 설립이 확대되든 그렇지 않든, 결과적으로 직원들의 근무 환경 개선은 이뤄지는 셈이다.

2022년 4월, 아마존은 최대 물류센터인 뉴욕시 스태튼아일랜드의 JFK8에서 진행된 노조 설립 안건이 55% 찬성으로 가결되며 본격적인 노조 설립이 시작되었다. 2021년 4월 앨라배마주 배서머 물류센터에서 노조 설립 안건 투표가 진행되었지만 반대 71%로 부결되었다. 아마존은 그동안 물류센터 노동자들의 노조 건립을 저지하기 위해 적극적이었지만, 결국 무노조 경영에 위기가 온 셈이다. 미국 전역의 물류센터에서 노조 설립 투표가 이어지고 있다.

알파벳(구글)은 2021년 1월 알파벳직원조합AWU, Alphabet Workers Union이 만들어졌다. 1년여 비밀리에 노조 결성을 준비해왔다고 하는데, 그전부터 전조는 충분히 있었다. 직원들의 목소리가 적극적으로 나오기 시작하고 집단행동을 한 일들이 여럿 있었다. 먼저 2018년 2월, 알파벳이 미국 국방부의 군사 프로젝트(메이븐 프로젝트Project Maven, AI 기술을 이용해 드론을 비롯한 무인항공기가 찍은 이미지 분석의 정확도를 높이는 방위 산업 프로젝트)에 참여하자 직원 4,000명이 프로젝트 철수를 요구하며 서명 운동을 벌였다. 인간 조작자 없이 발사될 수 있는 자율무기 시스템에 사용될 여지도 있기에, 인공지능 기술이 살상용 무기와 전쟁에 사용될 가능성을 지적하며 직원들이 반대한 것이다. 결국 구글은 2018년 6월 프로젝트에서 철수하고, 회사 내에 AI 기술 관련 윤리강령을 만들었다.

참고로, 이후 메이븐 프로젝트라고 직접 언급하진 않았지만 국방부의 하청을 받은 ECS가 유사한 기술 프로젝트를 2019년 마이크로소프트, 2020년 아마존과 계약을 체결한 사실이, 구글 AI 연구원이 설립한 비영리 단체 '테크 인쿼리'의 보고서에서 제기되었다.

2017년 1월 미국 캘리포니아 아실로마Asilomar에서 열린 AI 콘퍼런스(Beneficial AI 2017)에서 알파고를 개발한 구글 딥마인드 창업자이자 CEO 데미스 히사비스를 비롯한 AI/로봇공학 연구자 816명과 물리학자 스티븐 호킹, 테슬라와 스페이스X CEO 일론 머스크, 미래학자 레이 커즈와일 등 과학계, 기술계 등 총 2,000여 명이 서명해 AI 23개 원칙(일명 Asilomar AI 원칙)을 만든 것도 AI에 대한 우려 때문이었다. 이 원칙 중에 'AI에 기반한 자율무기 경쟁을 피해야 한다'가 명시되어 있다.

알파벳(구글)은 2018년 8월, 중국 정부 검열 기준에 맞춘 검색엔진을 개발해온 사실이 드러나자 직원 1,400여 명이 항의 서한을 발표했고, 2018년 11월 구글 핵심 임원인 앤디 루빈의 성희롱 사건에 대해 회사가 미온적으로 대처하는 것에 항의하며 직원 2만여 명이 휴업을 선언했다. 2020년 12월엔 팀닛 게브루 박사가 성, 인종 차별 문제를 제기했다가 해고당하자 직원 3,000여 명이 반대 성명을 제출했다. 실리콘밸리에서 테크행동주의는 수년간 중요 화두였다. 테크 산업이 전 세계의 산업적 영향력과 지배력이 점점 높아지는 상황에서 테크는 더 이상 기술과 비즈니스에만 머물지 않는 아주 강력한 권력이다. 구글의 노조 결성도, 애플이나 아마존, 테슬라 등에서 노조 결성 시도가 이어지는 것도 같은 맥락으로 볼 수 있다.

국내에서도 2018년 4월 네이버가 창립 19년 만에 사원 노동조합 '공동성명'이 만들어졌다. 이후 넥슨 '스타팅포인트', 스마일게이트 'SG길드', 카카오 '크루유니언' 등 국내 빅테크 기업들의 노조가 생겼다. 흥미로운 건 국내 빅테크 기업의 노조 이름이 기존의 노조 이름과 뉘앙스가 좀 다르다는 점이다. 단지 영어로 썼다는 게 아니다. 과거 노동운동의 이미지와는 크게 다르다. 생산직 중심으로 구축한 한국의 노동조합 이미지나 노동운동의 방향성과 달리, IT 산업이 사무연구직이 중심이고 노동조합을 주도한 이들도 20~30대이며, 노동조합의 역할에서도 차이가 있다. 오히려 국내에서 과거에 만들어진 노조와 요즘 만들어진 테크 기업 노조의 유사성보다는, 미국의 테크 기업 노조와 한국의 테크 기업 노조의 유사성이 훨씬 더 크다. 아마존 노조가 쿠팡이나 배달의 민족에는 어떤 영향을 줄까? 무노조 경영하던 미국 기업에서 노조 결성이 이어지는 흐름이 한국 기업에도 영향을 줄 수밖에 없다.

과연 일론 머스크가 ESG 경영을 하는 걸까?

과연 테슬라가 우크라이나에 스타링크 서비스를 무상으로 제공하는 건 인류애와 전쟁 반대라는 명분만 있을까? 분명 일론 미스크가 순수한 의노로 선택했다고 믿고 싶다. 하지만 베타 서비스 중인 스타링크는 우크라이나를 통해 전 세계적으로 위성 인터넷의 효용성을 가장 잘 보여줬다고 볼 수 있다. 이보다 더 좋은 쇼케이스도 없다. 일론 머스크가 러시아의 우크라이나 침공에서 우크라이나 편을 들며, 우크라이나의 요청에 바로 응답하여 스타링크 서비스를 제공한 것은 분명 ESG 경영의 가치를 보여준 일이 맞다. 일론 머스크가 어떤 의도로, 어떤 생각을 가진 채 그런 행동을 했는지는 중요치 않다. 결과적으로 해야 할 일을 한 것은 맞으니까. 그리고 선택에 따른 결과가 비즈니스에 어떤 형태로든 영향을 미친다.

위성인터넷 사업은 스타링크만 하는 게 아니다. 우주는 새로운 비즈니스의 전쟁터다. 인공위성 제작과 발사 비용이 크게 낮아지면서 소형 위성을 이용한 우주인터넷 사업이 활발해졌다. 2000년대 이전까지는 위성 발사 비용이 1kg당 2만 달러 정도였지만, 지금은 1/10 정도인 1kg당 2,000달러대까지 내려왔고, 이마저도 더 내려가 앞으로 1kg당 1,400달러까지도 낮춰질 것이다.

비용 하락을 주도한 건 스페이스X다. 2022년 1월 기준으로 스페이스X가 발사한 저궤도 인터넷위성 스타링크는 2,042기다. 2019년 5월 60기를 발사한 지 2년 8개월 만에 2,000기를 넘었다. 이중 정상적으로 작동하고 있는 스타링크 위성은 1,469기이고 272기는 작동 궤도로 이동 중이라고 한다. 200여 기는 작동이 안 되거나 폐기되었다. 2027년까지 위성 1만 2,000기를 배치할 수 있도록 미국 연방통신위원회의 승인을 받은 상태다.

스타링크는 2020년 미국과 캐나다를 시작으로 독일, 뉴질랜드, 호주, 프랑스, 오스트리아, 네덜란드, 벨기에 등 2022년 1월 기준 25개국 14만 5,000명이 베타서비스를 이용하고 있다. 베타서비스를 이용하려면 초기 키트 비용 499달러, 월 사용료 99달러가 들어간다. 이 비용이 점점 낮아지긴 하겠지만 지상에서 서비스되는 인터넷 서비스 제공사업자ISP들의 초고속 인터넷 서비스들과 비교하면, 서비스 속도에서도 가격에서도 경쟁력은 떨어진다.

사실 도심에 사는 사람들은 굳이 위성인터넷을 쓸 이유는 없다. 하지만 오지는 다르다. 실제로 일론 머스크도 스타링크 서비스를

ISP와 경쟁하기 위해 만든 게 아니라, 가장 낙후되고 혜택을 받지 못하는 사람들을 위한 인터넷이라고 말했다. 실제로 2020년 미국 서부에 대형 산불이 발생했을 때 스페이스X가 산불 지역에 스타링크 기지국과 안테나를 보급해 오지임에도 인터넷이 가능하게 만들어 산불 진행 상황에 빠르게 대응하며 진화에 도움을 줬다는 평가를 받았다. 우크라이나에 스타링크 서비스를 제공한 것도 같은 맥락이다. 오지와 제3세계, 그리고 재난 현장에서 활용도가 높다. 지구의 2/3 정도 지역이 ISP의 범위에서 벗어난 인터넷 오지다. 전 세계를 모두 연결한다는 건 소외 지역에는 복지가 될 수 있고, 사업자에겐 엄청난 기회다. 특히 자율주행 자동차 시장을 위해서도 위성 인터넷 사업은 중요하다.

영국의 원웹One Web은 목표한 648기 중 400기를 궤도에 배치해 영국, 캐나다, 알래스카, 북유럽, 그린란드, 북극 등에서 서비스하고 있다. 이후 648개 위성을 모두 배치해 전 세계 서비스로 확대하려 한다. 아마존의 제프 베이조스는 카이퍼Kuiper라는 우주인터넷 서비스 회사를 만들어 3,236기의 저궤도 인터넷 위성망을 추진 중이다. 미국의 스타트업 아스트라는 1만 3,000기의 위성으로 저궤도 인터넷망을 구축하겠다는 계획을 갖고 있다. 캐나다 통신업체 텔레샛, 미국의 보잉사 등도 우주인터넷 계획을 발표했다. 애플도 위성인터넷 관련 연구를 진행 중이라고 알려져 있고, 구글은 위성 대신 대형 풍선을 이용한 룬 프로젝트를 진행했고, 메타(페이스북)은 태양광 드론을 성층권에 장기 체류하는 프로젝트를 하고 있다. 이들 기업 중 상당수가 미국의 기업이다. 우주 사업이나 위성인터넷망이나 미국의 영향력이 가장 클 수밖에 없다. 이런 상황에서 중국도 EU도 위성인터넷 사업에 투자하고 있다.

미국의 우주 전문 벤처캐피털VC 스페이스캐피탈Space Capital이 2022년 2월에 발표한 '위성통신 플레이북The SatCom Playbook'에 따르면, 자율주행 자동차와 사물인터넷 등에서 활용되며 3~5년 이내 위성인터넷이 전체 통신시장에서 25% 정도를 차지할 것이라고 예측했다. 위성인터넷은 스페이스X와 아마존의 카이퍼, 원웹이 빅 3로 향후 시장의 90%를 차지할 것이라고도 봤다. 시장조사업체 리서치앤마켓ResearchAndMarkets은 위성인터넷 시장이 2021~2031년 연평균 20%씩 성장해 2031년 523억 3,000만 달러 정도가 될 것으로 예측했고, 모건스탠리Morgan Stanley는 향후 20년 안에(2041년까지) 최대 5,820억 달러까지 될 것으로 예측했다.

일론 머스크의 스페이스X가 주도한 위성인터넷 시장의 미래는 전망치보다 더 좋을 수 있다. 위성인터넷 자체에서 끝나지 않고, 이것이 자율주행차와 결합해 자동차 산업의 새로운 주도권이 될 수 있기 때문이다. 테슬라의 경쟁력은 전기차가 아니라 소프트웨어 중심의 자동차이자 자율주행차를 통한 모빌리티 비즈니스다. 스타링크의 투자금은 2027년까지 최대 300억 달러다. 이미 투자된 것은 이중 극히 일부이고 앞으로 쏟아부어야 할 돈이 많다.

일론 머스크는 전기차에도 막대한 돈을 쏟아부었다. 그 과정에서 위기도 많이 겪었다. 하지만 결과적으론 대성공이다. 테슬라가 주도한 전기차 시장은 이미 고속 성장 중이다. 글로벌 에너지 시장 분석업체인 블룸버그NEF Bloomberg New Energy Finance의 〈Electric Vehicle Outlook 2021〉에 따르면, 전기차 시장 규모를 2030년에 7조 달러, 2050년 46조 달러로 예상했다. 테슬라가 첫 승용 전기차 모델S를 출시한 2012년은 전 세계 전기차 판매량이 10만 대 정도였다. 그로부터 10년 후인 2022년 전기차 판매량은 100배 증가한다. 블룸버그NEF는 2022년 1,050만 대 판매를 예측했다. 2021년 660만 대보다 60% 증가한 수치다. 테슬라는 2021년 93만 6,000대의 전기차를 팔았는데, 2020년보다 87% 증가한 수치다. 기존의 캘리포니아와 중국 상하이 공장의 생산시설이 확장되고, 텍사스 오스틴과 독일 베를린의 새 공장이 가동되는 것을 감안하면 테슬라의 전기차 판매량은 또다시 역대 최대를 경신할 것이다.

전기차 시장에서 점점 테슬라의 위상은 줄어들 수밖에 없다. 글로벌 자동차 브랜드들이 전기차 경쟁력을 계속 높여가고 있다. 전기차는 투자금의 블랙홀 같다. 그만큼 미래의 기회가 커서다. 글로벌 자동차 브랜드들이 각기 전기차 사업에 수백억 달러씩 쏟아부으며 사활을 거는 것도 그런 이유다. 2050 넷제로는 전 세계의 화두이고, 그 과정에서 전기차 시장은 자동차 시장에서의 주류로 자리 잡을 수밖에 없다.

일론 머스크는 미래의 테슬라 자동차 모델을 비건 자동차로 만들겠다고 이야기했다. 왜 그랬을까? 일론 머스크가 비건이어서? 아니다. 일론 머스크도 비즈니스의 방향이 어디로 가는지, 친환경과 동물윤리는 소비자와 기업 모두에게 지지받는 흐름임을 알고 있다. 개인의 취향과 성향 때문에 이런 결정을 한 게 아니다. 테슬라는 모델3에서 천연가죽을 없앴으며, 파인애플 잎과 줄기로 만든 비건 레더로 시트를 만든 적 있다.

이미 자동차 업계에서 동물을 죽여서 얻는 가죽 대신 식물성 기반의 비건 레더가 확산 중이다. 아예 가죽 자체를 없애는 시도도 늘어난다. 볼보는 순수 전기차 모델 C40을 만들면서, 볼보 역사상 처음으로 가죽을 전혀 사용하지 않는 자동차를 만들었다. BMW, 벤틀리, 아우디 등도 가죽을 전혀 사용하지 않는 자동차 라인을 만들기 시작했고, 장기적으론 자동차에서 가죽 소재는 사라질 가능성도 있다. BMW MINI 디자인 책임자 올리버 하이머Oliver Heilmer는 인터뷰에서 "자동차 기업들이 신형 모델에서 가죽 인테리어를 모두 없애는 추세다. 가죽이 지속가능하다고 생각하지 않기 때문에 더 이상 차량에 가죽 부품이 필요하지 않다"고 했다. 가죽이 주는 감성 품질은 분명 중요하지만, 동물보호와 환경 모두를 고려해 아예 가죽을 빼도 된다는 소비자가 계속 늘어난다면 자동차 제조사로서도 그 흐름을 받아들일 수밖에 없기 때문이다. 자동차에서 친환경 이슈가 전기차뿐 아니라 비건 레더로도 확산 중이다. 자동차의 구동 방식은 전기차이면서, 실내 내장재는 가죽이 없거나 쓰더라도 비건 레더를 쓰고, 폐차 후 재활용이 원활하게 소재 선택과 설계가 이뤄지는 것이다. 이는 ESG 경영 확산과도 연결된다.

일론 머스크는 테슬라를 통해 전 세계 전기차 시장을 주류 시장으로 끌어올리는 데 결정적으로 기여하고 있다. 전기차 자체도 ESG 중에서 E에 중요한 역할을 한다. 이미 글로벌 기업들이 회사의 업무용 차량을 전기차로 전환하는 중인데, 이를 통해 업무 및 물류 등에서 발생하는 탄소절감을 도모한다. 일론 머스크로선 테슬라가 전기차 시장에서의 주도권이자 프리미엄을 계속 유지하길 원한다. 테슬라가 전기차를 넘어 자율주행 자동차 시장에서도 주도자가 되기를 원한다. 이를 위해서도 스타링크가 위성인터넷의 주도자가 되기를 원한다.

일론 머스크는 우크라이나에 스타링크 서비스를 제공하고, 푸틴에게는 결투를 신청했다. 도지코인으로 가상화폐 시장을 광풍으로 몰아가고, 비트코인에 대한 태도 변화로 시장을 들었다 놨다 하기도 했다. 다른 경영자나 타 기업에 대해서도 공격적 언사를 서슴없이 쏟아내고, 트럼프와 바이든을 비롯해 대통령이나 정부와 각을 세우기도 했다. 세상 무서운 것 없고, 거침없이 마이웨이를 걷고 살아간다.

그는 팬데믹 기간 중 세계 1위 부자로 등극했다. 전기차의 대표주자가 된 기업 테슬라, 태양광 사업을 하는 솔라시티, 민간우주항공기업으로 우주 사업과 위성인터넷 사업, 장기적으로 화성 식민지까지 꿈꾸는 기업 스페이스X, 진공터널로 다니는 초고속열차 사업을 하는 하이퍼루프, 하이퍼루프를 위해 터널을 만드는 기업 보링컴퍼니, 인간의 뇌와 컴퓨터를 연결하는 뉴럴링크 등에 이르기까지일론 머스크는 새로운 세상을 만들어가는 사업을 한다. 분명한 건 돈만 벌기 위해서가 아니라 세상을 바꾸기 위해서, 혹은 자기가 꿈꾸는 세상을 만들기 위해서 사업을 하는 것처럼 보인다. 때론 폭군 같고, 때론 괴짜 같지만 전 세계 투자자들이 ESG 투자를 하고, 전 세계 기업들이 ESG 경영에 나서는 데 일조하는 것이 일론 머스크다. 그의 의도와 상관없이, 그가 하는 사업들 때문이다. 세상을 진화시키고, 지속가능성을 지향하고 있다.

물론 그는 리스크가 아주 큰 경영자다. 역사상 트위터를 가장 잘 활용한 두 사람을 꼽으면 아마도 일론 머스크와 도널드 트럼프가 아닐까? 트위터를 자신의 비즈니스이자 영향력을 발휘하는 데 가장 잘 이용했다. 그 때문에 독선적인 모습도 많이 보여줬고, 호불호도 크게 엇갈린다. 리더의 입은 중요한 무기다. 그 무기를 어떻게 사용하느냐에 따라 비즈니스 성과가 크게 엇갈릴 수 있다.

국내 경영자 중에서도 일론 머스크 놀이를 하려는 이들이 종종 있는데, ESG 경영을 한다면 절대 금기할 일이다. 그나마 일론 머스크니까 가능한 것도 많다. 경영자의 입은 개인의 입이 아니다. 이건 주주행동주의, 직원행동주의를 통해 견제해야 한다.

2022년 5월, 테슬라는 S&P 500 ESG 지수에서 퇴출되었다. 전기차의 대표주자이자 친환경 에너지 기업을 표방하는 테슬라가 지수업계 대표주자인 S&P가 평가하는 ESG 지수에서 빠지게 된 사건을 두 가지 차원으로 볼 수 있다.

첫째는 테슬라가 E에선 상대적으로 유리할 전기차 사업을 하고는 있지만, S와 G에서 문제가 많다는 점이다. 일론 머스크는 트위터를 통한 발언으로 암호화폐 시장을 들었다 놨다 하면서 테슬라의 주가를 급락하게 만들기도 했고, 독단적으로 트위터를 인수하겠다고 선언했다가 돌연 결정을 유보하면서 막대한 위약금을 물어낼 우려도 생겼다. 분명 테슬라는 주식회사이지만 테슬라 이사회가 일론 머스크의 독단적이고 돌발적인 발언과 행동을 전혀 제지하지 못하는 지배구조의 문제가 있다. 이는 고스란히 투자자들의 리스크가 된다. 여기에 테슬라의 자산이 급증한 기간 동안 일론 머스크의 기부는 거의 없었다. 미국 도로교통안전국 NHTSA의 차량 안전 조사에서 낮은 점수를 받았고, 흑인노동자에 대한 조직적인 인종차별과 성희롱 혐의로 고소당하고, 인권과 노동조합 등도 문제로 지적되었다. 사실 테슬라는 E에서도 온실가스 배출량과 감축 목표에 대해선 자료 공개가 투명하지 않기도 하다.

이런 여러 측면을 고려해보면 테슬라가 아무리 친환경으로 대표되는 전기차 사업을 하더라도 ESG 평가 점수는 낮을 수밖에 없다. 어찌보면 테슬라는 ESG의 수혜자다. 일론 머스크가 ESG 경영을 잘해서 수혜를 본 게 아니라, 전기차 회사라는 이유만으로 탄소배출권으로 막대한 이익을 거두고, ESG 투자 열풍으로 이득을 봤다. 이제 테슬라도 ESG 경영에 본격적으로 나서야 한다.

둘째는 과연 S&P의 ESG 평가지수가 ESG를 얼마나 투명하게 평가할 것인가 하는 점이다. 테슬라가 퇴출되자마자 일론 머스크는 석유기업 엑슨모빌이 지수에 포함된 것을 들며 "ESG는 사기다. 거짓된 사회 정의 투사들에 의해 무기화되었다"라며 트위터에서 발언하기도 했다. 엄밀히 일론 머스크는 저런 말을 할 자격은 없어 보인다. 환경 측면에서만 내세울 게 있을 뿐, 테슬라의 ESG 전반에서 문제되는 요소는 굉장히 많기 때문이다.

그동안은 자동차 산업에서 독보적인 전기차 업체였지만, 이제 글로벌 자동차 업체들이 전기차 경쟁력을 높여가면서 자동차 업계가 전반적으로 ESG 평가에서 평균 점수가 높아졌다. 석유기업이 들어간 것만 가지고 무조건 ESG 지수가 문제 있다고 보긴 어렵다. ESG는 말 그대로 3가지 주요 이슈에 대한 통합적 평가다. 그리고 석유, 에너지 분야는 상대적으로 E에서 불리할 수밖에 없고, 해당 산업별 특성을 고려할 수밖에 없다.

ESG의 목적은 기업의 지속적 경영이지 기업의 청산이 아니다. 바로 이것이 ESG의 본질이다. ESG는 기업을 위해, 투자자를 위해, 자본주의를 위해 존재할 수밖에 없다. ESG 평가는 사회 정의를 위한 것이 아니다. 오해하지 말자. S&P 500 ESG 지수는 MSCI Morgan Stanley Capital International, 모건스탠리캐피탈인터내셔널 ESG 지수와 함께 많이 활용되는 ESG 지수이기도 하다. 어떤 ESG 평가지수도 기업의 투자자와 투자자본을 가장 우선할 수밖에 없다. 지구를 위해서? 북극곰을 위해서? 사회 정의를 위해서? 결코 이런 이유로 ESG를 바라봐선 안 된다.

애플의 글로벌 공급망에서
강제 노동은 정말 없었을까?

2022년 3월, 애플 주주총회에선 러시아의 우크라이나 침공에 대한 대응으로 러시아에서 모든 제품 판매를 중단하는 등의 조치를 설명했고, 애플 내의 불평등을 퇴치하고 소외된 그룹에 대한 피해를 해결하도록 요구하는 안건은 53.6% 찬성으로 통과되었다. 하지만 중국 내 애플의 공급망(아이폰 제조 및 부품 협력업체 등)에서 노동자들의 강제 노동에 투명한 조치를 취해달라며 세계 최대의 글로벌 의결권자문사 ISS Institutional Shareholder Services 가 상정한 안건은 찬성 34%에 그치며 부결되었다. 2021년 12월 미국 하원에서 가결된 '위구르 강제 노동 방지법'은 중국 신장 위구르 자치구에서 생산한 제품을 수입 금지하는 내용인데, 애플은 그동안 중국을 비롯한 글로벌 공급망 감사에서 강제 노동의 증거를 찾지 못했다는 입장을 고수해왔다.

애플에게 중국은 큰 시장이자 핵심 공급망이다. 그러다 보니 중국 내 공급망(아이폰 제조 및 부품 협력업체 등)에서 제기되는 노동자들의 강제 노동에 대해 소극적으로 대응할 수밖에 없다.

정치적 판단과 경영적 판단은 분명 다르다. 다만 둘 다 이해관계에 따라 판단한다는 건 같다. 애플에겐 중국은 큰 시장이다. 중국에서 애플 매출 성장률은 아주 가파르다. 14억 명의 시장이라 더더욱 중요하다. 중국은 애플의 핵심 공급망이다. 중국 정부와 대립하면 중국 시장만 잃는 것이 아니라 더 많은 타격이 생긴다. 애플 입장에선 중국 내 공급망에서의 노동, 인권 같은 이슈에선 소극적일 수밖에 없다. 중국이 변화하기 전까지는 이중적 노선을 걸을 수밖에 없는 것이 대중국 비즈니스를 하는 기업들의 입장이기 쉽다.

중국은 민주주의 국가가 아니다. 공산당이 중심인 국가다. 민주주의 국가에서 통하던 것이 안 통할 수 있는 게 중국이다. 시진핑이 주석이자 공산당 총서기로 선출된 건 2012년 11월이다. 총서기의 임기는 5년인데, 시진핑은 연임하고 있다. 2022년 10월이면 새로운 주석이자 총서기가 선출되는데 시진핑의 3연임이 유력하다. 덩샤오핑이 만든 국가주석 2연임 초과 금지 조항은 중국 헌법에 명시되어 있다. 하지만 2018년 전국인민대표대회에서 이 조항이 삭제

되었다. 2021년 중국공산당 제19기 6차 전체회의를 통해선 사실상의 종신집권도 가능해졌다. 덩샤오핑이 만든 칠상팔하七上八下, 곧 중국 최고 지도부인 정치국 상무위원이 되는 건 67세는 가능하지만 68세는 안 된다는 암묵적 룰도 깨졌다. 시진핑은 1953년생이다. 덩샤오핑이 만든 헌법 조항이나 암묵적 룰의 목적은 장기집권과 그로 인한 문제를 막기 위해서였다. 하지만 시진핑은 최소 3연임이고, 그 이상도 시도할 것이다. 바이든의 임기는 2025년 1월, 재임해도 2029년 1월이다. 시진핑의 임기는 3연임 하면 2027년, 4연임 하면 2032년이다. 4연임을 하지 않더라도 시진핑이 영향력을 발휘할 사람이 물려받을 가능성이 크다. 중국 시장을 중요하게 여기는 기업이라면, 중국 정부와 대립하면 손실이 클 수밖에 없다.

중국이나 러시아, 시진핑이나 푸틴이나 스트롱맨인 것은 같지만, 시장 규모가 다르다. 러시아는 손절해도 될 정도의 사이즈시만, 중국은 그럴 수 없다. ISS는 애플의 감사 결과에 의문을 제기했고, 중국 내 일부 업체가 신장 위구르 지역 강제 노동에 관여했다고 주장했다. 우크라이나 사업 중단과 중국 신장 위구르 강제 노동에 대한 대응 문제는 같은 선상에 있는 이슈다. 그런데 서로 다르게 대응했다. 러시아를 손절하는 이유와 중국을 손절하지 못하는 이유가 서로 엇갈리는 셈이기도 하다. 이런 안건은 S, G와 연결되는 이슈다. E와 관련한 이슈에선 관점과 입장에 따른 첨예한 대립은 적다. 투자와 실행을 얼마나 잘 하냐 덜 하냐 문제가 많다. 하지만 S, G에선 이해관계에 따라 대립되는 상황이 생긴다. 결국 선택에 따른 책임을 져야 하고, 더 열심히 계산기를 두드려야 한다. ESG는 일관성이 중요하다. 같은 이슈에 대해서도 어디에선 안 되고 어디에선 되는 식이면 곤란하다. 결국 이런 불안정성이자 불확실성은 리스크가 되기 때문이다. 그럼에도 기업은 영향력 있는 국가, 특히 스트롱맨이 지도자인 국가에 대해선 계산기를 전략적으로 두드릴 수밖에 없다.

분명 애플은 ESG 경영을 하고 있다. 아니 모든 기업이 다 하긴 한다. 어느 정도 하느냐가 다른 것이지 안 하는 대기업은 없다. 이젠 한다 안 한다가 아니라, 어떻게 하느냐, 얼마나 세밀하고 구체적으로 하느냐가 변별력이 될 수밖에 없다. 그리고 ESG 경영은 특정한 사람의 이해관계가 아니라, 기업의 이익이자 지속가능성에 가장 이익이 되는 답을 지향해가는지를 냉정하게 계산해내야 한다. 경영은 경영자의 선택으로 이뤄진다. 결국 경영진에 대한 주주행동주의, 직원행동주의를 ESG 투자에서 제기할 수밖에 없다.

ESG에서는 노동 문제도 중요한 이슈다. 강제 노동, 불법 노동만 얘기하는 게 아니다. 노동자와의 관계, 조직의 인사제도와 조직문화도 중요한 이슈가 된다. 그리고 가장 큰 쟁점은 인력 구조조정이다. 이건 회사가 어려워서 하는 구조조정을 얘기하는 게 아니다. 비즈니스 전환에 따른 인력 구조조정, 자동화 확대에 따른 인력 구조조정은 기업에 직면한 노동 관련 새로운 쟁점이다. 이건 앞으로 계속 풀어가야 할 문제이자, 이해관계자의 대립이 많은 이슈다.

2021년 국내 은행들은 역대 최대 수익을 거뒀다. 하지만 은행 점포와 정규직 직원은 크게 줄었고, 비정규직은 늘었다. 정규직 직원이 늘어난 은행은 카카오뱅크와 케이뱅크다. 2021년 은행에서 처리한 업무 중 창구에서 은행원이 처리한 건 6% 정도다. 이것이 무엇을 의미하는가? 결국 은행은 오프라인 점포와 창구 직원이 아니라, 온라인 플랫폼이 중심일 수밖에 없다. 은행 직원 중 IT 인력 비중은 점점 높아진다. 은행이 다루는 자산도 현금뿐 아니라, 가상화폐나 NFT 등 디지털 자산, 심지어 리셀이 만들어내는 투자 가치도 자산으로 인식한다. 은행이라는 업 자체가 바뀌었고, 결국 인력 구조조정은 불가피하다. 은행뿐 아니라 수많은 산업에서 산업 전환과 자동화에 따른 인력 구조조정이 이루어지고, 한동안 계속할 수밖에 없다. 노동의 문제는 S에서 비중 있게 다뤄진다. 일은 결국 노동자가 한다. 자동화 확대와 노동자의 일자리 문제는 서로 상충할 테고, 문제를 풀기 전까진 경영자와 노조 간의 길등 이슈가 될 수 있다.

사람 일자리를 로봇, 자동화로 대체하면 ESG 경영에 어긋날까?

아니다. 일자리 전환, 자동화 대체 자체를 이분법적으로 좋다 나쁘다 판단할 문제는 아니다. 노동의 관점에선 다른 판단일 수 있지만, 경영의 관점에선 효율성과 생산성 중심으로 선택할 문제다. 기업 경영에서 일자리는 복지일 수 없다. 정부나 정치의 입장에선 일자리를 복지로 연결할 수 있지만, 기업은 효율성과 생산성, 비즈니스 문제로 봐야 한다. 다만 일자리 전환과 자동화 대체에 따른 대안 모색은 필요하다. 디지털 트랜스포메이션Digital Transformation이 모든 기업의 사활이 걸린 미션이 된 시대라는 것은, 비즈니스 구조와 일하는 방식 전반의 혁신이 필요하다는 의미다. 이 과정에서 사람의 일자리에 변화는 불가피하다. 전면적으로 로봇과 자동화 대체는 불가능하지만, 부분적인 대체는 가능하다. 그리고 새로운 환경에 필요한 인재는 더 충원해야 한다. 기존 인력이 새로운 환경에 필요한 인재로 진화할 경우라면 문제는 좀 더 수월해진다.

일본 도치기현에 있는 닛산의 신형 전기차 '아리야Ariya' 전용공장에선 자동차 생산 4가지 단계인 프레스, 차체(용접), 도장(페인팅), 의장(차량의 내·외장 조립) 모두에서 자동화가 구현되어 있다. 심지어 도장품질 검사나 최종 종합 검사도 완전 자동화되었다. 로봇이 페인팅이 끝난 차량 표면에 LED 조명을 쏘고 카메라로 흠집을 찾아내는데 지름 0.3mm까지의 티끌을 100% 잡아낼 수 있다. 기존의 닛산 도장 검사 장인은 95%까지 잡아낼 수 있었다. 발견된 티끌은 즉시 작업자의 스마트기기로 전달돼 수정 조치하게 한다. 로봇과 사람의 공조인데, 이것도 나중엔 로봇이 다 처리하게 될 것이다. 아무리 로봇과 자동화가 효율성이 높아도, 오랫동안 일하며 쌓은 장인의 검사 능력은 못 따라갈 거라고 생각하던 사람들도 이제 생각이 바뀌어야 한다. 닛산은 전 세계 자동차 산업이나 전기차 시장에서 선도 기업이 아니다. 닛산만 완전 자동화에 가까운 전기차 전용라인을 만드는 게 아니다. 곧 모든 자동차 기업이 선택할 일이다.

노동집약형 산업인 자동차 산업에서 생산라인의 인력은 줄어들수밖에 없다. 내연기관에서 전기차로 라인이 전환되는 과정에서도 크게 줄어들고, 생산라인의 자동화 수준이 높아지는 과정에서도 줄어든다. 유수의 자동차 기업들이 기존 인력이 퇴사하는 길은 열어두고, 새로운 인력의 충원은 제한하는 식으로 이미 생산라인의 인력 숫자를 지속적으로 줄이고 있다. 아울러 일부 자동차 기업에선 전기차 배터리를 내재화하는 선택을 하면서, 자동차 생산라인의 인력을 배터리 생산라인으로 전환 배치하는 방법으로 일자리 전환을 하기도 한다. 분명한 건 기존 인력을 아무런 변화 없이 그대로 가져가진 못한다. 급속도로 자동차 산업에서 전기차 비중이 높아지고, 자동차 산업의 중심이 하드웨어에서 소프트웨어로 넘어가며 모빌리티 비즈니스가 중요해지고 있기에 인력도 당연히 그 방향으로 재편될 수밖에 없다. 산업 전환에 따른 인력 구조조정은 피할 수 없다. 자동화에 따른 효율성 제고 차원에서의 인력 구조조정도 피할 수 없다. 이 과정에서 노동조합, 그리고 노동자 개인과 얼마나 원활하게 구조조정을 마무리하느냐가 기업 경영에선 중요한 과제다.

"합리적인 기업가라면 인력을 절감할 수 있는 기술이 나올 경우, 거의 예외 없이 그 유혹을 뿌리치지 못한다." 이는 인공지능과 로봇공학에 초점을 둔 미국의 미래학자 마틴 포드Martin Ford가 《로봇의 부상Rise of the Robots》(2015)에서 한 얘기다. 사람의 일자리를 유지하기 위해 로봇과 인공지능, 자동화를 외면할 기업가가 있을까? 생산성도 효율성도 높고 비용마저 절감할 수 있는 방법을 두고서도 외면하는 기업가라면 주주 입장에서도, 임직원 입장에서도 달갑지 않을 수 있다. 결국 업무 현장에서 자동화와 로봇이 만들어낼 효율성과 생산성을 외면할 수 없는 것이다. 로봇과 자동화가 일자리 대체이자 노동 이슈가 되는 것에 대해서는 기업이나 경영계가 갑자기 관심 가진 것이 아니다. 대체 과정에서 노동자의 이해 충돌이나 저항

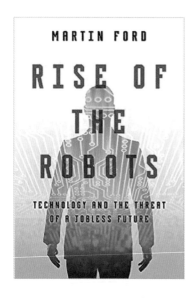

미국의 미래학자 마틴 포드의 책 《로봇의 부상》(2015). 이 책에서 마틴 포드는 "합리적인 기업가라면 인력을 절감할 수 있는 기술이 나올 경우, 거의 예외 없이 그 유혹을 뿌리치지 못한다"고 했다.

은 경영뿐 아니라 사회 전체의 중요 문제이기 때문이다.

"로봇과 자동화로 일자리가 줄어들 것이고, 정부는 이들을 위해 임금(기본소득이나 유사한 형태의 소득)을 지불해야 할 것이다. (결국 이를 위해 로봇에 세금을 부과해야 한다.)" 이는 일론 머스크가 2016년 11월, 〈CNBC〉 인터뷰에서 한 말이다. 일론 머스크는 기본소득을 주장하는 비즈니스 리더 중 한 사람인데, 그의 기본소득은 로봇세와 연결되어 있다. MS 창업자 빌 게이츠, 메타(페이스북) CEO 마크 주커버그, MS CEO 사티아 나델라 등이 로봇세에 옹호적 발언을 한 대표적 비즈니스 리더들이다.

"로봇이 사람의 일자리를 빼앗아갈 것이다. 로봇을 활용하는 기업에 노동자의 소득세 수준의 세금을 부과해야 한다. 이 세금을 노인복지와 아동교육 등에 쓸 수 있다. 로봇 때문에 일자리를 잃은 사람들을 재교육해 사회 복지나 아동 교육 등 분야에서 다시 일할 수 있도록 해 세금으로 임금을 줄 수 있다." 이는 빌 게이츠가 2017년 2월 〈쿼츠QUARTZ〉 인터뷰에서 한 말인데, 이로 인해 로봇세 논쟁은 더 확산되고 활발해졌다.

로봇세는 로봇으로 일자리가 대체되는 상황에 대응해 로봇에 부과하는 세금이다. 노동자가 일을 하여 임금을 받으면 소득세를 내듯, 로봇이 노동자를 대체해 일을 하고 기업에 이윤을 만들어내면 소득세에 준하는 세금을 로봇에게도 부과해야 한다는 것이 로봇세를 주장하는 이들의 입장이다. 물론 로봇세를 반대하는 입장에선 자칫 로봇세가 로봇산업 발전에 걸림돌이 될 수 있다고 주장하고, 로봇은 인격도 권리도 의무도 없는데 어떻게 사람처럼 세금을 부과하느냐고 주장하기도 한다.

그래서 2016년 유럽의회는 로봇세 도입을 위한 초안 작업에 착수했고, 2017년 2월 로봇의 법적 지위를 '전자 인간electronic person'으로 지정하는 결의안을 통과시켰다. 곧 로봇에 인격을 부여해, 로봇에 대해 소득세를 거둘 수 있는 기반을 확보한 셈이다. 2017년에 샌프란시스코 행정집행위원회Board of Supervisor 위원인 제인 킴Jane Kim이 '미래의 직업 펀드Jobs of the Future Fund' 캠페인을 시작했는데, 자동화 혁명에 따른 대응과 로봇세 도입 등을 캘리포니아주 차원에서 연구하는 캠페인 조직이다. 로봇세가 정치권에서 당장 적용되는 이슈는 아니지만 분명 근미래에 중요 이슈가 될 수밖에 없다. 2017년 영국에선 노동당 지도자인 제러미 코빈Jeremy Corbyn이 로봇세를 주장했고, 뉴욕시장 빌 더블라지오Bill de Blasio는 2019년에 로봇세를 옹호했다.

2020년 미국 대선에서 민주당 후보로 이슈를 모은 앤드류 양Andrew Yang의 핵심 공약이 모든 시민에게 매달 1,000달러를 준다는 보편 기본소득Universal Basic Income이다. 여기서 재원 마련책으로 제시된 것이 로봇 사용료다. IT 기업으로 인해 전통적 산업에 속한 기업이 망하고, 관련 종사자도 줄어들고, 생산 현장에서도 인력이 로봇으로 대체되는 상황에서, 이들 기업에서 로봇세를 받아 일자리를 잃은 사람들에게 기본소득으로 주자는 것이다. 가령 미국에 트럭 운전사가 200만~300만 명이 있는데, 자율주행 트럭이 상용화되면 이들 일자리가 사라진다. 자율주행 트럭을 이용하는 기업에서 로봇세를 받아 이들의 최저 생계를 보장할 수 있다는 것이다.

분명한 건 기술적 진화는 계속된다. 산업적 진화로 빅테크 기업들의 가치는 더 높아지고, 그들의 영향력도 더 커진다. 뉴노멀이 특정 기업의 수혜로만 이어져선 안 된다. 한국도 이 문제를 논의할 시점이 다가왔다. 이미 생산직과 서비스직에선 로봇과 자동화, 사무직에선 AI와 RPARobotic Process Automation, 로보틱 처리 자동화가 본격 활용되기 시작했고, 2022년에도 확대될 것이다. 이 문제와 일자리 문제는 별개일 수가 없다.

노동생산성을 높이는 것도
ESG다

한국은 OECD 국가 중 평균 연간 노동시간에서 2011년까지는 부동의 1위였다. OECD 국가 중 노동시간은 최상위지만 노동생산성은 하위권이라는 오명을 씻고자 노력한 덕에 한국은 2010년 2,163시간에서 2020년 1,908시간으로 10년간 255시간을 줄였다. 주5일 근무제 시행의 영향이다. 하지만 멕시코는 2010년 2,150시간에서 2020년 2,124시간으로 제자리걸음했다.

그래서 멕시코가 2013년부터 부동의 1위가 되었다. 물론 한국은 부동의 2위였다. 2021년에 코스타리카가 OECD에 가입하면서 2위가 되었고, 한국은 3위로 밀렸다. 4위인 칠레와는 83시간, 5위인 이스라엘과 125시간 차이가 나기에 한국이 한동안은 3위 자릴 지킬 것이다. OECD 국가 평균은 2010년 1,772시간이고, 2020년 1,687시간이다. OECD 국가 평균보다 한국은 연간 221시간 더 일한다. 열심히 일하는 것은 좋다. 하지만 지금은 노동시간보다 더 중요한 게 생산성이자 효율성이다. 장시간 노동한다고 더 좋은 게 아니다.

　미국은 2010년 1,772시간에서 2020년 1,767시간으로 10년간 별 차이가 없다. GDP 부동의 1위 국가 미국은 OECD 국가 중 연간 노동시간에서 평균을 조금 상회하는 국가지만 한국과 비교하면 141시간이나 적다. GDP TOP 10국가 중 OECD 국가가 아닌 중국과 인도를 제외하고 미국 다음 순위가 일본인데 연간 노동시간은 1,598시간이다. 과로사라는 말을 만들어낸 나라, 워커홀릭의 대명사 일본도 우리와 비교하면 연간 310시간이나 적다. 2010년

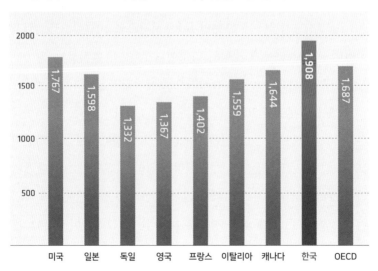

전 세계 GDP TOP 10개국 중 OECD 8개국의 연간 노동시간 비교 (2020년 기준)

에 1,733시간이었으니 10년간 135시간을 줄였다. 연간 노동시간이 가장 적은 나라는 독일로 2020년 기준 1,332시간이다. 2010년 1,426시간에서 94시간이나 줄었다. 한국보다 연간 노동시간이 576시간 적다. 한국보다 노동시간이 2/3 정도면서 GDP는 한국보다 3배 정도 높다. 우리보다 GDP가 두 배쯤 높은 영국과 프랑스도 각기 1,367시간, 1,402시간이다. 우리와 노동시간이 엄청나게 차이난다. 이탈리아 1,559시간, 캐나다 1,644시간과 비교해도 한국의 노동시간은 과하게 많다.

시간당 노동생산성 GDP per hour worked은 OECD 38개국 중 27위다. OECD 국가 중 GDP 8위인 나라치곤 너무 낮다. 내용을 들여다보

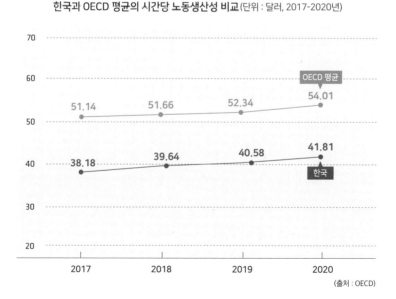

한국과 OECD 평균의 시간당 노동생산성 비교(단위 : 달러, 2017-2020년)

OECD 평균
51.14   51.66   52.34   54.01

41.81
38.18   39.64   40.58
한국

2017   2018   2019   2020

(출처 : OECD)

면 더 심각하다. 시간당 노동생산성을 금액으로 계산해보면 한국은 2020년 기준 41.81달러다. 한국 노동자 한 명이 1시간에 생산하는 재화, 용역의 부가가치가 이 정도다. 2017년 38.18달러, 2018년 39.64달러, 2019년 40.58달러, 2020년 41.81달러로 매년 높아지기는 하지만, OECD 평균인 54.01달러와 비교해도 큰 차이다. 미국은 73.37달러, 독일 67.56달러(2021년 기준), 프랑스 67.11달러(2021년 기준)다. EU 27개국 평균이 54.85달러이고, 일본도 47.97달러로 우리보단 높다. 노동시간 1위인 멕시코는 20.22달러다. 우리도 문제지만 멕시코는 더 심각하다.

노동생산성을 높이지 않고서는 결코 GDP를 높일 수 없다. 과도한 노동시간으로 떠받치는 건 한계가 있다. 이건 GDP만이 아니라 개별 기업도 마찬가지다. 기업의 생산성을 높이지 못하면, ESG 경영을 하기도 쉽지 않다. ESG 경영은 구호가 아니라 실행이고, 돈이 많이 든다. ESG는 기업에는 변화의 방향이다. 변화를 위해 투자를 하는 것이고, 그 변화의 목적은 경영 성과 개선이다. 돈을 더 안정적으로 잘 벌기 위해 ESG 경영을 하려는 것이고, 기업은 비용이 아니라 투자 관점으로 접근하는 게 맞다. 당연히 조직문화, 평가방식, 인사제도 등을 개편해 생산성과 효율성을 높이는 것도 ESG의 일환이다. 기업의 일방적 퍼주기가 아니다. 복지도 아니고, 선심쓰기도 아니다. ESG는 철저한 투자이자 계산이어야 한다.

노동시간이 아니라 노동생산성을 높일 궁리를 해야 하는데도, 주 52시간 근무제를 문제 삼는 일부 정치권이나 경영계는 관점 변화가 필요하다. 주 4일제도 복지 문제가 아니라 효율성, 생산성의 문제다. 주 4일제를 정치적으로 다루는 일부 정치권도 문제다. 5일에 낼 성과를 4일에 다 내는 것이 주 4일제로 가는 방향성이지 그냥 하루 더 쉬는 게 아니다.

ESG에는 노동 문제도 포함된다. 노동자의 권리가 중요하게 다뤄져야 하듯, 노동생산성도 중요하게 다뤄져야 한다. 이를 위해 자동화나 로봇, RPA의 활용도 선택지가 되는데, 이 과정에서 상충되는 이해관계가 발생할 수 있다. 자동화로 일자리 감소가 일어날 수 있고, 이 과정에서도 효율성, 생산성이 중심 화두가 된다. 디지털 트랜스포메이션이 필수가 된 것도, 디지털 트랜스포메이션의 방향도 결국 효율성, 생산성 향상으로 귀결될 수밖에 없다. ESG를 구체적이고 실질적으로 실행하고 검증하고 평가하는 과정에서도 디지털 트랜스포메이션의 역할이 중요하다.

요즘 기업들의 가장 관심사이자 핵심 과제인 ESG와 디지털 트랜스포메이션은 서로 별개가 아니라 연결된 화두다. 아울러 젠더, 다양성 이슈도 중요하게 다뤄진다. 이 또한 페미니즘이나 단순한 당위성이 아니라 비즈니스 성과와 직접적으로 연결되는 이슈들이다. 부정적 리스크를 줄이거나, 사회적인 기여와 대외 이미지를 개선하는 것이 ESG 1.0에서의 접근이었다면, ESG 2.0에선 모든 ESG 화두가 비즈니스 성과와 연결되어 접근되어야 한다. 더 이상 선의가 아니라 비즈니스로서 ESG 경영을 시작해야 한다.

Part 2

투자자본의 존재 가치,
투자기관의 존재 이유는 무엇일까?

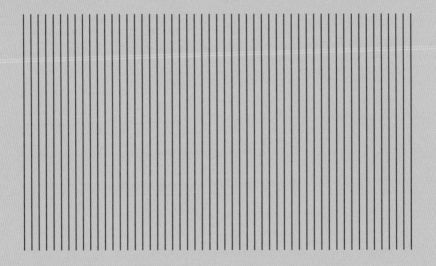

가장 자본주의적인 투자자본, 그런데 왜 투자자본이 ESG를 주도할까? ESG를 태동시킨 것도 투자기관이고, ESG 투자 열풍을 촉발한 것도 투자기관이다. 왜 투자자본이 기업에 기후위기 대응과 탄소중립을 요구하고, 직원행동주의를 지지하고, 경영의 투명성을 요구하고, 이사회 구성에서 성별, 인종별 다양성까지 요구할까? 투자자본, 금융자본의 존재 가치와 존재 이유는 무엇일까? 돈이 그들의 유일한 목적이 아닌 걸까? 아니면 돈에 대한 탐욕을 좀 더 세련되고 교묘하게 드러내는 걸까? 투자자본도 그만큼 진화했다.

글로벌 투자자본은
왜 여성 이사를 요구하는가?

2021년 2월, 노르웨이 국부펀드NBIM는 자신들이 투자하는 전 세계의 기업에 여성 이사 비율 30% 이상을 요구하겠다고 발표했다. 여성 이사 비율이 30% 미만인 기업은 젠더 다양싱 목표를 정하고 진척 상황을 공개하는 등 공식적인 추진을 권유했다. 당시 노르웨이 국부펀드는 74개국 9,202개 기업에 투자하고 있었다. 경영진의 여성 비율을 높이라는 투자자본의 목소리는 계속 있었지만 30%라는 구체적 수치를 제시한 건 처음이다. 투자와 성별 다양성은 상관있는 이슈다. 다양성이 높아지면 의사결정에서도 더 좋은 결과로 이어져 경영 성과가 더 좋아지니 투자자로서도 배당과 기업가치 상승에 따른 이득을 본다. 노르웨이 국부펀드는 이런 이유로 2020년부터 주주총회에서 반대표를 던진 적이 있고, 그에 따라 여성 이사진을 임명한 글로벌 기업들이 있다. 공식적으로 여성 이사 비율 30%를 제기했으니, 더 적극적으로 다양성을 확보하지 못한 기업의 이사진 선임에 반대표를 던질 수 있다. 노르웨이는 자국의 500대 기업의 이사회 여성 비율이 40% 이상이 되어야 하는 성별 할당제를 세계 최초로 시행한 나라이기도 하다. 노르웨이 국부펀드의 운용자산AUM 규모는 12조 3,400억 크로네(2021. 12. 기준)다. 달러로는 약 1조 3,990억 달러다.

세계 최대 자산운용사 블랙록BlackRock은 2022년 2월, 투자 기업 가이드라인에서 미국 기업의 이사회에서 다양성 비율 30% 이상을 요구했는데, 구체적으로 여성은 2명 이상, 소수계층(소수 인종, 성소수자 등) 1명 이상을 포함하라고 요구했다. 블랙록은 2018년 여성 이사가 2명 미만인 기업에는 투자하지 않겠다고 선언했는데, 2022년부터 더 진전된 것이다. 블랙록은 한국의 '자본시장과 금융투자업에 관한 법률(자본시장법)' 시행에 대해서도 지지를 표명했다.

뱅가드Vanguard는 블랙록에 앞서 2017년 8월, 미국 기업의 경영 개선에서 이사회 성별 다양성을 제기했고, 블랙록과 마찬가지로 이사회 다양성 비율을 투자 기준에서도 적용하고 있다. SSGA State Street Global Advisors는 2022년 1월, '2022 주주총회 투표 계획 관련 CEO 서한'을 통해 모든 글로벌 기업은 이사회에 여성 이사가 1명 이상 있어야 한다고 요구했다. 그렇지 않으면 이사 선임에 반대표를 던지겠다는 것을 주주총회 시즌을 앞두고 자신들이 투자한 모든 기업에 공표했다. 그리고 2023년 정기 주주총회 전까지 미국, 캐나다, 영국, 유럽, 호주의 주요 주가지수 종목에 포함된 기업은 이사회의

30% 이상을 여성 이사로 채우도록 요구했다. 아울러 인종 다양성에 대해서도 요구했는데, S&P 500 지수 기업과 FTSE 지수 기업은 이사회에 한해서 유색 인종이 한 명도 없거나 이사회 인종 다양성 정보를 공개하지 않을 경우 주주총회에서 반대표를 던질 것이라고 밝혔다.

블랙록, 뱅가드, SSGA는 가장 영향력 큰 글로벌 투자세력이자 미국 투자자본이자 세계 3대 자산운용사다. 참고로, 블랙록의 운용자산 규모는 10조 100억 달러(2021. 12. 기준)이고, 뱅가드는 8조 2,000억 달러(2021. 11. 기준), SSGA는 4조 1,400억 달러(2021. 12. 기준)이다. 이들이 운용하는 자산 규모를 합치면 22조 3,500억 달러(한화로 약 2경 7,646조 9,500억 원)다. 세계 최고의 경제 대국 미국의 GDP가 22조 9,000억 달러 정도이고, 전 세계 GDP 순위 10위

글로벌 자산운용사 빅3가 기업에 요구한 것은?

이사회 다양성(성별, 인종, 소수계층 등)

10조 100억 달러 (2021. 12. 기준)	8조 2,000억 달러 (2021. 11. 기준)	4조 1,400억 달러 (2021. 12. 기준)
1경 2,382조 3,700억 원	1경 143조 4,000억 원	5,121조 1,800억 원

인 한국의 GDP는 1조 8,000억 달러 정도인 것과 비교하면 얼마나 큰 돈이고, 이들의 힘이 얼마나 막강한지 알 수 있다.

아울러 세계 최대의 글로벌 의결권자문사 ISS Institutional Shareholder Services도 미국과 유럽 기업의 이사회 이사 선임 투표 기준에 여성 이사 비율을 포함시켰다. SSGA는 TOPIX 500 Tokyo Stock Price Index 500 기업 중 이사회에 남성 이사만 있는 기업은 이사회 다양성이 부족하다는 이유로 이사 선임에 무조건 반대표를 던진다는 공식 입장을 낸 적 있다. TOPIX 500는 일본 도쿄증권거래소에 상장된 기업 중 매출 기준으로 상위 500개 기업이다. 영국 최대 자산운용사 LGIM Legal and General Investment Management도 이사회에 여성이 없는 TOPIX 100 기업의 이사 선임에 반대하는 입장이다. 미국의 자산운용사 얼라이언스 번스타인 AllianceBernstein도 여성 이사가 한 명도 없는 일본 기업 이사회 선임에선 반대표를 던진다고 선언했다. 일본의 기업에 여성 임원을 확보하라고 경고하거나 권고한 투자사는 셀 수 없이 많다. 경제 선진국 중 기업의 여성 임원 비율이 아주 낮은 국가가 일본이다. 그런 일본보다 더 낮은 국가가 한국이다. 오해하지 마라. 글로벌 투자자본이 이사회의 다양성을 요구하는 건 여성을 위해서, 소수자를 위해서가 아니다. 기업의 경영 성과를 위해서다. 한국의 여성 임원 비율이 낮은 건 여성들에게 가혹한 일이기도 하지만, 한국 경제에도 가혹한 일이다.

사내이사 2.7%, 사외이사는 43.3%가 의미하는 것은?

2022년 8월부터 '자본시장과 금융투자업에 관한 법률(자본시장법)'이 시행(2020. 8. 5. 국회 통과 후 2년 경과 조치)되는데, 자산총액 2조 원 이상 상장사는 이사회의 등기이사를 특정 성^性으로만 선임할 수 없다는 이사회 성별 특례조항이 있다. 곧 남성으로만 구성된 이사회여선 안 된다고 법으로 만들어놓은 것이다. 그래서 2022년 3월 대기업 주주총회에서 신규로 선임하는 이사 중 여성 비중이 높아질 수밖에 없다.

기업분석연구소 리더스인덱스가 자산 2조 원 이상 상장사 169개 중 120개 기업의 주총 소집결의서를 분석한 결과에 따르면, 신규 사내이사는 73명, 신규 사외이사는 104명이 선임되는데 이중 신규 사내이사 중 여성은 2명, 신규 사외이사 중 여성은 45명이다. 신규 사내이사에선 여성의 비율이 2.7%, 신규 사외이사 중 여성의 비율은 43.3%다. 이 수치만 보고 뭔가 대단한 변화라고 착각하면 안 된다.

  자산총액 2조 원 이상 기업 중 여성 등기임원이 한 명 이상 있는 기업은 2021년 3분기에는 90개였는데, 2022년 1분기는 125개다. 2021년 3분기에는 등기임원 중 여성이 102명(사내이사 9명, 사외이사 93명)으로 전체의 8.2%였는데, 2022년 1분기는 145명(사내이사 10명, 사외이사 135명)으로 11.2%다. 표면적으로는 여성 등기임원이 두자릿수가 되었지만 이는 사외이사에서 대거 여성을 확보한 덕분이다. 사내이사와 사외이사는 경영에서의 역할과 영향력의 차이가 있다. 여성 비율이 높아지는 건 긍정적이지만, 여성을 주로 사외이사로만 두는 건 일종의 꼼수로 보인다. 5060대 남성이 독점하다시피 한 이사회에 그러한 독점을 깨는 건 그들이 나서야 한다. 법이 바뀌어서, 글로벌 투자기관이 요구해서 마지못해 바꾸는 식의 접근으로는 곤란하다. 여성을 위해 여성 비율을 높이라는 게 아니라, 기업을 위해 여성 비율을 높이라는 것으로 이해해야 한다. 그것이 ESG 경영이다.

  〈이코노미스트The Economist〉가 OECD 주요국 이사회의 여성 임원 비율을 비교하는 유리천장지수를 오랫동안 발표해왔는데, 우리나라는 늘 꼴지에서 벗어나지 못한다. 관리자 중 여성의 비율이나, 이사회 중 여성의 비율이나 최하위권이다. 다음 그래프에서 빨간색 라인이 한국이다. 우리나라는 글로벌 자산운용사들이 여성 임원을 늘리라고 경고하고 권고하는 일본보다도 낮고, OECD 평균에

유리천장지수 Glass-ceiling index 29개국 순위

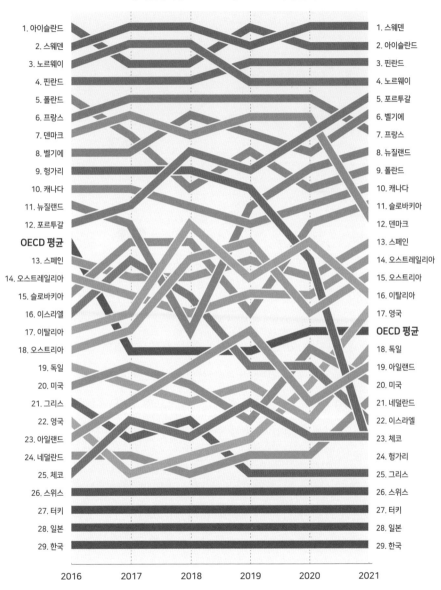

2016	2021
1. 아이슬란드	1. 스웨덴
2. 스웨덴	2. 아이슬란드
3. 노르웨이	3. 핀란드
4. 핀란드	4. 노르웨이
5. 폴란드	5. 포르투갈
6. 프랑스	6. 벨기에
7. 덴마크	7. 프랑스
8. 벨기에	8. 뉴질랜드
9. 헝가리	9. 폴란드
10. 캐나다	10. 캐나다
11. 뉴질랜드	11. 슬로바키아
12. 포르투갈	12. 덴마크
OECD 평균	13. 스페인
13. 스페인	14. 오스트레일리아
14. 오스트레일리아	15. 오스트리아
15. 슬로바키아	16. 이탈리아
16. 이스라엘	17. 영국
17. 이탈리아	**OECD 평균**
18. 오스트리아	18. 독일
19. 독일	19. 아일랜드
20. 미국	20. 미국
21. 그리스	21. 네덜란드
22. 영국	22. 이스라엘
23. 아일랜드	23. 체코
24. 네덜란드	24. 헝가리
25. 체코	25. 그리스
26. 스위스	26. 스위스
27. 터키	27. 터키
28. 일본	28. 일본
29. 한국	29. 한국

2016 2017 2018 2019 2020 2021

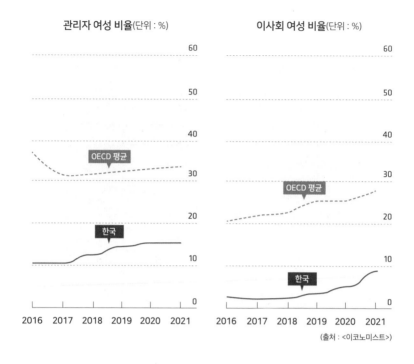

관리자 여성 비율(단위 : %)

이사회 여성 비율(단위 : %)

OECD 평균

한국

OECD 평균

한국

2016 2017 2018 2019 2020 2021

2016 2017 2018 2019 2020 2021

(출처 : <이코노미스트>)

도 한참 못 미친다. 2022년 8월 시행되는 자본시장법의 효과로 조금씩 더 높아지긴 하겠지만 비약적 진전이 필요한 시점이 된 건 분명하다. 기업에서도 이 문제를 좀 더 적극적으로 바라봐야 한다. 겨우 자본시장법에서 정한 기준 맞추느라 사외이사에만 여성을 대거 몰아주는 식으로는 한계가 있기 때문이다.

한국의 주식시장이 저평가된 건 결국 기업의 경영에서 글로벌 스탠다드와 거리가 있는 행태들 때문이기도 하고, 그중 하나가 이사회의 다양성 부족이다. 글로벌 투자자본을 끌어들이기 위해서도, 기업의 ESG 평가점수를 높이기 위해서도, 결정적으로 기업 경영

혁신과 성과 개선을 위해서도 변화가 필요하다. 유리천장을 못 깨는 건 여성들에게만 손해가 아니라, 기업에도, 한국의 자본시장에도 손해다.

2022년 3월, 유럽연합 집행위원회EC는 2027년까지 기업(상장 기업 및 250명 이상 직원 있는 기업에 적용) 이사회의 33%, 비상임 이사 중 최소 40%를 여성으로 임명하도록 하는 법안을 승인하는 데 동의했다. 2012년 처음 상정된 법안이 10년간 표류하다가 드디어 승인되었다. 이후 EU 의회에서 입법이 되고, 세부 계획이 논의되는 과정을 거치게 된다. 10년간 표류하던 법안이 진전을 이룬 것은 ESG에 대한 관심 확대와 글로벌 투자자본들이 계속 이사회 다양성을 요구하는 목소리가 커지는 것과도 무관하지 않다. 사실 이사회 1/3 이상 여성 임원 할당제 목표는 충분히 달성 가능하다. EU 27개국 중 프랑스와 독일을 비롯한 8개국은 이미 유사한 제도를 시행 중인 데다, 2021년 10월 기준 EU 내 기업의 이사회에서 여성 이사 비율은 30.6%, 이사회 의장 중 여성은 8.5%다. 한국 정부도 EU 수준의 이사회 여성 비율을 과연 제도화할 수 있을까?

한국거래소도 코스피 상장사에 다양성 이사를 요구할 것인가?

2020년 12월, 미국 나스닥은 상장 자격을 유지하려면 이사회에서 최소 2명(여성 1명, 소수계층 1명)의 다양성 이사를 확보하고, 그렇지 못할 경우 그 이유를 설명하라는 규정을 제안했다. 결국 2021년 8월 미국 증권거래위원회SEC가 나스닥 상장기업 이사회의 성별, 인종 다양성 확보 의무화를 승인했다. 2022년부터 나스닥에 상장된 약 3,300개 기업은 이사회의 다양성 정보를 공개해야 하고, 의무화 규정은 이사회 규모에 따라 2~5년 안에 적용될 것이다. 2021년 7월, 영국 금융감독청FCA, Financial Conduct Authority도 런던거래소에 상장된 1,160개 기업을 대상으로 이사진 중 여성은 40% 이상이어야 하고, 백인이 아닌 소수인종이 최소 한 명이 있어야 한다는 규칙을 발표했다.

미국 증권거래위원회나 영국 금융감독청이나 주식시장의 성장이자 기업의 성장만큼 투자자 보호도 중요한데, 이사회이자 경영신의 성별, 인종 다양성이 결국 기업의 사회적 역할뿐 아니라 지배구조 개선, 경영 성과 개선에도 기여해 궁극엔 기업의 성장과 투자자 이익으로 가는 것까지 판단해서 이런 결정을 했을 것이다. 과연 한국거래소도 코스피 상장사에 이런 수준을 요구할 것인가?

2020년 1월, 미국 투자은행 골드만삭스Goldman Sachs CEO 데이비드 솔로몬David M. Solomon은 2020년 7월부터 미국과 유럽 기업 중 IPO(기업공개)를 하려는 기업의 이사회 멤버 중 다양성을 가진 이사가 없다면 IPO를 돕지 않겠다고 선언했다. 골드만삭스에도 IPO 작업은 중요한 비즈니스인데 ESG 중에서 S, G에 대한 이슈를 적용해 비즈니스 기회를 설령 잃더라도 감수하겠다는 것이다. 그러면서 자신들이 관여한 IPO 기업 중 여성 이사가 적어도 한 명이라도 있는 기업이 그렇지 않은 기업보다 경영 성과가 더 좋았다고 밝혔다. 처음에는 있는지 없는지를 따지고, 그다음 해부터는 요구 인원을 두 명으로 늘려가는 방향으로 갈 것이라고 밝혔다. 다양성을 가진 이사라는 의미는 백인, 남성을 제외한 이사라는 의미이고, 그중에서도 여성 이사가 있는지를 골드만삭스는 중요하게 봤다. 당시 골드만삭스의 이사회 11명 중 여성은 4명이었다. 사실 골드만삭스도 오랫동안 백인, 남성으로만 이사회가 구성되었는데, 2018년 CEO가 된 데이비드 솔로몬이 변화를 주도했다. 2020년 11월 임원(파트너) 인사 때 여성 임원 비율이 27%로 역대 최대였고, 흑인, 아시아계, 중남미계를 합쳐 39%였다. CEO가 여성과 다양한 인종의 인재

등용을 중시한 결과 2020년 역대 최대 매출(2019년보다 41% 증가)을 기록했고, 경영 성과도 준수하다. 데이비드 솔로몬이 CEO가 된 시점에 220달러 정도인 주가는 2021년 400달러를 넘기도 했다.

경영진의 성별, 인종 다양성은 ESG 이슈면서 동시에 기업의 경영 성과를 위한 이슈기도 하다. 글로벌 컨설팅업체 매킨지McKinsey가 2020년 발표한 〈Women In the Workplace〉 보고서에 따르면, 기업 경영진의 성별 다양성이 상위 25%인 기업들은 하위 25%인 기업들보다 평균 이상의 수익을 낼 가능성이 25% 높았다. 인종 다양성이 상위 25%인 기업은 하위 25%인 기업들보다 평균 이상의 수익을 낼 가능성이 36% 높았다. 곧 성별 다양성, 인종 다양성 모두 수익에 상관관계가 있다는 얘기다. 매킨지는 매년 〈Women In the Workplace〉 보고서를 통해 성별, 인종별 비율 증가 추이와 다양성이 가진 경영 성과와 상관관계를 계속 보여주고 있다.

경영 컨설팅 업계는 기업 경영 성과를 위해 정보를 분석하고 연구한다. 이들에게 경영진의 다양성 이슈는 성과 문제, 곧 투자와 비즈니스의 문제이지 단순한 성평등이나 페미니즘 문제가 아니다. 보스턴컨설팅그룹의 2018년 연구에서도 인종, 성별 다양성이 높은 기업이 낮은 기업에 비해 혁신에 따른 수익이 19% 정도 더 높았다.

MSCIMorgan Stanley Capital International, 모건스탠리캐피탈인터내셔널가 2016년 12월에 발표한 자료에 따르면, 2011년 기준 여성 등기임원이 적어도 3명 이상 있는 기업은 5년 뒤인 2016년 자기자본이익률ROE이 10% 높아지고 주당순이익EPS도 37% 높아졌다. 하지만 여성 임원이 없는 기업은 5년 후 ROE가 1% 감소하고 EPS도 8% 떨어졌다.

미국 피터슨경제연구소가 2016년 2월 발표한 자료에 따르면, 21,980개 기업을 대상으로 분석했더니 여성 관리자, 여성 임원 비율이 30%인 회사의 수익이 여성 관리자와 임원이 없는 회사보다 6% 더 높았다. 글로벌 금융기관 크레디트 스위스Credit Suisse가 2016년 3,000개 대기업을 대상으로 여성 경영진이 성과에 미치는 영향을 조사하면서, 여성 임원이 15% 이상인 기업과 10% 이하인 기업으로 나눠 비교했다. 여성 임원이 15% 이상인 기업이 여성 임원이 10% 미만인 기업보다 ROE가 18% 높았다. 아울러 3,000개 기업의 선임 팀장급 2만 7,000명을 조사해 비교한 결과 여성 팀장이 절반 이상인 기업은 연간 매출 성장률이 평균 8% 높았다.

투자자본이 경영진의 여성 비율을 비롯해 다양성을 요구하는 것도 이런 이유다. 여성을 위해서가 아니라 기업을 위해서도 여성 임원 비중은 높아져야 하는 셈이다. 그럼에도 이런 이슈에 대해 여성 우대라는 시각으로 보는 사람이 있다. 엄밀히 남성 우대를 깨는 일인데도 말이다. 특정 성에 대한 우대가 아니고 능력에 대한 우대로 가면 결국 성별, 인종 다양성은 좀 더 높아질 수밖에 없다.

ESG 경영은 결국 기업의 재무적 이익과 무관하지 않아야 한다. 성별, 인종 다양성이라는 S, G 이슈만큼이나 E 이슈도 기업의 장기적 이익, 경영의 지속가능 차원이지 절대 세상을 위해 선의로 기업이 돈 퍼주는 일이 아니다. 그렇게 인식해야 ESG 경영이 구체화되고 지속적일 수 있다.

왜 ESG 성과지표와
임원 보상을 연계하는 걸까?

세계 최대의 글로벌 의결권자문사 ISS의 ESG 부문인 'ISS ESG'가 2021년 2월에 낸 보고서에 따르면, 선진국 주요 기업 6,500개 중 경영진 보상에서 ESG 요소 중 E, S 지표를 반영하는 기업이 2018년 9.3%에서 2020년 18.7%로 크게 늘었다. 경영진의 보상을 결정할 때 매출액, 당기순이익, 영업이익 등 재무적 지표를 중심으로만 봤다면, 이젠 비재무적 지표도 중요하게 반영한다. 국가별로 보면 프랑스(51%), 스페인(48%), 이탈리아(43%) 등 유럽의 기업들이 경영진 보상과 ESG 연계 비율이 높다.

글로벌 컨설팅회사 윌리스 타워 왓슨Willis Towers Watson이 2020년 기업 이사회 대상으로 조사한 결과에 따르면, 유럽 상위 350개 기업 중 11%가 CO_2 배출량과 기업 임원 보상을 연계하고 있다. 같은 시점 미국 S&P 500 기업에서는 2%의 기업만 유사한 연계 프로그램을 가진 것과 비교하면 차이가 있다. 아무래도 ESG가 먼저 시작된 곳이 유럽이니 확산도 유럽이 빠를 수밖에 없다. 이젠 미국 기업들도 변화의 방향을 적극 받아들이고 있다.

2021년 1월, 애플은 경영진의 보너스에 ESG 성과를 반영하겠다는 계획을 연례회의에서 발표했다. 경영진의 성과를 공동체와 애플의 가치에 얼마나 기여했는지에 따라 평가하는데, 제품 재활용을 포함한 환경친화적 가치, 일터에서 다양성 추구, 직원 간 통합, 애플 기기의 보안성 제고 등 6가지 ESG 목표를 제시했고, ESG 성과에 따라 ±10%까지 조정될 수 있다. 경영진의 보수이자 보너스를 ESG 성과지표와 연계한다는 것은 ESG 경영에 대한 적극성을 보인다는 증거다. ESG 쇼잉을 피하는 가장 좋은 방법이기도 하다.

마이크로소프트도 조직 내 다양성Diversity 지표를 임원 보수 책정의 지표로 포함한 것을 비롯해 빅테크 업계도 적극 나선다. 아울러 맥도날드는 2025년까지 리더십, 선임 디렉터 이상 직급에서 여성비율 45%, 소수계층 비율 35% 목표를 실현하지 못하면 임원들은 연간 보너스 중 15%를 못 받는다. 스타벅스도 2025년까지 흑인 및 소수인종 직원 30% 목표를 경영진 보상의 성과지표에 포함했다.

미국의 식품기업 치폴레Chipotle는 2021년 3월, 임원 인센티브 10%를 회사가 정한 3가지 ESG 목표 달성과 연계하는 계획을 발표했다. 3가지는 유기농 및 지역 농산물 구매 증가, 공급망과 사업 전반에서 발생한 탄소배출량 공개 목표를 당초 2025년에서 2021년 연말로 단축, 여성과 유색인종 고용 확대와 승진 프로그램 실시 등이다. 클로락스Clorox는 2025년까지 모든 포장재 100% 재활용 혹은 재사용, 2030년까지 최초 사용되는 플라스틱 포장재나 섬유를 50% 감축 등 플라스틱 포장재 감소와 온실가스 배출 감축에 대한 성과를 CEO, CFO 보수 책정에 반영하기로 했다.

　여기서 언급한 기업은 다 미국 기업이다. 이제 유럽을 필두로, 미국을 거쳐 아시아까지도 ESG 경영은 선택이 아닌 필수가 되는 중이다. ESG 성과와 경영진 보상 연계는 한국 기업에도 당면 과제다. 기업을 흥하게 하는 것도, 망하게 하는 것도 경영진의 역할이다. 기업의 방향을 바꾸든, 사업의 속도를 바꾸든 다 경영진의 힘이다. 결국 기업의 ESG 성과는 경영진에게 달렸다고 해도 과언이 아니니, 경영진 보수와 ESG 지표를 연계하는 건 기업의 지속가능 경영을 위해서도 필요하다. 주주들도 지지할 일이다.

　2020년 4월, 글로벌 석유기업 쉘Shell은 CEO 벤 퓐뵈르던Ben Van Beurden의 2019년 보수를 51% 삭감했다. 경영 성과가 목표치에 미달한 점도 있지만, 2018년 2건이던 사망사고가 2019년 7건으로 크게 늘어난 것에 대한 책임도 포함된 결과다. 사업장 내 안전사고가 기업 재무 성과에 악영향을 미친다는 메시지에 따른 결과다. 국내에서 중대재해처벌법이 2022년 1월부터 시행된 이후, 사업장 내 노동자 사망사고에 대해 더 중요하게 다뤄지기 시작했다. 당연히 경영진의 보수와 안전사고는 연계되는 이슈가 된다. 소재산업, 에너지산업, 공공재산업, 건설업 등에선 더욱 중요하게 연계될 수밖에 없다. 심지어 식품 기업 네슬레도 직원의 건강과 안전을 경영진 보수 책정의 지표로 포함했다. ESG에서 S 지표도 점점 중요해진다.

2020년 노르웨이 국영 석유회사 에퀴노르Equinor를 비롯해 미국 에너지기업 셰브론Chevron, 세계 최대 광산업체 BHP 등 투자, 에너지 관련 기업들에서도 탄소배출을 비롯한 E 요소를 경영진 보상과 적극 연계하고 있다. 무조건 탄소배출량 감축 총량과 임원 보상을 기계적으로 연계하면 안 된다. 탄소배출량을 줄이는 가장 쉬운 방법은 생산을 줄이는 것이기 때문이다. ESG가 중요해도 기업의 경영 성과를 후퇴하게 할 수는 없다. 따라서 탄소배출과 환경 관련 목표는 장기적일 수밖에 없다. 생산 환경에서 신기술을 적용해 생산량이 줄어들지 않고서 탄소배출이 줄어드는 방법이 필요하다. 직원의 안전이나 조직의 다양성 등은 조기 달성이 중요하기에 매년 단위의 단기 보너스를 적용하는 것과 달리, 탄소배출량 감축 목표는 방향이 흔들리지 않고 지속하느냐가 중요하다.

ESG는 하나의 키워드지만 그 속에 담긴 ESG 이슈는 크게 3가지고, 그 속에 수많은 세부 이슈가 또 있다. 각 이슈별로 우선순위도 다르고, 난이도도, 비용 투자 규모도 다르다. 이걸 어떻게 정하고 추진하고 실행해서 성과로 이어가는지가 경영에서 중요한 역할일 수밖에 없다. 그리고 ESG 성과가 궁극엔 기업의 성과이자 주주의 이익으로 연결되어야 한다. 그 역할을 잘 하는 경영진에게 보너스를 더 주는 건 당연하다. 한국에선 기업들이 ESG 경영에 나선 것도 상대적으로 늦기에 아직도 본격적인 ESG 경영보다는 관망이나 소극적 대응도 많지만, 확실히 변화가 요구되는 시점이다.

CEO vs. 일반 직원, 임금 격차는 왜 계속 늘어났을까?

 2021년 애플 CEO 팀 쿡의 연봉은 직원들의 평균 연봉에 비해 1,447배 많았다. 전 세계 시가총액 1위 기업이 애플이다. 팀 쿡이 CEO가 된 2011년 8월 이후 10년간 애플의 시가총액은 17배, 매출은 3배 이상 올랐다. 10년간 팀 쿡 매직이 벌어진 것이다. 그런데 더 놀라운 것은 코로나19 팬데믹으로 글로벌 공급망 문제이자 반도체 공급난이 있던 2021년에도 애플은 약진했고, 2021년 4분기는 글로벌 공급망 이슈를 돌파하며 사상 최대 분기 매출을 거뒀다. 2021년 4분기 애플의 매출은 1,239억 달러(약 149조 1,000억 원)였고, 2020년 4분기 대비 11% 증가했다. 순이익은 346억 달러(약 41조 6,000억 원)로 25% 성장했다.

 2021년 삼성전자도 279조 6,000억 원으로 사상 최고 매출을 달성했다. 하지만 애플의 분기 매출이 삼성전자 반기 매출과 비슷하다. 확실히 실적에서도 애플이 삼성전자를 압도했다. 아이폰 매출만으로 716억 달러(약 86조 2,000억 원)를 거뒀는데, 전년 대비 9%나 증가한 것이고, 이는 중국 시장 성장세가 영향을 줬다. 성과가 있는 곳에 보상은 필수다. 팀 쿡 매직은 평가받아 마땅한 일이다. 그럼에도 팀 쿡 연봉의 적정성에 대한 논란은 있었다.

미국 경제정책연구소EPI, Economic Policy Institute의 보고서에 따르면, 2020년 미국 상위 350개 기업 CEO의 평균 연봉이 일반 노동자의 351배였다. 평균이 이렇다는 얘기니까 1,000배 이상인 CEO도 꽤 있다. 1978년에는 격차가 31배였고, 1989년에는 61배였다. 미국노동총연맹AFL-CIO에 따르면, 2020년 S&P 500 기업의 CEO 연봉과 노동자의 연봉 중간값은 299배 차이다. 영국 싱크탱크 하이페이센

1965~2020년 미국 상위 350개 기업 CEO와 직원의 임금 격차(단위 : 배)

(출처 : 미국 경제정책연구소)

터가 런던증권거래소에 상장된 시가총액 100대 기업 CEO의 2021년 연봉을 분석한 결과에 따르면, 이들의 중간값이 영국 상근 노동자의 연봉 중간값보다 86배 높았다.

미국 기업 정도는 아니지만 한국의 기업에서도 격차는 꽤 있다. 한국CXO연구소의 〈2002~2021년 삼성전자 등기 사내이사 및 임직원 간 보수 격차 분석〉 보고서에 따르면, 2021년 삼성전자의 CEO와 직원 간 평균 연봉 격차는 45배 정도다. 2018년 48.4배, 2019년 27.8배, 2020년 42.3배였다. 물론 2007년 220배가 나기도 했고, 2002~2021년까지 20년간 50배 이상 격차가 난 건 열다섯 번이고, 100배 이상의 격차가 난 해도 여섯 번이나 있었다. 국내 다른 대기업에서도 50배 정도의 격차가 나는 곳은 꽤 있다. 중요한 건 격차 자체가 아니라 격차의 타당성이자 투명성이다.

CEO의 역할은 중요하다. 수많은 선택과 결정을 하고, 그에 따른 결과를 책임지는 자리다. CEO의 임금과 성과급이 많은 건 당연하다. 하지만 물리적 액수 자체가 아니라, 회사 내에서 직원과 CEO의 임금 격차에는 가이드라인이 필요하다. 직원과 CEO의 임금 격차에 따른 박탈감이나 차별이 핵심이 아니다. 그렇게 접근하는 건 노동의 가치나 양극화, 공정 등의 화두로선 타당할 수 있다. 위화감 혹은 양극화 해소 같은 접근은 정부나 사회라면 가능하다. 물론 기업도 S, G 측면에서 이를 완전히 간과할 수는 없다. 하지만 성과에 따른 보상 자체를 제어해선 안 된다. 성과가 크면 보상도 그만큼 커져야 한다. 경영자의 능력은 같지 않다. 같은 회사라도 경영자가 어떤 사람이냐에 따라 적자가 될지, 흑자가 될지, 위기에 빠질지, 기회를 잡을지가 다르다. 성과가 있는 곳에 보상은 필수다. 그런데 성과보다 과도한 보상은 문제다. 결국 성과에 대한 구체적 측정과 평가, 투명한 공개가 필수다.

2021년 초 SK하이닉스에서 제기된 성과급 문제는 한국의 주요 대기업으로 확산되었다. 회장이나 경영진이 성과급을 내놓는 이벤트로는 해결되지 않았다. 근본적인 문제에 대한 회사의 해명을 직원들은 요구했다. 직원들과 경영진의 성과급 차이가 큰 것도 있지만, 성과급 기준에 대한 불투명성을 문제 제기했다. 사실 CEO와 직원 간의 차이도 있지만, 직원 중에서도 직급이나 연차 등에 따른 차이도 있다. 이런 차이에서도 성과에 따른 투명한 평가가 선행되어야 구성원들은 차이를 받아들인다. 단지 직급이 높고, 연차가 많다는 이유만으로 성과가 없는데도 더 많은 성과급을 가져가는 걸 더 이상 지금 시대 2030대 직원들은 용납하지 않는다. 한국 기업의 조직 문화에서 연차와 기수, 나이 서열과 위계 문화는 계속 줄어들고, MZ세대가 주도하는 새로운 노조의 등장을 비롯해 직원행동주의는 강화되고 있다. 결국 성과급이든 연봉이든 조직 내 성과와 평가에 대한 투명성은 한국 기업의 중요 과제다. ESG는 외부만이 아니라 내부에서도 변화를 요구하기 때문이다.

애플 팀 쿡 CEO가 2021 회계연도(2020년 10월~2021년 9월)에 받은 연봉 총액은 9,873만 달러다. 기본 급여는 300만 달러지만, 스톡옵션 8,230만 달러와 목표 달성 보너스 1,200만 달러, 개인 보안과 개인 전용기 사용 비용 139만 달러 등을 포함한 금액이다. 2020년보다 667% 인상된 액수다. 세계 최대 의결권자문사 ISS는 팀 쿡의 급여 패키지에서 대부분을 차지하는 스톡옵션(주식보상금)은 실적 기준에서 미달하므로, 주식 보상 기준과 규모에서 심각한 결함이 있다며 주주총회(2022. 3.)에 앞서 공개적으로 CEO 보수 지급안에 반대표를 던지라고 권고했다. 애플 지분 1% 정도를 보유한 노르웨이 국부펀드도 보수의 투명성 문제를 제기하며 반대 의사를 표했다. 하지만 실제 주주총회에선 찬성 64.4%로 팀 쿡의 보수지급안은 통과되었다. 통과되긴 했지만 반대표가 1/3 정도 나왔다는 건 주목할 일이다. 2020년 회계연도에 팀 쿡의 연봉은 1,480만 달러였고, 2021년 3월 주주총회에선 CEO 보수 지급안에 95%가 찬성했다. 대개 주주총회에서 경영진 보수에 대한 주주 투표는 강제력이 없는 권고사항인 경우가 많다. 설령 반대표가 많아도 보수지급안을 변경할 의무는 없지만, 주주들의 불만 목소리이기에 대외적 이미지 타격은 불가피하다.

참고로, Russell 3000(미국 상장기업 중 시가총액 순위 3000위까지) 기업 중 임원 보수에 대한 투표에서 2017년 35개사, 2020년 56개사가 부결되었는데, 2021년에는 인텔, GE, AT&T 등 63개사가 부결되었다. 미국에서 주주총회에서 임원 보수에 대해 표결로 의사표명하는 '급여에 대한 주주 발언권say-on-pay' 제도는 2011년 도입되었는데 부결이 계속 늘어나고 있다. 스톡옵션 부분이 가장 쟁점이 된다. 최악의 분식회계 사건인 2001년 엔론 사태에서도 스톡옵션이 하나의 원인이었다. 회사의 손실이 커지는 상황에서도 경영진은 분식회계로 이익 규모를 부풀려 주가를 부양시키고 그에 따라 대규모 보너스를 받았다.

2008년 글로벌 금융위기 때도 대형 투자은행 경영진의 과도한 스톡옵션이 위기를 초래한 원인 중 하나였다. 스톡옵션 많이 받으려고 단기적 주가 상승을 도모하거나, 무리한 투자로 주가 부양시키려다 결국은 부작용이 커질 수 있다. 이런 이유로 '급여에 대한 주주 발언권' 제도가 만들어지고, 점점 기업에서 스톡옵션 비중이 줄어들기 시작했다. 이런 흐름에 어긋나는 팀 쿡의 스톡옵션 책정이라 ISS를 비롯해 투자자들이 문제 제기를 한 것이다. 하버드 로스쿨 기업지배구조 포럼의 분석에 따르면, S&P 500 기업에서 CEO의 장기 인센티브 프로그램에 스톡옵션이 포함된 경우가 2009년 70%에서 2020년엔 47%로 크게 줄었다. 장기 성과와 연동해 현금이나 주식을 주는 퍼포먼스 플랜은 2009년 50%에서 2020년 92%로 늘었다.

왜 글로벌 투자자들이
직원행동주의를 지지할까?

미국 컨설팅업체 에델만Edelman이 미국, 영국, 독일, 네덜란드, 중동, 캐나다, 일본 등 7개국 기관 투자자 700명에게 조사한 결과를 담은 보고서 〈Edelman Trust Barometer Special Report: Institutional Investors〉(2021. 11.)에 따르면, 투자자들은 ESG 강화를 위한 주주행동주의가 강화될 것으로 예측했는데, 행동주의적 접근에 적극성을 띨 것이라는 글로벌 투자자는 74%다. 미국 투자자 중 75%는 기업 경영에서 환경 효율성, 공급망의 환경적 이슈, 온실가스 배출 등에서 주주행동주의에 참여할 의사를 밝혔고, 81%는 이사회 개입 가능성까지 보였다. 투자자들은 주주행동주의뿐 아니라 직원행동주의도 지지했는데, 글로벌 투자자 74%가 직원행동주의를 중요한 지표로 보고 있고, 미국 투자자의 86%는 직원 권한을 강화하는 직장문화가 있는 기업이 투자자에게 신뢰를 주기에 필수적이라고 답했다.

아울러 글로벌 투자자 중 82%가 기업의 ESG 관련 공시가 과대 평가하거나 과장되었다고 생각한다. 미국 투자자는 86%, 독일과 네덜란드의 투자자는 각기 87%, 85%가 이렇게 생각했다. ESG 공시에 대한 신뢰가 아주 크게 부족한 것이다. 글로벌 투자자 72%는 기업의 ESG 목표 달성을 믿지 않는다고 했다. 미국 투자자 92%는 기업이 넷제로(탄소중립) 약속을 효과적으로 이행하지 않는다고 우려했다. 글로벌 투자자 평균은 79%가 이런 점을 우려했다. 글로벌 투자자 87%는 ESG 약속을 지키지 않는 기업에 대한 소송이 증가할 것이라고 답했는데, 미국 투자자는 95%가 이렇게 답했다. 독일 90%, 중동 89%, 영국 88%이 7개국 평균보다 높았다. 한마디로 글로벌 투자자들은 기업의 ESG 경영에 대한 신뢰도가 아주 낮다. 특히 미국의 투자자들이 가장 낮다. 이러니 기업의 경영자만 믿지 않고 주주행동주의나 직원행동주의 등을 통해서 ESG의 실질적 지표들의 개선을 요구하는 데 적극적으로 나서고, ESG 워싱이자 ESG 쇼잉으로 투자자가 입을 손해에 대해서 적극적으로 소송하겠다는 얘기로 이해될 수 있다.

투자를 위해 기업의 ESG 경영은 필요하고, 기업의 넷제로도 필요하고, ESG 경영과 넷제로를 잘 이행하는 기업은 프리미엄을 받아야 한다는 것이 글로벌 투자자들의 보편적 생각이다. 하지만 현실에 기업들의 ESG 경영과 그에 따른 정보 공시에 대해선 솔직히 믿지 못하겠으니 좀 불안하다는 것도 글로벌 투자자들의 생각이다.

확실히 지금 ESG 열풍엔 거품이 많다. 그리고 쇼잉도 워싱도 많다. 투자자, 그것도 기관 투자자로선 막대한 자금을 움직이는데 이들에게 ESG는 투자 리스크를 줄이기 위해 필요했지만, 지금은 오히려 ESG가 새로운 리스크가 되고 있는 아이러니한 상황이기도 하다. 그래서 더더욱 직원행동주의를 지지하고, 주주행동주의에 나설 수밖에 없다.

그동안 자본은 노조와 거리가 좀 있었다. 직원들의 집단행동에 과거의 자본가는 불편해하는 경우가 많았다. 하지만 실리콘밸리의 테크행동주의를 비롯해, 새롭게 결성되는 노조의 역할과 정체성은 과거 노조와는 차이가 있다. 스톡옵션이나 자사주 취득이 활발한 테크 업계에선 직원이자 주주인 경우도 많다. 경영 성과를 위해 조직 내 비효율과 부당함, 리스크를 줄이는 건 경영자만의 몫이 아니라 주주의 몫이기도 한데, 직원이자 주주로선 주주행동주의와 직원행동주의가 결합된다. 투자자로선 이런 흐름이 나쁠 게 없다. 특히 ESG 워싱이나 쇼잉은 외부보다 내부에서 더 잘 파악할 수 있다.

투명성을 비즈니스에서
주목해야 하는 이유
: 투명성 지수 Transparency Index

　　부정부패 없고, 투명성 높기만 하면 기업이 돈을 잘 벌고 성장할까? 물론 아무리 투명해도 사업성 자체가 열악하면 기업은 쇠락한다. 기업이 망할 이유는 많다. 하지만 가장 안타까울 때가 사업성 좋은 기업이 조직 내 부정부패와 투명성 이슈로 망하는 경우다. 최고의 운동선수가 사생활로 선수생활을 중단하는 것만큼이나 안타까운 일이다. 사생활이자 투명성이 재능과 능력을 플러스시켜주는 데는 한계가 있지만, 마이너스시키는 데는 아주 강력하게 힘을 발휘한다.

　　일론 머스크는 탁월한 리더지만 구설수에 자주 휘말린다. 국내에선 신세계 정용진 부회장이 그런 경우다. 경영자가 비즈니스 성과가 아니라 사생활이나 구설수로 대외적으로 드러나는 건 기업으로선 리스크다. 투자자로서도 이런 경영자를 보면 불안할 수밖에 없다. 남양유업의 위기는 오너리스크가 초래한 결과다. 대한항공도 갑질과 오너리스크로 큰 손실을 겪었다. 갑질 문제나 사내 괴롭힘, 성희롱 등의 이슈가 생길 때마다 대응방안을 모색하는 게 아니라, 원칙이 만들어져야 한다. 그래야만 빠르고 과감한 대응이 가능하다. 결국 이 모든 게 조직의 투명성을 높이는 것과 무관치 않다.

오스템임플란트에 투자했다가 상상도 못할 횡령 사건으로 하루아침에 심각한 타격을 입은 개인 투자자들의 손실은 누가 책임질 건가? 그런 횡령 사건이 나올 정도로 내부의 시스템이 허술했다는 걸 알았다면 아마도 투자할 사람이 없었을 것이다. (막대한 횡령 사건으로 상장폐지 기로에 섰던 오스템임플란트의 외국인 총 지분율은 44.16%다. 이중 절반 정도인 20%를 외국계 펀드가 보유하고 있는데, 글로벌 영향력이 큰 노르웨이 국부펀드 3.89%, 빅토리캐피탈 2.31%, 피델리티운용 2.27%, 세계 최대 자산운용사인 블랙록도 1%대를 가졌다. 외국인 지분율도 높고, 글로벌 영향력 높은 펀드도 지분을 갖고 있다 보니 한국거래소가 상장폐지를 결정하기가 쉽지 않을 거라는 해석이 최종 결정 전부터도 계속 있었다. 결과적으로는 그렇게 되었다. 물론 강력한 조치가 취해지지 않은 것에 대해 아쉬워하는 사람도 있지만, 이 사건을 계기로 기업 내부 시스템의 전반적 점검과 개선이 이뤄지는 건 전체 시장의 측면에선 긍정적이다.)

카카오뱅크, 카카오페이에 투자한 사람들은 경영진이 스톡옵션으로 상장 직후 대거 매도할 줄 알았다면 투자했을까? 사실 카카오는 자회사를 잇달아 상장했고, 상장 계획인 자회사도 줄줄이 있다.

카카오보다 훨씬 큰 회사인 애플이나 구글(알파벳), 아마존이 자신들의 서비스를 자회사로 떼어내 상장하는 걸 본 적 있는가? 카카오에 투자한 사람은 카카오가 인터넷 서비스에서 시작해 커머스, 금융, 엔터테인먼트 등 다양하게 확장하며 기업의 가치를 키워가는 미래에 투자한 것이다. 그런데 회사가 커질수록 자회사로 분리해 각기 상장한다면 카카오에 투자한 사람으로선 자신이 선택한 기업의 가치가 계속 떨어지는 걸 보게 된다. LG화학에 투자한 사람도 회사의 가장 핵심 경쟁력이던 전기차 배터리 부분을 떼어 LG에너지솔루션이란 회사를 만들어 상장한 것은 받아들이기 힘든 일이다. 이러니 미래가치나 장기 투자라는 게 가능하겠는가?

한국의 주식시장이 저평가되었다고 늘상 말하지만, 한국 기업의 투명성 수준을 보면 저평가가 아니라 그에 걸맞은 평가를 받고 있다고도 볼 수 있다. 주주가 손해 보는 상황이 뻔히 보이는 선택을 쉽게 하는 기업을 믿고 장기 투자를 하는 건 불가능하다. 적어도 투자자 입장에선 사업성 좋고, 조직력 좋고, 부정부패로 인한 리스크 없는 기업을 가려내기 위해서라도 투명성 평가가 필요할 수 있다. 아무리 당장은 돈 잘 버는 기업이라도 부정부패와 심각한 조직 문제가 있는 기업이라면, 언젠가 크게 무너질 수 있기 때문이다.

투자에선 사업의 성장성이자 미래가치를 판단하는 것만큼이나 리스크를 줄이는 것도 중요하다. 이건 경영에서도 마찬가지다. 폭탄을 안고선 결코 미래로 갈 수 없다. 그래서 필요한 것이 투명성인데, 기업의 투명성을 평가하는 '투명성 지수Transparency Index'가 만들어졌다. 이 지수를 기반으로 투자 상품들이 만들어지고, 기업들은 투명성 지수를 높이는 것이 곧 투자 기회를 늘리고, 기업가치를 높이는 것으로 판단하고 있다. 투자자 입장에선 기업의 경쟁력이자 성장과 수익성을 판단하는 또 다른 기준으로 활용될 수 있다.

미국의 투자회사 트랜스패런시 인베스트Transparency Invest가 5만 8,000개 상장 기업의 투명성 정도를 평가해 '투명성 지수'를 만들었다. 회사 이름에서도 드러나듯 투명성을 투자의 새로운 기준으로 보는 것이다. 많은 기관에서 ESG 지수나 지속가능성 지수 등을 만들어내는 것도 투자를 위한 기준이자 인덱스 비즈니스 차원인 것처럼 이 회사도 같은 접근이다. 한마디로 기업의 투명성 평가 자체가 돈이 되는 것이다. ESG 투자 시장이 커진 만큼, ESG 중에서도 기업의 투명성에 좀 더 집중한 투자를 하려는 이들이 활용할 인덱스다. 한국에선 '돈나무'로 불리는 캐시 우드Cathie Wood가 CEO로 있는 아크 투자운용ARK Investment에서 이 지수를 이용해 ARK Transparency ETF를 운용한다. 트랜스패런시 인베스트는 경영자와 주주 간 마찰이 적은지, 기업 내 조직문화가 어떤지, 기업의 혁신과 영향력, 성장성 등에서 투명성을 측정해 수치화한다. 지수에는 소비재, 부동산, 금융, 헬스케어, 산업, 정보 기술 등의 32개 산업이 포함되고, 알코올, 금융, 화학, 화석연료 및 운송 등은 투자자 성과에 부정적인 영향을 미칠 수 있다는 이유로 평가에서 제외되었다.

투명성 지수는 Top 100개 회사 리스트를 보여주는데, 그중에서도 TOP 25위까지인 Transparency 25 Index를 비롯해, 50 Index, 75

Index 등이 있다. 2017년 1월부터~2021년 12월까지 투명성 지수와 S&P 500 지수의 성장 포트폴리오Portfolio Growth를 비교하는 그래프를 트랜스패런시 인베스트에서 제시했는데, 확실히 투명성지수가 높은 기업이 더 높은 성장을 이루며, 투자자 입장에선 기업의 투명성을 중요한 투자 기준으로 봐야 한다는 메시지를 설득적으로 보여준다.

앞선 투명성 지수 외에도 다양한 투명성을 평가하는 지표들은 계속 나온다. ESG 투자가 확대되고, ESG 경영에 적극 나서는 기업들도 늘어나고, ESG에 대한 사회적 관심도 높아질수록 ESG 중에서도 더 특화되고 구체적인 평가이자 지수들로 진화하게 된다. 투명성도 그 한 요소로서 중요하게 성장할 것이다. 투명성은 S, G에서만 중요하게 적용되는 게 아니라, E에서도 얼마나 실질적 개선을 이루어내는지 구체적 증거들을 확인하는 깃으로 적용된다. ESG 쇼잉을 막는 데도 투명성은 중요하다.

경제와 투명성은 기업뿐 아니라 국가도 마찬가지다. 기업 경영에서 투명성만큼이나 정부와 정치의 투명성은 중요하다. 그것이 경제와 직접적으로 연결되기 때문이다. 국제투명성기구Transparency International는 1995년부터 공무원과 정치인의 부패 수준을 국가별로 비교해 순위를 정하는 부패인식 지수Corruption Perceptions Index를 발표하고 있다. 이는 세계은행WB, 세계경제포럼WEF, 아시아개발은행ADB, 아프리카개발은행그룹, 베텔스만기금, 글로벌 인사이트 국제경영개발원IMD, 이코노미스트 인텔리전시 유닛 등 글로벌 공신력이 높은 기관들의 조사를 근거로 산출된다. 곧 공무원과 정치인의 부패를 경제와 비즈니스, 기업 활동 관점에서 보게 된다. 이는 곧 국가 경제와 밀접하고, 국가 경쟁력을 가늠할 중요 지표가 된다.

한국은 2021 부패인식 지수에서 32위(100점 만점으로는 62점)다. 180개국 평균 점수는 43점이다. 후진국들도 상당수 포함되는 조사이므로 전체 평균은 낮다. 그래서 전체 평균보다 높다고 위안할 게 아니라 주요 경제 선진국들과 비교하면 많이 낮다는 사실에 경각심을 가져야 한다. 이건 정치의 문제가 아니라, 결국 경제력의 문제로 연결되기 때문이다.

2021년 TOP 10 국가는 덴마크(88점), 핀란드, 뉴질랜드가 공동 1위, 노르웨이(85점), 싱가포르, 스웨덴이 공동 4위, 이어서 스위스(84점), 네덜란드(82점), 룩셈부르크(81점), 독일(80점) 순이다. 상위 10개 국가는 지속적으로 상위권을 지키고 있다.

한국은 2012년 45위(56점), 2013년 46위(55점), 2014년 44위(55점), 2015년 43위(54점), 2016년 52위(53점), 2017년 51위(54점), 2018년 45위(57점), 2019년 39위(59점), 2020년 30위(61점), 2021년 32위(62점)으로 순위도 과거에 비해 크게 올랐고, 점수에서는 50점대를 최근에 벗어났다.

참고로 이명박 정부(2008. 2.~2013. 2.), 박근혜 정부(2013. 2.~2017. 5.), 문재인 정부(2017. 5.~2022. 5.)의 기간과 비교해보면 어떤 정부에서 투명성이자 부패가 줄어들었는지 판단해볼 수 있다. 물론 이는 특정 정부의 역할이기도 하지만, 그동안 한국 사회가 진

'투명성 지수'와 'S&P 500 지수'의 성장 포트폴리오 비교 그래프

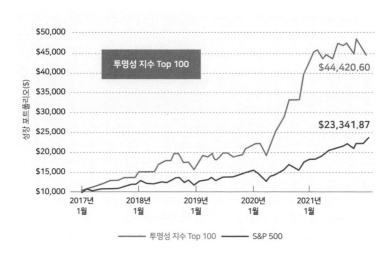

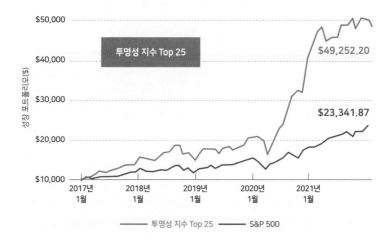

확실히 투명성 지수가 높은 기업이 더 크게 성장하며, 투자자 입장에선 기업의 투명성을 중요한 투자 기준으로 봐야 한다는 메시지를 설득력 있게 보여준다.

화하고 있는 결과로도 볼 수 있다.

아울러 한국의 GDP 순위는 2009~2013년 14위에서 2014년 13위, 2015~2017년 11위, 2018년 10위, 2019년 12위, 2020~2021년 10위다. GDP 순위에서 5년간(2017~2021) 1~4위는 미국, 중국, 일본, 독일이 부동이고, 앞으로 계속 이어질 가능성이 크다. 5~7위는 영국, 프랑스, 인도가 엎치락뒤치락하지만 이들 세 나라도 5~7위권은 견고하다. 8~10위는 이탈리아, 캐나다, 한국이 다툰다. 브라질은 2019년까진 8~9위를 지키다, 2020년부터 10위권에서 벗어나 12위였고, 2021년에는 14위까지 떨어졌다.

GDP 순위 TOP 10 국가의 부패인식 지수는 독일(80점), 영국(78점), 캐나다(74점), 일본(73점), 프랑스(71점), 미국(67점), 한국(62점), 이탈리아(56점), 중국(45점), 인도(40위)이다. 그리고 TOP10에서 이탈한 브라질(38점) 점수기 유독 낮은 깃도 일 수 있다.

경제력에서 영토, 인구, 자원도 중요한데, 이런 건 타고난 조건이다. 정치와 행정의 부패를 줄이고 사회의 투명성을 높이는 건 후천적 조건이다. 중국과 인도는 압도적 영토와 인구가 가진 힘이 있어서 GDP 순위 상위권이 가능한 것이지, 만약 두 나라가 한국 정도의 영토와 인구라고 가정하면 GDP 순위는 크게 떨어질 수밖에 없다. 브라질도 영토와 인구가 가진 힘이 아니었다면 경제력은 더 열악해졌을 것이다. 반대로 중국과 인도, 브라질이 부정부패가 줄어든다면 GDP 순위는 더 올라갈 가능성도 크다.

이는 한국도 마찬가지다. 인구도 영토도 내수 시장도 적고, 천연

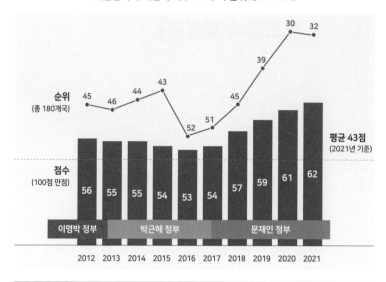

대한민국 부패인식 지수 CPI 추이 순위(총 180개국)

어떤 정부에서 투명성이자 부패가 줄어들었는지 판단해볼 수 있으며, 그동안 한국 사회가 진화하고 있는 결과로도 볼 수 있다.

자원이 많은 것도 아니고, 북한과 분단까지 되어 있는 상태로 핸디 캡이 아주 많은데도 경제력에서 세계 10위 국가가 되었다. 과거보단 나아졌다고 하지만 여전히 부정부패는 만연하고, 경제적 양극화도 심하고 사회적 갈등도 아주 심하다. 분명 이런 요인이 경제성장에도 발목을 잡는 요인이긴 하지만, 그럼에도 세계 10위의 경제력을 이뤄냈다. 만약 부정부패와 사회적 갈등을 줄일 수 있다면 한국의 경제력에 플러스 요인이 되면 되었지 결코 손해가 되진 않을 것이다. 곧 감성적, 도덕적 차원이 아니라, 경제적 차원으로도 부정부패와 투명성 문제를 다뤄야 한다.

한국 정부는 코리아 디스카운트를 해소할 수 있을까?

어떤 경영자가 북핵 리스크로 주가가 디스카운트되었다고 말하기도 했는데, 전혀 상관없는 말은 아니다. 하지만 코리아 디스키운트Korea Discount의 실체에서 기업의 경영 투명성 부족이 가장 크다. 자녀 승계를 위한 손해나 오너의 지배구조 문제로도 이어지고, 물적분할과 모자상장으로 인한 주주의 손해도 잦다. 투자자들로선 이런 기업을 평가 절하할 수밖에 없다. 이런 상황을 제어하지 못하고 방치한 정부도 코리아 디스카운트에 일조했다. 여기에 한국의 산업 구조가 제조업을 기반으로 하고, 경기에 민감한 기업들로 구성되었다는 점도 있다.

말로만 IT강국이지, 엄밀히 IT인프라만 괜찮고 삼성전자 같은 글로벌 IT 제조기업이 있을 뿐, IT 비즈니스의 주도권은 미국의 테크 기업들이 갖고 있다. 이건 산업구조 변화의 문제라 쉽지 않겠지만, 분명 필요하다. 이 또한 정부의 역할이 중요하다.

북한 리스크나 정치 리스크도 있지만, 궁극적으로는 경영 투명성과 산업구조의 한계가 코리아 디스카운트를 부른다. 곧 기업의 ESG 경영이 질적으로 개선될수록 디스카운트에서 프리미엄으로 넘어갈 수도 있다는 얘기다. 물론 쉽지 않다. 그 과정에서 발생할 이해관계 충돌을 넘어서야 하기 때문이다.

이제 기업이든 국가든 ESG는 중요하다. ESG는 기업만 해당되는 게 아니다. 국가(정부)는 ESG를 위한 제도를 만드는 역할만 하는 게 아니다. 국가의 탄소중립도, 국가의 투명성도, 국가의 지도자 리스크도, 국가의 반인륜적 행위나 인권, 전쟁, 내란, 폭동 등 정치적 이슈도 국가 신인도Country Risk에 영향을 미친다. 글로벌 지수업계 1위인 MSCI모건스탠리캐피털인터내셔널가 러시아를 신흥시장(EM) 지수에서 제외했다. 러시아 기업들과 투자자들은 러시아 정부가 일으킨 전쟁 때문에 주가 하락이라는 손실을 보게 된다. 신흥시장 지수에 한국, 중국, 브라질, 멕시코, 대만 등이 포함되어 있는데 여기서 러시아가 빠지게 되었다.

MSCI 선진국지수에 24개국이 있는데, 우리는 여기에 편입되는 데 관심이 크다. 결국 국가의 제도는 한국 기업의 투명성 문제를 해결하는 방향으로 개선되어야 한다. 그리고 재생에너지, 탄소감축 같은 기후위기 대응에 대한 국가의 정책 방향과 투자도 지금 시대 국가 신인도에 영향을 준다. 이런 문제를 해결하지 않고 과거의 퇴행적 관행에 머물러서는 코리아 디스카운트라는 꼬리표를 떼기 어렵다. 정부도 ESG 2.0을 정책 방향으로 삼아야 한다. 수출 의존도가 높은 한국 경제에선 ESG 2.0에 대한 정부, 정치 지도자들의 각성이 무엇보다 필요하다. 미국 경제 정책을 비롯해 유럽과 전 세계 선진국들의 경제 정책과도 방향성을 맞춰야 한다. ESG는 비용이 아닌 투자다. 그리고 가장 투자 가치가 높은 기회라는 것이 투자자 본들의 입장이다.

ESG 중에서도 E, 그중에서 기후위기 이슈는 막대한 돈이 투입될 분야이고, 가장 뜨거운 기회가 될 것임에 분명하다. 한국 경제는 '수출'과 '제조업'이 핵심이다. 그런데 둘 다 기후위기 대응이자 탄소중립 이슈에서 한국 기업에겐 아킬레스건이다. 한국은 반도체, 자동차, 철강, 석유화학, 조선 등에서 세계적 경쟁력을 가지는데, 이들 제조업 모두 에너지 사용량이 많고 탄소배출도 많다. 탄소국경세가 강화될수록 경쟁력에 타격을 받는다. 이들 기업이 사용할 재생에너지를 개별 기업이 알아서 다 해결할 수는 없다. 정부가 나서야 한다. 국내 재생에너지 비율을 끌어올리는 건 정부가 풀어야 할 숙제이고, 적극적 투자 없인 불가능하다. 과연 지금 정부는 이 문제를 어떻게 풀어갈지, 어떻게 코리아 디스카운트를 해소할지 기업들은 적극 요구해야 한다. 그러기 위해서라도 기업은 ESG 경영의 질적 수준을 높여야 한다.

블랙록의 래리 핑크 회장은 왜 ESG 투자 열풍을 이끌었는가?

세계 최대 자산운용사 블랙록BlockRock 래리 핑크Larry Fink 회장의 별명은 월스트리트의 해결사다. 2008년 글로벌 금융위기로 월스트리트는 위기에 내몰렸고, 뉴욕 연준 티머시 가이트너 총재Timothy Geithner와 JP모건체이스JPMorgan Chase 제이미 다이먼Jamie Dimon 회장이 파산 직전인 미국 투자은행 베어스턴스Bear Stearns의 부실 자산을 해결해달라고 래리 핑크에게 도움을 요청했다. 역시 돈이 힘이다. 막대한 자금을 운용하는 블랙록이 불을 꺼준 셈이다. 그렇지 않았다면 더 큰 위기로 이어졌을 것이다. 전 세계에서 가장 돈의 힘을 잘 활용할 수 있는 래리 핑크가 ESG를 수년째 적극적으로 강조한다.

매년 1월에 발표하는 래리 핑크의 CEO 연례서한은 투자기관과 글로벌 기업 모두가 주목한다. 2020년 1월의 CEO 연례서한에서 기후변화 리스크가 곧 투자 리스크라며, 기후변화에 제대로 대응하지 않는 기업에는 투자하지 않겠다고 명확히 밝혔다. 이런 메시지는 글로벌 기업에겐 경고이자 압박이 된다. 블랙록에서 투자를 받는다는 것은 기업으로서도 긍정적이다. 반대로 블랙록에서 투자를 받았다가 철회된다는 것은 기업에겐 부정적인 신호가 되기 때문이다. 이를 기점으로 글로벌 기업들이 탄소감축 목표를 발표하고, ESG 경영이 전 세계적 화두가 되고, ESG 투자 열풍이 시작되었다고 해도 과언이 아니다. 2020년 CEO 연례서한은 금융의 근본적인 재편, 곧 금융자본의 방향성에서 ESG를 강조하고 있다.

2021년 1월의 CEO 연례서한에선 코로나19 위기를 겪는 와중에도 기후변화 대응에 대한 구조적 변화는 가속화되었다면서, 기후변화 대응이 역사적으로 손꼽힐 투자 기회를 제공할 것이라는 확신도 덧붙였다. 아울러 지속가능성과 이해관계자와의 더 긴밀한 관계가 수익률 향상을 이끈다며, 2020년 ESG에 적극적인 기업이 동종의 여타 기업보다 좋은 성과를 거뒀음을 확인시키기도 했다. 아울러 지속가능성 리스크를 평가하려면 투자자가 일관성 있는 양질의 주요 공개 정보에 접근할 수 있어야 한다며, 데이터와 공시의 중요성을 강조하며 기업의 ESG 경영을 더더욱 유도하고 독려했다.

2020년, 2021년에 이어 2022년에도 ESG가 중심 메시지였다. 2022년 1월, 2022년 CEO 연례서한의 제목은 '자본주의의 힘 The Power of Capitalism'이다. 이해관계자 자본주의, 곧 ESG가 정치적 논의도, 사회적, 이념적 논의도 아닌 자본주의를 위한 것이라는 점을 명확히 밝혔다. 자본주의가 가진 지속적 진화와 재창조를 하지 못하는 기업은 도태될 위험에 처할 것이라는 메시지와 함께, 팬데믹이 바꾼 기업의 운영 환경, 고용주와 직원의 관계를 주목했고, 주주, 직원, 고객, 지역사회, 규제기관 등 이해관계자들이 기업의 탈탄소화 역할을 기대하는데, 이를 어떻게 대응하냐에 따라 자본 배분과 기업의 장기 가치가 좌우될 것이라고 했다. 그리고 블랙록이 지속가능성에 초점을 맞추는 것은 환경론자이기 때문이 아니라 자본가이기 때문이고, 고객(투자자)에 대한 신의성실 의무 때문이라고 말한다. 결국 지속가능성이자 ESG가 돈이 되는 방향, 가장 투자 가치가 높은 기회임을 강조했다. 이를 위해서 기업들이 거대한 변화를 사업에 잘 적응시켜야 하고, 블랙록은 그렇게 되도록 기업에 영향을 주겠다는 의미다. 이는 ESG 경영을 하는 기업들도 좀 더 적극적인 투자를 통해 선제적, 공격적인 ESG 경영을 하라는 메시지이기도 하다. 2020년부터 2022년까지 3년간 블랙록의 CEO 연례서한 주제는 ESG였는데, 2022년은 좀 더 진화된 ESG, 곧 ESG 2.0을 암시하는 메시지가 많다.

2022년 3월 24일, 러시아가 우크라이나를 침공하고 한 달 후 래리 핑크 CEO는 연례 주주서한을 또 발표했는데, '세계화의 종말'과 '재생에너지 전환의 가속화'를 강조했다. 러시아의 석유와 천연가스에 대한 세계 경제의 의존도가 일정 부분 있는 상태에서, 단기적으로는 석유와 천연가스 비축, 석탄 사용 증가로 이어진다면 단기적으로는 재생에너지 투자에 차질이 생길 수도 있다. 따라서 장기적으로 에너지 전환이 이루어지지 못하면 에너지 안보 위기이자 경제 위기도 불가피하기에 재생에너지 전환은 더더욱 가속화될 것이라는 메세지다. 아울러 세계화는 냉전 종식 이후 전 세계의 경제가 효율성 기반으로 서로 연결되며 구축되었는데, 러시아의 침공이 이런 신뢰와 평화를 깼고, 서방 세계가 러시아를 경제적으로 고립시키는 경제 전쟁이 벌어진 여파가 오래 이어진다면, 이는 결국 자본시장 질서의 전환점이 될 수 있다고 봤다. 디지털 화폐에 대해선 이전의 우호적이지 않던 입장을 바꿔, 전쟁으로 각국은 통화 의존성을 재평가하게 되었다며 글로벌 디지털 결제 시스템의 장점에 대해 긍정적 입장을 보이기도 했다. 세계 경제에서 러시아의 침공은 중요한 전환점이 된다. 더더욱 ESG 투자와 ESG 경영이 가속화되는 전환점이다.

ESG 2.0에 대한 국내 기업의 관심이 더 커져야 할 시섬이다. 블랙록은 국내에선 삼성전자, SK하이닉스, LG화학 등 주요 대기업을 비롯해 금융지주사들의 대주주다. 국내 기업 중 블랙록이 2~4대 주주로 있는 기업만 80개 정도로 알려져 있다. ESG에 가장 적극적인 목소리를 내는 블랙록이 국내 기업에도 ESG 경영에 대한 구체적 요구를 많이 할 수밖에 없다. ESG 워싱과 쇼잉으로 소극적인 활동을 하는 기업에 경고와 압박을 하는 건 당연해진다.

ESG 투자 붐을 조성한 일등공신이 블랙록인데, 바이든 정부의 미국 국가경제위원회NEC 위원장으로 발탁된 브라이언 디스는 오바마 정부 시절 수석보좌관과 예산관리국 부국장을 역임했고, 기후변

세계 최대 자산운용사 블랙록 래리 핑크 회장의 2022년 CEO 연례서한, '자본주의의 힘The Power of Capitalism'. 래리 핑크 회장은 최근 3년간 CEO 연례서한에서 ESG를 특히 강조했다. 블랙록 홈페이지에서 그동안 나온 CEO 연례서한 원문을 다 볼 수 있으며, 한글 버전도 공개되어 있다. (출처 : 블랙록)

화 특별고문으로 2015년 파리기후변화협약 체결 과정에서 중추적 역할을 했다. 이후 블랙록에서 지속가능 투자 글로벌 책임자를 맡았다. 재무부 부장관으로 발탁된 월리 아데예모는 블랙록의 회장 비서실장과 선임 고문을 맡았던 인물이다. 세계 최대 자산운용사의 주요 인사가 미국 경제의 중요 영역에서 활동하는 셈인데, 당연히 ESG 활성화에 무관하지 않을 것이다.

바이든 정부의 경제사령탑인 재무부 장관 재닛 옐런Janet Yellen은 미국 최초의 여성 연방준비제도이사회 의장이고, 최초의 여성 재무부 장관이다. 그녀도 기후변화 대응과 관련한 경제 정책을 적극 지지하고 있다. 바이든 정부의 경제 정책의 우선순위에 기후변화 위기 대응, 탄소감축, 친환경 신재생에너지 등이 있다.

바이든은 ESG에 대해서도 그 어떤 정치 지도자보다 우호적이다. 바이든 정부의 더 나은 재건The Build Back Better 법안은 복지 확대, 기후위기 예산 확대 등을 골자로 하는데, 향후 5년간 1조 7,500억 달러가 투입된다. 분명한 건 돈이 많이 모이는 곳은 비즈니스에서도 큰 기회가 된다. 미국 정부가 기후위기 대응을 위해 탄소감축이나 에너지 전환 사업에 막대한 예산을 쓰면, 전 세계 다른 나라에서도 흐름을 이어가게 될 것이다. 미국의 경제 정책은 전 세계 경제에 가장 크게 영향을 미치기 때문이다.

왜 투자자본은 저탄소를 투자 기조로 삼을까?

2022년 2월, 삼성전자, 현대제철, SK, SK하이닉스, LG화학, LG디스플레이, 롯데케미칼, 포스코케미칼, LG유플러스, SK텔레콤 등 10개 기업은 네덜란드 공적연금 운용사^APG로부터 탄소배출 감축을 촉구하는 내용의 서한을 받았다. 한마디로 투자자가 보내는 경고다. APG 측에서 언론을 통해, 이들 10개 기업이 한국 경제와 글로벌 공급망에서 주요한 역할을 하고 있으며, 이들 기업이 저탄소 기업으로 변하도록 유도하는 것이 중요한 일이라는 입장을 밝히기도 했다. 한국 기업만 골라서 보내지는 않았을 것이다. APG가 투자한 기업 중에서 탄소감축에 미진한 기업에 보냈을 텐데, 이는 APG의 투자 기조에서 탄소감축 이슈를 더 강화하겠다는 의미를 담고 있다.

세계 3대 연기금으로 꼽히는 네덜란드 공무원연금^ABP의 기금 운용 자회사가 APG다. 2021년 11월 기준 자산운용 규모 6,270억 유로(약 855조 원)를 운용한다. ABP는 2021년 10월, 석탄뿐 아니라, 석유와 천연가스 등 화석연료 생산업체와 자동차 제조사 같은 화석연료 대량 사용 기업에 대해 투자를 중단하겠다고 발표했다. 결국 ABP의 기조가 APG의 기조로 이어질 수밖에 없는 상황에서, 서한을 받은 국내 10개 대기업이 변하지 않으면 투자를 철회하겠다는 경고가 된다.

APG는 삼성전자가 탄소중립에 대한 구체적 목표를 선언하지 않은 것을 지적했는데, 애플은 2030년까지 탄소중립을 이루는 게 목표다. 삼성전자와 애플은 자주 비교대상이 된다. 국내 기업 중 가장 열심히 ESG를 외치고, 탄소중립을 강조하는 기업이 SK 그룹이다. RE100 Renewable Energy 100%에도 국내 기업 중 가장 빨리 참여한 SK하이닉스, SK텔레콤이 2030년까지 탄소감축 공정을 개선하고 신사업 투자를 한다고 선언했지만, 정확한 시기와 계획을 잡지 않은 것에 대해 APG는 지적했다.

탄소중립 Carbon Neutral은 인간 활동에 의한 온실가스 배출을 최대한 줄이고, 남은 온실가스는 흡수·제거해 실질적인 탄소배출량을 0 Zero, 중립이 되게 하자는 개념이다. 배출되는 탄소와 흡수·제거되는 탄소량을 같게 만들어 탄소 순배출량을 제로가 되도록 하는데, 탄소중립을 넷제로 Net-Zero라고 하기도 한다.

한때 한국전력공사의 지분 약 7%를 보유하기도 했던 APG는 지속적으로 석탄 발전소 투자 철회를 요구했지만, 한국전력공사는 베트남과 인도네시아의 석탄 발전소 건설을 강행했다. 결국 APG는 2021년 초 한전의 지분을 전량 매각했다. 영국 국가퇴직연금신탁 NEST도 같은 이유로 2021년 12월 한전의 지분을 전량 매각했다. 한마디로 석탄화력 발전소에 참여하며 기후변화 대응에 노력하지 않는 기업에는 발을 빼는 것이다. 한전은 2020년 10월에 노르웨이 국부펀드로부터 석탄 발전 투자를 중단하라는 서한을 받기도 했다.

한전은 민간기업이 아니다. 한전 지분의 51%(정부 18.2%, 한국산업은행 32.9%)는 정부다. APG는 한국 정부에도 2021년 8월에 서한을 보내 석탄 발전소 건설을 우려하는 의사를 표명했고, 2021년 10월에 탄소중립위원회에 서한을 보내 파리협정에 부합하는 탈탄소 정책을 제시하라고 촉구했다. 글로벌 투자기관들로부터 경고성 서한을 아주 많이 받은 한전의 외국인 지분율은 2016년 6월 최고치인 33%를 기록한 이후 2017년까지 30%대를 유지하다가 2019년부터 급격히 줄어들어 2022년 3월 기준 14%대다.

한전으로서도 탄소중립이 필요한 것은 알지만, 외국 석탄 발전소에 투자한 막대한 돈도 쉽게 포기하지 못하는 이유가 된다. 그리고 탄소중립이 구호만 외친다고 되는 게 아니라서 구체적인 실행을 위한 투자가 필요하다 보니 소극적이다. 이는 51% 지분을 가진 정부의 소극적 대응과도 무관하지 않다. 2021년 11월, 한전은 6개 발전 자회사들과 함께 해상풍력, 태양광, 수소 등 신재생에너지 분야에 투자하고, 2050년까지 석탄 발전을 전면 중단해 탄소중립에 앞장서겠다며 공동선언했다. 하지만 실효성에 대해선 매년 이행되는 실질적인 투자와 기술 개발 등의 성과를 봐야만 알 수 있다.

중요한 건 글로벌 투자자본이 한결같이 저탄소를 투자 기조로 삼고 있다는 점이다. 삼성물산은 2020년에 글로벌 투자기관들의 항의를 받아 결국 석탄화력 발전 관련 신규 사업을 전면 중단했다. 석탄 관련 사업을 하는 기업이 자금을 조달하기 위해 회사채를 발행할 때, 연기금이나 기관 투자자들이 외면해 회사채 발행이 불가해진 경우도 나온다. 국내에서도 국민연금은 석탄사업에 투자하는 기업에는 원칙적으로 투자를 배제한다는 방침이다. 기업이 ESG를 받아들일 수밖에 없는 이유가 바로 이것이다. ESG 잘하는 기업과 그렇지 못한 기업이 투자금 유치에서 차별을 받을 수밖에 없고, 설령 투자를 받더라도 회사채 금리가 더 높아질 수밖에 없다. 결국 ESG가 기업 생존과 연결되는 것이다. 돈이 몰리는 곳에 ESG가 있다.

기후 관련 이니셔티브 중 가장 유명한 것이 2014년에 발족한 RE100 Renewable Energy 100%일 것이다. 그런데 이에 버금가는 영향력을 가진 것이 2017년에 시작된 기후행동100+Climate Action 100+다. 블랙록, APG, 핌코PIMCO 등 전 세계 625개 투자기관이 참여하는 이니셔티브다. 기후변화에 대응하기 위해 글로벌 투자기관들이 주도해서 만든 것이다. 이들 투자기관의 자산운용 규모 총합이 65조 달러다. 글로벌 투자기관들의 이런 행동은 글로벌 기업과 각국 정부에 압박이 된다. 기후행동100+은 한국 정부에 탄소감축에 대한 명확한 계획을 제시하고 민간 석탄 발전소 퇴출 문제를 해결하라는 서한을 보내기도 했다. 기후행동100+ 이니셔티브에는 BP, 쉘, 보잉, GM, 다임러, 코카콜라를 비롯한 에너지, 철강, 항공, 자동차, 화학 등 제조업 중심의 글로벌 기업 167개도 포커스 기업으로 참여한다. 이들 기업의 자산도 10조 달러가 넘는다. RE100에도 글로벌 기업 371개(2022년 5월 기준)가 가입되어 있다.

왜 미국 증권거래위원회는
기후변화 관련 공시 의무화를
추진할까?

2022년 3월, 미국 증권거래위원회SEC는 상장기업이 온실가스 직접 배출량(Scope 1)과 간접 배출량(Scope 2) 공시를 의무화하고, 배출량 추정치에 대해서는 독립적 외부기관에 인증을 받아야 하는 규제안을 발표했다. 아울러 배출량 규모에 따라서는 기업의 판단 아래 간접 총배출량(Scope 3)까지도 공시해야 한다. 탄소배출 감축 목표나 재생에너지 이행 계획에 대해서도 구체적으로 언제까지, 어떻게 목표를 달성할지 세부 내용까지 공시해야 한다. 탄소세를 비롯해 기후변화 관련 규제와 물리적 리스크를 포함해, 기후변화가 사업의 전략과 전망에 미치는 실질적, 잠재적 영향도 공시해야 한다.

미국 증권거래위원회의 규제안은 초안이다. 기업의 입장을 대변하는 미국 상공회의소는 비판적 입장을 취했고, 미국 자산운용협회는 환영하는 입장을 취했다. 확실히 이 규제안이 기업에는 부담이고, 투자자본에는 유리한 셈이다. 기업으로선 규제가 리스크를 낳고, 이는 곧 비용 투자로 이어질 수밖에 없다. 친기업적 성향의 공화당 일부 인사들이 반대 성명을 낸 것도 우연은 아니다.

그렇다면 왜 미국 증권거래위원회는 기후변화 관련 공시 의무화를 추진할까? 투자자와 자산운용사들의 기후변화 관련 공시 요구에 손을 들어주는 것으로도 보이는데, 엄밀히 ESG 2.0은 가야 할 방향이라는 인식 때문이기도 하다. 시기가 좀 더 늦거나 빠르다는 점만 다를 뿐 가는 방향임에는 분명하다. 적어도 미국 증권거래위원회가 이런 상황에서 선제적 역할을 하려는 의도가 보이고, 기후변화에 적극적인 목소리를 내는 바이든 정부의 방향성과도 연결된다.

ESG 2.0으로 진화하는 시기가 지금인 것은 우연이 아니다. 세계 경제의 주도권을 가진 미국 정부, 세계 산업의 핵심이 된 IT산업을 장악한 미국 기업들, 전 세계 투자자본의 압도적 돈줄인 미국 자본 등 미국이 ESG의 방향성을 결정한다고 해도 과언이 아니다. ESG는 자본주의의 미래다. 가장 자본주의적 나라인 미국에서 ESG 2.0 진화를 주도하고 있다.

상장기업 중 모두가 탄소배출 감축 목표치를 설정하진 않았다. 그리고 탄소배출 감축 목표치를 설정한 기업 중에서도 Scope 3까지 포함해 감축 목표치를 설정한 기업은 많지 않다. ESG 1.0에선 기업이 Scope 1, 2까지만 주로 다뤄왔다면, ESG 2.0에서는 Scope 3까지 반드시 다뤄야만 한다. 규제안이 최종 확정된다면, 상장기업 중에서도 S&P 500 지수에 포함된 기업은 Scope 3까지 공시하게 될 것이다. 아무리 기업이 자발적으로 판단하게 한다고 해도, 선두 기업들에게 탄소배출 이슈는 적극적인 투자 영역이자, 후발 기업들과 격차를 벌여야 하기에 Scope 3 공시까지 받아들일 수밖에 없다. 결국 그외 다른 상장사들에서도 점점 더 Scope 3 공시 압박이 전방위로 커질 수밖에 없다. 이는 미국 상장기업만의 얘기가 아니다. 북미, 유럽을 비롯해 아시아 상장기업에도 적용될 수밖에 없다.

기업의 탄소배출량은 Scope 1, 2, 3으로 구분된다. Scope 1은 제품 생산 단계에서 발생하는 직접 배출이다. Scope 2는 사업장에서 사용하는 전기와 동력을 만드는 과정에서 발생하는 간접 배출이다. Scope 3은 협력업체와 물류, 소비자의 제품 사용, 제품의 폐기 과정 등에서 발생하는 간접 총 배출량이다. Scope 1, 2는 기업이 직접 통제할 수 있는 영역이지만, Scope 3은 식섭 통제할 수 없는 영역까지 포함된다. 그만큼 Scope 3 공시는 기업으로선 부담일 수밖에 없다. 투자 여력이 크고, 글로벌 공급망에 대한 영향력이 큰 기업일수록 Scope 3 공시를 원활히 할 수 있다. 기업에 리스크가 될 부정적인 공시를 할 수도 없고, 그렇다고 부실하게 엉터리 공시를 할 수도 없다. 결국 개선을 위해 강도 높은 변화가 필요하다. 어차피 가야 할 길이라면 먼저 가는 것이 유리하다는 인식 전환도 가능한데, ESG 2.0이 바로 그 답이다.

러시아 전쟁으로 돈을 버는 월스트리트는 사악한가?

우크라이나 침공으로 러시아가 경제제재를 받고, 러시아 기업의 주가는 폭락하고, 러시아의 기준금리는 폭등하고, 러시아 국민이 은행에서 돈을 인출하는 뱅크런이 발생하고, 러시아 채권금리는 급락했다. 러시아 국채나 러시아 기업의 회사채를 가진 투자자로선 심각한 타격일 수밖에 없고 불확실성이 큰 상황에서 손절하려는 이들도 많고, 러시아의 채무 불이행 상황을 걱정하는 이들도 많다.

월스트리트의 금융자본은 이를 비즈니스 기회로 봤다. JP모건, 골드만삭스 같은 투자은행은 러시아의 국영 에너지기업, 철도공사, 철강기업 등의 회사채와 러시아 국채 투자에 나섰다. 러시아 국채나 회사채의 채무 불이행에 대한 보험 역할을 하는 신용 파생 상품을 거래하며 돈을 벌거나, 심각하게 평가 절하된 채권을 사들여 돈을 번다. 물론 러시아 경제제재에 위반되는 건 아니나, 전쟁을 비즈니스로 이용한 건 생각해봐야 할 일이다. 사실 이게 금융자본이자 투자자본의 정체성이다. 투자자본에 도덕성, 양심, 정의는 없다. 투자자본을 운용하는 사람에겐 도덕성도 양심도 정의도 있을 순 있겠지만.

투자자본은 늘 돈 벌 기회에 주목한다. 러시아가 우크라이나를 침공한 이후, EU는 천연가스 수입에서 러시아 의존도를 낮추는 게 당면 과제다. 당장 완전히 끊지는 못하지만 경제제재 차원에서 대폭 줄여나간다. 이 과정에서 반사이익을 보는 에너지 기업들이 나오고, 이를 투자 기회로 보는 투자자본도 나온다. 전쟁으로 국제 유가는 급등했는데, 러시아의 석유와 천연가스는 상대적으로 가격경쟁력이 있다. 석유와 천연가스가 필요하기는 하지만 러시아 의존도를 낮추려고 더 비싸도 중동, 미국 등의 의존도를 높일 수밖에 없다. 하지만 러시아 경제제재에 동참하지 않는 중국과 인도로선 비즈니스 기회다. 실제로 중국석유화공그룹(시노펙)의 자회사 유니펙이 미국에서 LNG선을 구입해 유럽 항구로 LNG를 보내는 계약을 통해 이익을 거두기도 했다.

유럽 각국은 공급 감소 우려에 따라 석유와 천연가스 재고를 비축하는 데 적극적이다. 중동 국가에 계속 증산 요청을 하고, 어떻게든 에너지 수급을 해야 한다. 결국 EU의 석유와 천연가스 수요 증가로 인한 기회이자 이득을 미국 기업도 일부 보고, 중국 기업도 일부 본다.

석유 소비량의 80%를 수입에 의존하는 인도는 그동안 러시아산 석유 비중이 2~3%에 불과했는데 러시아의 전쟁을 기점으로 러시아산 석유 비중을 늘리고 있다. 러시아로선 유럽 수출이 줄어들어 타격을 입을 수 있지만, 인도가 가격이 상대적으로 싸다는 이유로 러시아산 석유를 적극 수입하기로 한 것이다. 같은 물건이라면 더 싼 것을 사는 게 당연하다. 경제제재에 동참하는 국가들은 이런 선택을 하기 어렵고, 그런 국가의 기업들도 이런 이득을 기회로 삼기엔 부담스럽지만 인도와 중국은 다르다. 중국도 러시아산 석유 비중을 높인다.

곡물 시장도 투자자본이 활발하게 기회를 노린다. 러시아는 밀 생산량에선 세계 4위지만, 밀 수출에선 세계 1위다. 우크라이나는 밀 수출에서 5위다. 두 나라를 합치면 전 세계에서 수출되는 밀 중 29%가량 된다. 러시아는 보리, 호밀, 귀리 등은 세계 2위 생산국이고, 콩은 세계 2위 수출국이다. 우크라이나는 옥수수 수출에서 4위다. 러시아와 우크라이나를 합치면 전 세계 옥수수 수출에서 19% 정도 된다. 세계 곡물 시장에서 러시아, 우크라이나는 영향력이 큰 나라인데, 이들이 전쟁으로 봄 파종 시기에 타격을 받은 데다, 영토가 전쟁터가 된 상황에 생산 차질은 불가피하다. 이 두 나라가 한 해 농사를 망치면 전 세계 식량위기를 부를 수 있다. 아울러 서방의 경제제재에 러시아는 밀, 보리, 호밀, 옥수수 등의 수출을 금지하는 카드로 대응했다. 전쟁으로 인한 생산 차질도 문제지만 자국 국민의 식량 확보가 우선이다 보니 우크라이나도 곡물 수출을 정부가 통제한다. 두 나라의 곡물 생산이 줄어들고 수출까지 크게 줄어들면 결국 곡물 수입 의존도가 높은 나라들로선 타격이 생긴다. 참고로, 한국은 세계 7위의 곡물 수입 국가다. 식량자급률 45.8%로 OECD 회원국 중 가장 낮은 편에 속한다. 특히 밀의 자급률은 0.5%에 불과하다. 국내 밀 소비량의 99.5%를 수입한다는 얘기다. 쌀 자급률만 92% 수준으로 높고, 나머지 곡물은 식량 안보 위기를 겪을 수밖에 없는 구조다. 일본은 밀 자급률이 10% 정도다. 우리와 비교할 수 없을 정도로 밀 자급률이 높은 건 정부 차원의 장기적 투자 때문이다. 1970년대 3% 정도였던 밀 자급률을 수십 년에 걸쳐 10%까지 끌어올려놓은 식량 안보 때문이다.

에너지 안보만큼이나 식량 안보도 중요하다는 것을 러시아의 우크라이나 침공을 계기로 전 세계가 더 실감하고 있다. 밀을 비롯해 국제 곡물 가격은 역대급으로 올라간 상태다. 러시아의 침공으로 인한 식량난, 인플레이션 심화는 전 세계에 타격을 준다. 여기에 이상기후로 인한 곡물 생산 차질이라는 리스크도 배제할 수 없는 상황이다.

자국의 식량 수급과 식량 안보 문제가 대두되면서 곡물 수출국들도 수출을 제한하고 있다. 헝가리는 모든 곡물 수출을 중단했고, 터키와 아르헨티나 등도 밀 수출을 통제하고 있다. 러시아와 우크라이나 전쟁이 장기화되면 에너지와 식량의 위기는 더 심각해진다. 이런 상황에서 인도는 밀 수출량을 2배로 늘렸다. 인도는 밀 생산은 러시아보다 많지만 내수 소비가 많아 수출에선 세계 9위다. 그런데 러시아의 전쟁을 기점으로 밀 가격이 폭등하자, 수출량을 2배로 늘려 경제적 이득을 극대화하려는 것이다.

전쟁은 모두에게 피해를 준다. 하지만 전쟁 중에도 누군가는 돈을 번다. 특히 이 전쟁으론 중국과 인도의 기업들이 반사이익을 많이 본다. 사실 미국의 기업들도 반사이익을 많이 본다. 우크라이나를 지원하고 러시아에 제재를 가하는 EU는 우크라이나의 EU 가입도 받아들이지 않고, 나토 개입도 하지 않는다. 말로는 러시아를 지탄하지만 행동은 소극적이다. 국제 관계에선 선과 악은 없다. 이해관계에 따른 거래만 있다. 러시아에 경제제재를 가하는 나라들도 전쟁이 끝나면 제재를 풀 것이고, 러시아에서 사업하다 철수한 글로벌 기업들도 전쟁이 끝나면 러시아에서 다시 비즈니스를 할 것이다.

미국이 세계 최고 경제 대국으로 성장한 배경에 제1차, 제2차 세계대전이 있다. 제1차 세계대전으로 영국과 연합군에 수출할 군수물자를 생산하며 경제가 크게 성장했고, 미국의 세계 무역 비율은 20% 이상 증가했다. 미국을 30억 달러의 채무국에서 130억 달러의 채권국이 되게 만든 게 제1차 세계대전이다. 월스트리트가 세계 금융자본의 메카가 된 것도 이때다. 제2차 세계대전 기간에도 미국은 유럽에 군수물자를 엄청나게 팔았고, 전쟁 직후 전 세계 제조업 생산의 50%를 미국이 차지했을 정도로 전쟁 수혜를 봤다.

10년간의 장기 경제위기인 미국 대공황을 극복하게 만든 원동력도 제2차 세계대전이다. 전쟁으로 얻은 막대한 이익으로

1950~60년대 인프라 건설에 투자하면서 미국 경제는 더 성장했다. 전쟁에서 얻는 막대한 이익을 기반으로 미국은 경제적, 외교적, 군사적으로 전 세계 주도권을 장악했다.

제1차, 제2차 세계대전은 모두 유럽에서 벌어졌다. 곧 전쟁터인 유럽은 파괴되고 경제적 타격도 심각했다. 미국은 두 전쟁의 수혜를 크게 봤지만 전쟁을 자국에서 치르지 않았다. 전쟁이 벌어진 기간을 합하면 제1차 세계대전 4년, 제2차 세계대전 6년으로 총 10년이다. 이 전쟁으로 미국은 돈을 벌었고, 국가 또한 안전했다. 유럽의 금융자본이 미국으로 대거 넘어올 수밖에 없고, 유럽이 가진 세계 경제의 주도권이 미국으로 넘어갈 수밖에 없었다. 제1차, 제2차 세계대전이 없었다면 지금의 미국 경제는 어땠을까? 미국이 금융자본의 중심이 되었을까?

일본이 세계적 경제 대국으로 성장한 배경 중 하나도 한국전쟁이다. 1945년 패망한 일본은 한국전쟁을 기회 삼아 경제를 살렸다. 잃어버린 20년을 보낸(30년이 될 기세) 일본으로선 한반도의 평화를 원하지 않을 수 있다. 사악해서가 아니라 돈 때문이다. 베트남전쟁도 미국으로서는 실패한 전쟁이지만 미국의 군수산업으로선 기회였다. 전쟁은 반인류적이지만, 전쟁물자를 통해 누군가는 돈을 번다.

지금이야 투자자본이 ESG를 내세우며 화석연료 외에도 무기나 알코올, 담배 등에 대한 투자를 제재하지만, 이미 그동안 돈이 되는 것이라면 투자해 막대한 이익을 거뒀다. 지금도, 미래에도 무기나 알코올, 담배 관련 산업이 사라지진 않을 것이고, 투자자본은 어떤 틈새를 만들어서라도 그런 산업에서 생기는 기회에 다가간다. ESG 투자가 확산된다고 투자자본이 자본주의적 속성을 버리는 건 절대 아니기 때문이다.

월스트리트로 대표되는 미국의 금융자본이자 전 세계의 금융자본은 늘 탐욕의 정점으로 지탄받았고, 글로벌 금융위기를 일으킨 주범도 그들이다. 닷컴버블을 일으킨 것도 그들이고, 비트코인과 NFT 열풍을 일으키고 그 속에서 엄청난 이익을 본 것도 그들이다. 탐욕은 그들이 가져가고, 피해는 세상에 나눠진다. 금융자본은 전쟁이 아니라 더 심각한 어떤 것이라도 돈 되면 다 이용한다는 것은 이미 알고 있다. 그들이 ESG를 주도하고 기후위기를 얘기하는 건 돈이 되어서다. 결국 ESG를 비즈니스 기회로 활용하는 건 선하고, 러시아 전쟁을 비즈니스 기회로 활용하는 길 사악하다고 하긴 어렵다.

Part 3

ESG, 견고하게 구축된
금융자본의 리스크 관리 체계

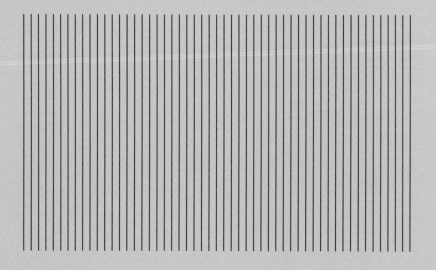

ESG를 주도한 건 금융자본, 투자자본이다. 자본주의의 주도권을 가진 그들이 ESG를 제기하고, 지지하고, 키워간다는 건 자본주의 체계를 유지하기 위해서도 ESG가 필요한 셈이다. ESG는 철저하게 자본의 논리, 경제와 비즈니스 논리로 접근해야 한다. 먼저, ESG를 누가, 왜 주도했는지 이해해야 한다. ESG의 실체를 이해해야, 우린 ESG 2.0으로 진전될 이유를 더더욱 실감하게 될 것이기 때문이다. 결코 ESG는 우연히 시작된 것도, 선의로 시작된 것도 아니다. 전략적이고, 계산적인 접근으로 시작되고, 글로벌 금융위기를 계기로 더욱 중요해졌고, 팬데믹이 초래하는 경제위기 상황에서 열풍처럼 번졌다. 금융자본은 금융위기를 다시 겪지 않기 위해서라도 ESG를 통한 리스크 관리가 필요하다. 금융자본이 ESG를 자본주의의 미래로 선택한 건 그 때문이다.

UN은 왜 ESG 어젠다를 주도했는가?

기업의 지속가능성 향상을 목표로 2000년에 만든 글로벌 협약이 유엔글로벌콤팩트UN Global Compact다. 그리고 유엔글로벌콤팩트가 2004년 발표한 〈Who Cares Wins - Connecting Financial Markets to a Changing World〉는 영국 보험회사 아비바Aviva, 프랑스 보험금융그룹 악사그룹AXA Group, 프랑스 최대 은행그룹 비엔피파리바BNP Paribas, 독일의 은행이자 세계적 투자은행 도이치뱅크Deutsche Bank, 스위스 글로벌 금융기업 UBS, 미국 투자은행이자 글로벌 투자은행인 골드만삭스Goldman Sachs와 모건스탠리Morgan Stanley, 영국 금융그룹 HSBC, 브라질은행Banco do Brasil, 일본 보험지주회사 미쓰이스미토모Mitsui Sumitomo Insurance, 국제금융기관 세계은행World Bank Group, 세계은행 산하의 국제금융공사IFC 등 금융기관 20개가 참여해 발행하고 공개적으로 승인한 보고서다.

ESG는 시민사회가 정의한 것이 아니다. 엄밀히 금융자본이 중심이 되어 정의했다. 이 보고서에서 환경Environmental, 사회Social, 기업 지배구조Corporate Governance를 기업 및 투자 가치에 영향을 미치는 ESG 이슈로 제시하며 환경, 사회, 지배구조의 각기 세부적인 요소들도 언급했다. 재무적 지표가 기업을 판단하는 전통적 지표였다면, 비재무적 지표인 E, S, G가 기업을 판단하는 새롭고도 중요한 지표가 되었다. 기업이 지속가능하게 경영하려면 비재무적 지표도 중요하게 다뤄야 하기 때문이다. 비재무적 지표로만 보던 E, S, G는 기업의 성과와 재무적 지표에 결정적 영향을 미치는 요소로 부상했고, 이는 시대의 변화이자 자본주의의 진화에 따른 결과다.

가령, 환경Environmental에서는 탄소배출, 기후변화와 관련한 리스

기업 및 투자 가치에 영향을 미치는 ESG 이슈

ESG

ENVIRONMENTAL	SOCIAL	GOVERNANCE
환경	사회	지배구조
청정기술	고용평등/고용다양화	이사회
기후변화/탄소배출	인권	임원 보수
그린빌딩/스마트성장	노동	정치후원
환경오염 및 유독물질 배출	테러/억압 등	기타 지배구조 등
천연자원/농업 등		

(출처 : Anevis)

크, 독성 방출 및 폐기물 감소 필요, 제품과 서비스에서 환경적 책임 강화, 친환경 관련 시장의 성장, 환경 관련 평판 관리 등을, 사회 Social에선 사업장의 건강과 안전, 지역사회와의 관계, 회사 및 공급업체, 계약자 사업장의 인권, 노동 등을, 기업 지배구조Governance에선 이사회 구조 및 책임, 회계 공개, 감사위원회 구성 및 감사인의 독립성, 부패 및 뇌물 문제 관리 등이 기업을 평가하는 지표가 된 것이다.

유엔글로벌콤팩트의 보고서는 ESG를 금융과 투자에서 중요한 기준으로 권장한다. 기업이 지속가능한 성장을 하기 위해서는 ESG가 필수라고 봤고, 투자자들이 투자할 기업의 지속가능성 수준을 ESG 항목에 대한 구체적 평가를 통해 체계적으로 판단할 수 있어야 하는데, 이를 위해 투자자와 기업, 연기금, 금융기관, 정부 등에서 ESG에 대해 주도적인 역할을 하며 지속적으로 개선해나가야 한다는 것이다. 세계 경제를 주도하는 건 자본주의다. 정치도 자본주의와 이해관계를 같이한다.

환경에 대한 개선 요구, 기업의 사회적 역할이나 지배구조의 문제를 제기하는 건 과거엔 시민사회와 NGO의 역할이었다. 이것이 정치로 확장되고, 법제도가 바뀌면서 사회적 진전이 이루어지기도 했지만, 엄밀히 기업과 자본이 나서서 이 문제를 개선하려 애쓰진 않았다. 기업에게 이윤 추구의 목적을 위해, 환경과 사회적 책임, 지배구조는 하위 순서가 되는 경우가 많았다. 자본주의의 문제, 기업의 탐욕을 비판해도 CSRCorporate Social Responsibilities, 기업의 사회적 책임로 대외적인 이미지 개선이나 소극적 차원에서의 사회적 역할을 하는 것에 머물렀다. 20세기까지는 말이다. 그런데 21세기 들어서 환경과 사회, 지배구조 이슈를 자본주의가, 금융자본이 꺼내기 시작했고, 그것이 어느 정도 가시화된 어젠다로 정리된 것이 바로 ESG다.

유엔글로벌콤팩트의 보고서 발행에 참여하는 곳은 통합 자산으로 6조 달러(당시 기준)가 넘는 20개 금융기관이다. 국제기구 속성의 세계은행이 포함되긴 했어도 대부분은 민간 금융사이자 투자자본이다. 이들에게도 ESG가 필요한 셈이다. 현재의 자본주의는 금융자본, 투자자본이 주도한다. 자본주의 체제를 유지하기 위해서도 ESG가 필요한 셈이다.

UN의 지원으로 2006년 4월에 출범한 PRI Principles for Responsible Investment, 책임투자원칙는 책임투자원칙을 지키며, ESG 개선이 이뤄지도록 공동으로 노력하고 있다. 글로벌 금융기관들이 함께 만든 투자의 방향이다. 투자자가 투자할 기업의 재무적 지표 외에, 비재무적 지표도 고려해야 한다는 내용이고, 바로 비재무적 지표가 ESG다. UN PRI의 6가지 원칙은 다음 표를 참고하면 된다.

여기서도 목적은 하나다. 투자의 리스크를 줄이고, 이익을 극대화하기 위해서다. 지금 시대에 맞는, 지속가능한 비즈니스가 당연해진 시대에는 ESG를 요구하는 것이 바로 자본의 이득인 셈이다. 반대로 ESG로 전환되지 않으면 자본의 리스크이자 손실이 생길 가능성이 크다.

PRI는 2021년 12월 말 기준 전 세계 3,826개 금융기관이 서명

UN PRI의 6가지 원칙

1. ESG 이슈를 투자분석과 의사결정 시 적극 반영한다.
   (We will incorporate ESG issues into investment analysis and decision-making processes.)

2. 능동적 자산보유자로서 ESG 이슈를 자산보유 정책 및 실천에 적용한다.
   (We will be active owners and incorporate ESG issues into our ownership policies and practices.)

3. 투자 대상에 ESG 이슈들의 적절한 정보 공개를 요구한다.
   (We will seek appropriate disclosure on ESG issues by the entities in which we invest.)

4. 투자산업 내에서 이러한 원칙의 수용과 이행을 촉진하려 노력한다.
   (We will promote acceptance and implementation of the Principles within the investment industry.)

5. 원칙 이행의 효과 개선을 위해 함께 협력한다.
   (We will work together to enhance our effectiveness in implementing the Principles.)

6. 원칙 이행에 대한 각자의 세부활동과 진행사항을 보고한다.
   (We will each report on our activities and progress towards implementing the Principles.)

(출처 : UN PRI)

기관으로 참여하고 있다. 이들의 운용자산을 합치면 121조 달러가 넘는다. PRI가 출범한 2006년에 63개 금융기관이 참여했는데 2021년에 3,826개까지 늘었고, 곧 4,000개를 넘어설 기세다. 특히 최근 수년 새 서명한 금융기관의 수나, 이들의 운용자산 규모가 크게 늘어난 것을 보면 ESG에 대한 흐름이 확실히 수년 새 고조되었음을 볼 수 있다.

서명기관은 운용하는 자산의 최소 절반 이상을 책임투자원칙에 따라 운용해야 하고, 이를 전담하는 임원급 감독 책임자도 있어야 한다. 운용자산에서 책임투자원칙이 적용되는 비중은 점차 높아진다. 서명기관이 된다는 건 6가지 책임투자원칙을 지킨다는 약속이기에, 그에 따른 구체적 평가도 받는다. PRI에 서명하면, 매년 1월~3월에 전년도의 원칙 이행 현황을 PRI에 보고해야 한다. 보고에 따라 A+부터 E까지 6단계로 책임투자 이행 수준을 평가한다. 보고

PRI 성장 추이 (2006-2021년)

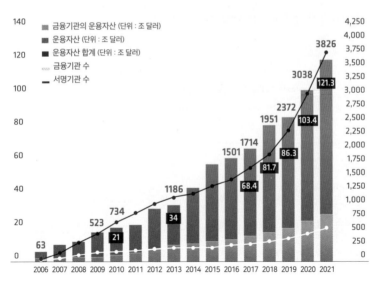

(출처 : UN PRI)

내용이 부족, 부실, 불성실하면 2년간 재평가 기회를 주고, 재평가에서도 부족할 경우 서명기관에서 탈락된다. 실제로 경고를 받는 금융기관도 많고, 탈락해 서명기관 리스트에서 삭제되는 금융기관도 있다. 서명기관 유지를 까다롭게 평가하지만 PRI 서명기관으로 참여하는 금융기관의 숫자가 최근 수년간 더 가파르게 증가하고, 이들의 운용자산 규모도 점점 커지고 있다. 이 흐름은 앞으로도 계속 이어질 것이고 결국 모든 금융자본이 속하게 될 것이다.

유엔글로벌콤팩트와 UN PRI 모두 UN이 관여해서 만들어졌고, 모두 지속가능성이자 ESG를 위해 존재한다. 전 세계적으로 ESG에 대해 관심이 커지고, ESG 투자, ESG 경영이 보편적으로 확산되는 데 뿌리가 된 것이 바로 UN인 셈이다.

자, 그럼 여기서 순진한 질문을 하나 해보자. UN은 왜 그랬을까? 왜 UN이 금융기관들, 엄밀히는 금융지본, 투자자본들과 이 문제를 풀어가야 했을까? UN은 미국의 재정과 협조에 절대적으로 의존하는 국제기구다. 미국을 움직이는 힘은 자본주의에서 나오고, 그 중심에 금융자본이 있다. 결국 UN을 움직이는 힘은 금융자본이다. 금융자본이 세계를 지배하는 시대, UN도 이런 체제의 한 요소일 뿐이다. 유엔글로벌콤팩트와 UN PRI 역시 UN이 전면에 나섰지만 핵심 세력은 다 금융자본인 것도 이런 이유다. 'UN은 왜 ESG 어젠다를 주도했는가?'라는 질문은 '왜 금융자본이 ESG를 주도했는가?'로 다시 해야 한다.

소련의 붕괴로 냉전시대가 종식된 후 본격화된 것이 세계화다.

세계화는 자유무역과 글로벌 공급망을 키웠고, 금융자본의 힘도 키웠다. 고속 성장한 금융자본은 2000년대 초반 닷컴버블을 겪었고, 그 후 2008년 미국발 금융위기를 시작으로 유럽 재정위기까지 수년간 겪었다.

'닥터 둠'이라 불리는 누리엘 루비니Nouriel Roubini 뉴욕대 교수가 2011년 6월에 세계 경제를 예측하면서 '퍼펙트 스톰'이란 표현을 썼다. 퍼펙트 스톰의 원래 의미는 개별적으로 보면 위력이 크지 않은 태풍 등이 다른 자연현상과 동시에 발생하면서 엄청난 파괴력을 갖게 되는 현상을 말하지만, 경제에서는 세계 경제가 동시에 위기에 빠져 대공황이 초래되는 상황을 뜻한다.

세계 경제의 위기 요소들이 다 해소되기 전에 코로나19 팬데믹을 맞았다. 팬데믹은 보건건강의 악재에서 그치는 게 아니라 경제위기를 심화하는 악재도 된다. 팬데믹 이전부터 금융자본들이 ESG를 적극 주창했는데, 팬데믹 되고 나서 더더욱 ESG에 대한 목소리가 커졌고, ESG 투자 열풍도 유도했다. 이건 우연이 아니다.

팬데믹이 초래한 경제위기 상황에 러시아의 우크라이나 침공이 촉발한 세계화의 위기, 글로벌 공급망의 위기, 에너지 안보의 위기, 식량 안보의 위기 등 위기 상황은 전방위로 확대되고 있다. 글로벌 인플레이션은 악화되고, 스태그플레이션stagflation도 현실이 되었다. 결국 경제위기는 심화된 셈이다. 이렇기에 ESG에 대한 요구는 더더욱 강경해지고, ESG 2.0으로의 질적 전환도 빨라질 수밖에 없다. 아니 ESG 2.0으로 전환하지 못하는 기업에 대한 압박이자, 기업이 겪을 손실과 위기는 커질 수밖에 없다.

 금융자본은 자본주의의 위기를 관리해야 한다. 금융위기, 경제위기가 오면 가장 큰 타격을 입는 것이 바로 금융자본이기 때문이다. ESG의 실체는 견고하게 구축된 금융자본의 리스크 관리 체계다. 2008년 글로벌 금융위기는 금융자본의 진화를 요구했다. 더 이상 전통적 금융으로는 금융위기 상황을 예측하기도 대응하기도 쉽지 않았다. 금융자본은 지속가능 금융이 필요했고, 기업과 시장에 지속가능 경영과 ESG를 요구하는 것이 필요했다. 2010년대 들어 ESG 논의가 활발해진 것은 우연이 아니다.

TCFD는 기후변화가 초래할
금융위기를 방지하기 위해 만들었다

기후변화 재무정보 공시의 기본이 된 TCFD Task Force
on Climaterelated Financial Disclosures, 기후 관련 재무정보 공개 전담협의체는 엄밀히 환경
보다는 금융위기 때문에 만들었다. TCFD는 2015년 G20 재무장
관 및 중앙은행 총재들이 주도하는 금융안정위원회 FSB, Financial Stability
Board가 G20의 요청으로 설립한 이니셔티브로, 2017년 6월 기후변
화로 인한 위험과 기회가 기업에 끼칠 재무적 영향을 공시하도록
하는 TCFD 최종 권고안을 발표했다. 2015년 유엔기후변화회의에
서 파리협정이 채택되고, 2016년 11월부터 포괄적으로 적용되는
국제법으로 효력을 발휘하기 시작했다. TCFD 이니셔티브가 만들
어진 시기와 연결된다.

기후위기 대응과 온실가스 감축은 전 세계의 공동 숙제가 되었
고, 이것은 환경뿐 아니라 경제와도 밀접하게 관련된다. 환경을 위

해 경제성장률 하락을 감수하자는 게 아니다. 온실가스 감축하면서 경제는 유지하거나 성장시키는 게 숙제이고, 이는 정부뿐 아니라 기업도 같은 목표다. 국가적 과제가 기업의 과제가 되기 위해서라도 정보 공시 요구는 중요하다. 다음 표와 같이 TCFD 최종 권고안에는 지배구조, 전략, 리스크 관리, 지표 및 목표치 등 4가지 주요

TCFD 최종 권고안

구분	주요 공개 내용
지배구조 Governance	· 기후변화 리스크와 기회에 대한 이사회의 관리, 감독 내용 · 기후변화 리스크와 기회를 평가, 관리하기 위한 경영진의 역할
전략 Strategy	· 단기/중기/장기적인 기후변화 관리 리스크와 기회 · 기후변화 리스크와 기회가 영업, 전략 및 재무계획에 미치는 영향 · 시구 평균기온 2℃ 이내 싱승 시나리오를 포함한 다양한 기후변화 관련 시나리오가 영업, 전략 및 재무계획에 미치는 영향
리스크 관리 Risk management	· 기후변화 리스크 식별, 평가를 위한 조직 프로세스 · 기후변화 리스크 관리를 위한 조직 프로세스 · 기후변화 리스크 식별, 평가 및 관리의 리스크 관리체계 통합 방법
지표 및 목표치 Metrics and Targets	· 기후변화 리스크와 기회를 평가, 관리하기 위해 사용하는 지표 · 온실가스 배출정보 및 관련 리스크 · 기후변화 리스크와 기회를 관리하기 위해 사용하는 목표치 및 성과

(출처 : TCFD)

항목과 11가지 세부항목이 있다. 기업이 사업을 하면서 기후 리스크 관리를 경영 활동에 중요하게 반영해서 위험을 줄여가야 한다는 목표로 권고안이 만들어졌다. 기후 리스크와 관련한 내용을 다 공시하고 위험 요소를 해결하도록 요구하는 것이다.

중요한 건 이런 권고안을 왜 만들었냐는 점이다. 개별 기업이 기후 리스크를 잘 관리하든 말든, 설령 관리하지 못해서 손해 보고 망하든 말든 무슨 상관이 있겠나? 사실 상관이 있다. 이건 개별 기업이나 환경의 문제가 아니다. 기후변화는 환경에만 영향을 미치는 게 아니라 금융산업에 큰 영향을 미치고, 기후변화에 잘 대응하지 못할 경우 기업의 손실, 금융기관의 자산 건전성 부실로 이어지고, 이로 인한 금융위기도 초래될 가능성이 있다. 이를 방지하기 위해 G20이 금융안정위원회에 의뢰하여 TCFD를 설립한 것이다.

2020년 12월 14일, 경제전문매체 〈블룸버그Bloomberg〉에 마이클 블룸버그 회장(전 뉴욕시장)의 기고문이 실렸다. 〈블룸버그〉 창업자이자 회장이 자기 매체에서 뭘 얘기하려 했을까? 제목은 '전 세계는 바이든이 기후 공시를 이끌기를 원한다The World Needs Biden to Lead on Climate Reporting'이고, 바이든은 대통령에 취임하자마자 G20 정상들과 함께 기후변화 관련 재무정보 공개를 의무화하라고 요구하는 내용이다. 마이클 블룸버그는 TCFD 의장이기도 한데, 기고문에서 2008년 금융위기 이후 지금 세계 경제가 직면한 가장 큰 위험이 기후변화이고, 기업들이 기후변화 관련한 위험과 기회에 대한 정보를 충분히 공시하지 않기에 이는 곧 기업과 투자자에게 손실을 일으킬 수 있으니 TCFD 공시를 의무화하는 게 곧 경제를 위한 우선 과제라는 메시지였다. 세계 경제의 주도권을 가진 미국이 TCFD 의무화에 나서면 전 세계 경제와 산업에 걸쳐 기후 리스크에 잘 대응하게 될 것이고, 이는 곧 글로벌 금융위기 상황을 방지하는 데도 효과적이다.

TCFD의 2021년 정보 공개 현황 보고2021 Status Report에 따르면, 89개국 2,616개 기업과 기관이 참여하는데 이들의 총 자산은 194조 달러, 총 시가총액은 25조 달러 정도다. 2018년 513개에서 2021년 2,616개로 4년간 410% 증가했고, 자산은 100조 달러에서 거의 100% 증가했다.

2022년 3월 기준으로 93개국 3,100개 기관이 TCFD의 보고 지침을 승인하거나 채택하고 있으니, 이들의 자산은 이보다 훨씬 더 커졌을 것이다. 팬데믹 기간 중, 기후위기와 환경에 대한 인식도 더 높아졌고, ESG에 대한 열풍도 뜨거워졌고, TCFD 공시를 하는 기업도 계속 늘어간다.

물론 TCFD를 따르는 기업과 기관이 급증하긴 했으나, 이들이 공개한 정보 수준은 미흡하다는 평가도 많다. TCFD가 69개국의 1,650개가 넘는 기관의 정보 공개 보고서를 분석했더니, TCFD 권고안이 제시한 11개 공개 권고 항목 중 3개 이상을 공개한 경우가 50%에 불과했다. 곧 절반은 11개 항목 중 3개도 안 채웠다는 얘기다. ESG 평가기관 아라베스크Arabesque도 TCFD 공시는 했지만 막상 내용은 부실하다고 지적했다. 전체의 1.2%만 TCFD의 11개 권

TCFD 성장 추이 (2018-2021년)

TCFD 지지자 수

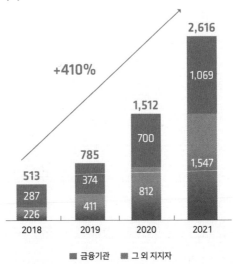

+410%

연도	값 (금융기관 / 그 외 지지자)
2018	**513** (287 / 226)
2019	**785** (374 / 411)
2020	**1,512** (700 / 812)
2021	**2,616** (1,069 / 1,547)

■ 금융기관   ■ 그 외 지지자

TCFD를 지지하는 시장의 범위
USD trillions

연도	회사결합 시가총액	금융회사 자산
2018	$ 8조	$ 100조
2019	$ 9조	$ 118조
2020	$ 13조	$ 150조
2021	$ 25조	$ 194조

■ 회사결합 시가총액   ■ 금융회사 자산

(출처 : 2021 TCFD Status Report)

고안에 대해 모두 정보를 공개했다. 공시를 하든 하지 않든 사실상 기후 리스크에 대해 아주 소극적으로 대응했다.

G7과 G20에서 TCFD 권고안을 계속 지지하는 데다, ESG 투자도 급증하고, 팬데믹 기간 동안 기후변화 대응에 공시 요구가 더욱 거세지면서 많은 기업과 기관이 갑자기 참여했다. 한마디로 ESG 열풍이 부니까 참여하긴 하는데 소극적이었다는 얘기다.

아직은 드러낼 수 있는 정보가 적다는 것은, 스스로가 판단해도 기후변화에 대한 대응이나 환경 관련 실행이 부실하다는 의미기도 하다. 어쩌면 당연하다. 이제 시작하는 것이니까. 하지만 앞으로 계속 지켜봐야 한다. ESG 쇼잉과 ESG 워싱을 하는 기업, 기관으로선 앞으로도 계속 부실하고 미흡한 정보 공개를 할 수밖에 없기 때문이다.

영국 정부는 2019년 녹색금융전략Green Finance Strategy을 발표하며 2025년까지 상장기업 및 금융회사가 TCFD에 기반한 기후 공시를 의무화하기로 했다. 영국 재무부, 금융감독청, 은행건전성감독청 PRA, Prudential Regulatory Authority, 연금감독청을 중심으로 테스크포스가 구성되었고, 2021년 6월 금융감독청은 금융업계에 TCFD 공시 의무화 계획을 제시하고 피드백을 받아 2022년 1월부터 운용 규모 상위에 있는 자산운용사를 비롯해 투자 포트폴리오 관리업체, 대안투자 펀드 운용사, 금융감독청이 규제하는 연금운용사, 보험 기반 투자상품 및 확정기여형(DC) 연금상품 관련 생명보험사 등은 TCFD 연계 기후 공시가 의무화되었다.

TCFD 공시 의무화는 2020년 뉴질랜드가 제도적으로 가장 먼저 이행했다. G7 국가들은 TCFD 연계 기후 공시 의무화 방향에는 이미 다 동의했고, 순차적으로 진행하고 있다. 미국, EU, 일본 등 어떤 나라도 예외가 없다. 결국 글로벌 비즈니스를 위해선 TCFD 의무는 피할 수 없다.

국내에서도 금융위원회, 한국거래소, 환경부 등 정부기관의 TCFD 가입이나 지지가 계속 확대되고, 금융권을 중심으로 TCFD 공시 요구가 본격화되고 있기에, TCFD 공시 의무화 가능성은 점차 높아지는 중이다. 어차피 해야 할 것이면 떠밀려 막차 타듯 하느니, 선제적으로 하는 게 낫다. 이미 국내 대기업들이 2021~2022년 TCFD 가입을 계속 발표하고 있다. 국내에선 2025년부터 자산 총액 2조 원이 넘는 상장기업은 ESG 공시가 의무화된다. 2030년부터는 모든 코스피 상장사에 의무화된다. 국내의 제도적 기준이 G7에 비해선 많이 늦고, G20 중에서도 후발이다.

국내에서만 사업하는 기업이라면 정부 제도 기준에만 맞추면 되지만, 글로벌 비즈니스를 하는 기업은 글로벌 스탠다드를 따를 수밖에 없다. 기업들에서 ESG 공시나 탄소감축 목표에 대해 무리한 목표 설정이라거나, 경영상의 한계를 이유로 들며 반발하거나 불만을 드러내는 경우가 있는데, 이건 타협하고 절충할 성질이 아니다. 코로나19 팬데믹을 거치며 ESG는 시대적 가치로 더더욱 급부상했고, 신규 사업을 위한 투자 유치나 글로벌 시장에 진출하기 위해선 필수불가결한 요소가 되었다.

변화하지 않는 건 리스크다. 위기가 보이는데 대응하지 않는 것도 심각한 리스크다. 투자자들은 기업의 장기적 존속력을 중요하게 본다. 지속가능 경영이 화두가 되는 것도 같은 이유다. ESG 2.0의 가장 핵심은 탄소중립과 에너지 전환이다. 이는 전기차, 재생에너지, 수소경제, 폐기물처리, 탄소포집 등 비즈니스로 이어진다. 기업으로선 미래 먹거리가 탄소중립과 에너지 전환 분야에 많이 있다. 기후위기에 방어적, 소극적 대응만 하다간 결국 기회를 놓치고, 위기를 자초할 수 있다는 각성이 필요하다.

GRI와 SASB, 그리고 ISSB
: 과연 글로벌 표준은
어떻게 만들어질 것인가?

TCFD와 함께, 지속가능경영보고서의 가이드라인을 제시하는 국제기구 GRI Global Reporting Initiative의 지속가능 경영 관련 국제 표준 가이드라인, 지속가능성 회계 표준을 개발하기 위해 만든 미국의 비영리기구 SASB Sustainability Accounting Standards Board, 지속가능성 회계기준위원회의 기준이 ESG 공시 기준에서 가장 많이 활용되는 3가지라고 할 수 있다.

GRI는 UNEP(유엔환경계획)과 CERES(1989년 설립된 미국의 지속가능성 후원단체)가 주축이 되어 1997년 설립되었다. GRI Standard는 GRI에서 공표한 지속가능경영보고서 글로벌 표준 가이드라인이다. 2000년에 처음 GRI 가이드라인이 나온 이후 계속 수정보완되다가 2016년 GRI Standard가 도입되었고 1만 개 이상의 기업에서 지속가능경영보고서의 공시 가이드라인으로 활용해왔고, 국내외 기업들이 지속가능경영보고서를 발간할 때 GRI Standard 가이드라인을 따른다. ESG와 지속가능 경영에 대한 요구는 보편화되었고 기업으로서도 정보 공시와 보고서 작성은 점점 의무화될 수밖에 없다. 따라서 보고서 작성 시 다양한 글로벌 가이드라인을 충족하도록 만드는 것은 중요하다.

UN이 요구하는 기업과 인권 이행 지침UNGPs, UN Guiding Principles on Business and Human Rights, OECD가 요구하는 다국적 기업 가이드라인이나 책임 있는 기업 행동 등의 지침과 도구, ICGN국제기업지배구조네트워크가 요구하는 국제 지배구조 원칙Global Governance Principles 등 주요한 글로벌 가이드라인에도 대응할 수 있도록 호환성을 갖췄다. (GRI Standard 가이드라인의 원문은 globalreporting.org에서 다운로드할 수 있다.)

GRI Standard 가이드라인은 각 주제에 따라 GRI 100~400번 항목으로 구성되는데, 간단하게 소개하면 다음과 같다. GRI 100번대는 일반 보고 항목으로 조직 프로필, 윤리성 및 청렴성, 지배구조, 이해관계자 참여, 보고서 관행, 경영 접근법 등의 항목에서 총 60여 개 세부 항목으로 구성된다. GRI 200번대는 '경제적 성과' 보고 항목으로 경제성과, 시장지위, 간접 경제효과, 조달 관행, 반부패, 반경쟁적 행위, 세금 등의 항목에 총 17개 세부 항목이 있다.

GRI 300번대는 '환경적 성과' 보고 항목으로 원재료, 에너지, 용수, 생물다양성, 배출, 폐수 및 폐기물, 컴플라이언스, 공급업체 환경 평가 등의 항목에 총 27개 세부 항목이 있다. 가령 배출 항목에선 직접 온실가스 배출량(Scope 1), 간접 온실가스 배출량(Scope 2), 기타 간접 온실가스 배출량(Scope 3), 온실가스 배출 집약도, 온실가스 배출 감축, 오존파괴물질 배출 등 6가지 항목으로 구성된다.

GRI 400번대는 '사회적 성과' 보고 항목으로 고용, 노사관계, 산업안전보건, 훈련 및 교육, 다양성과 기회균등, 차별금지, 결사 및 단체교섭의 자유, 아동노동, 강제 노동, 보안 관행, 원주민 관리, 인권평가, 지역사회, 공급망 관리, 고객 안전보건, 고객정보 보호 등의 항목에 총 40개 세부 항목이 있다.

SASB는 2018년 미국 증권거래위원회에 보고하는 기업의 공시 기준을 마련하기 위해 77개 산업별 기준으로 재무정보에는 포함되지 않지만 기업가치(주가)에는 영향을 미치는 정보들로 ESG를 포괄적으로 다룬다. 산업 특성별로 지속가능성 요소에 우선순위를 매긴 것이 여타 지속가능성 공시 기준과 차별점이다. SASB는 환경, 사회적 자본, 인적 자본, 비즈니스 모델 및 혁신, 리더십 및 지배구조 등 크게 5가지 범주로 지속가능성 요소를 구분했다. (다음 표 참조)

ESG 관련 다수의 이니셔티브가 존재하고, 다수의 공시 기준들이 존재하는 건 각기 이해관계와 우선하는 주제가 조금씩 달라서다. 하지만 지속가능성과 ESG에 대해선 글로벌의 일관된, 통일된 기준이 필요하다. 이것이 ESG를 하는 기업이나, 기업에 ESG를 요구하는 투자자나, 정부나 사회, 여러 이해관계자 모두에게 유용하다. 각기 기준과 정보의 유형이 다른 것에서 오는 혼선과 내용의 중

SASB의 지속가능성 요소		
환경	· 온실가스 배출 · 대기질 · 에너지 관리 · 연료 관리	· 물 및 폐수 관리 · 폐기물 및 유해물질 관리 · 생물다양성 영향
사회적 자본	· 인권 및 지역사회 관계 · 접근성 및 적정가격 · 고객 편익	· 데이터 보안 및 고객 프라이버시 · 공정한 공개 및 라벨링 · 공정한 마케팅 및 광고
인적 자본	· 노사 관계 · 공정 노사관행 · 다양성 및 포용성	· 직원 건강, 안전, 복지 · 보상 및 복리후생 · 직원 채용, 계발, 유지
비즈니스 모델 및 혁신	· 재화와 용역의 수명주기에 걸친 영향 · 자산 및 영업에 미치는 환경적, 사회적 영향 · 제품 포장 · 제품 품질 및 안전성	
리더십 및 지배구조	· 체계적 위험 관리 · 사고 및 안전성 관리 · 사업 윤리 및 지급 투명성 · 경쟁적 행위	· 규제포획 및 정치적 영향력 · 자재 조달 · 공급망 관리

(출처 : 금융위원회)

복 문제 등을 해결하고, 지속가능성과 ESG의 진전을 위해선 일관된 글로벌 표준이 필요하다는 목소리가 계속 나왔다.

표준화 논의는 2014년 GRI, CDP, ISO, SASB, CDSB, IIRC 등

6개 이니셔티브와 국제회계기준위원회IASB가 시작했고, 미국회계기준위원회FASB가 참관인 자격으로 참여했다. 표준화 논의가 가장 진전된 건 ISSB International Sustainability Standards Board, 지속가능성기준위원회다. 2021년 11월 유엔기후변화협약 당사국총회COP26에서 IFRS(국제회계기준)재단은 글로벌 표준을 만들기 위해 ISSB 설립을 공식화했다. ISSB에는 기후공시기준위원회CDSB, 탄소정보공개프로젝트CDP, Carbon Disclosure Project, 현재의 IFRS 보고 체계를 만든 국제회계기준위원회, TCFD, 가치보고재단VRF, Value Reporting Foundation(국제통합보고위원회 IIRC와 SASB가 합병된 기관), 세계경제포럼WEF 등이 참여했다. 이중 CDSB와 VRF는 ISSB에 통합될 예정이다. 국제증권위원회 IOSCO, 국제공공부문회계기준위원회IPSASB가 옵저버로, UN, OECD, IMF, 세계은행이 공식 자문위원회로, 금융안정위원회FSB, G20 정상회의도 ISSB에 지지를 표했다. 2022년 3월 날 조안이 나왔고, 협의기간을 거쳐 2022년 연내에 새로운 표준이 발간된다. 표준안은 TCFD의 권고를 기초로 하고, SASB의 산업기반 정보 공개 요구사항도 포함된다.

여기에 독자 노선을 걷던 GRI와 IFRS 재단이 지속가능성 보고 기준을 통합하기로 한다. GRI는 유엔글로벌콤팩트UNGC, PwC 및 유엔책임투자원칙PRI의 지원을 받아, 2021년 초 SDGs Sustainable Development Goals, 지속가능개발목표와 GRI 기준을 일치시키는 내용으로 개정했다. 글로벌 표준을 만드는 ISSB에 가장 많이 활용된 ESG 공시 3가지인 GRI, TCFD, SASB 모두가 함께 하는 것이다. 그동안 기업들이 지속가능경영보고서나 ESG보고서를 만들 때 GRI, TCFD, SASB 기준 중 하나를 선택해서 만들거나, 아예 3가지 기준별로 각각의 보고서를 만들기도 했다.

글로벌 표준은 EU도 만들고 있다. EU는 2020년부터 유럽 재무보고자문그룹EFRAG에서 EU의 지속가능성 공시 의무화 작업을 추진하고 있는데, 여기서 기업 지속가능성 보고지침CSRD 초안을 2021년 4월에 제안했고, 2022년 10월 표준안으로 채택한다. ISSB와 CSRD는 상당 부분 공통점을 가질 수밖에 없다. ISSB와 CSRD 모두 TCFD와 GRI에 기초해 작업하기 때문이다. 미국이나 EU나 각기 이해관계에 따라 표준안에서 좀 더 유리하게 만들고자 한다. 각국가별 위기와 기회에 대한 상황이 다르기 때문이다. 분명한 건 ESG 공시의 글로벌 표준이 현실화되고 있다는 것이고, ESG와 지속가능성에 대한 질적 진화가 이뤄져 본격적 ESG 2.0 단계에 진입했음을 의미한다.

ESG보고서는
어떻게 만들어야 할까?

　　경영 구루 피터 드러커는 "측정하지 않으면 관리할
수 없고, 관리할 수 없으면 개선할 수 없다"고 말했다. ESG 평가와
정보 공시는 결국 관리와 개선을 위해 필요하다. ESG 관련 정보 공
시를 리스크 관리, 경영 개선, 비즈니스 전환을 위한 필수 단계로
인식하는 기업과 소극적으로 인식하는 기업의 차이는 생길 수밖에
없다.

　세부 항목별로 충실하게 정보 공개를 할 수 있는 기업은 생각보
다 많지 않다. 세부 항목별로 모든 정보를 파악하기 위해서는 관련
항목별로 관리되어야 하고, 개선될 여지도 있다는 의미다. 관련 항
목을 다 채워 보고하기 힘든 기업은 이중 일부 항목만 채워 보고서
를 만들어낸다. 관련 항목을 다 파악하지 못할 정도로 관리가 안 되
기도 하고, 파악되더라도 너무 부정적인 내용이라 일부러 누락시키

는 것도 있다. 그래서 가장 쉽고 눈에 띄는 몇 가지만 가지고 내용은 부실한 채 겉만 화려하게 만드는 기업도 있다. 지속가능경영보고서를 내는 데만 의미를 두는 건 전형적인 워싱이자 쇼잉이다.

한국상장회사협의회가 2021년 10~11월 코스피 상장사 254개사를 대상으로 실시한 'ESG 정보 공개 의무화 관련 설문조사' 결과에 따르면, 88.6%가 정보 공개 의무화에 부담을 느낀다고 답했다. 당연하다. 국내 기업들이 ESG에 대해 본격적으로 뛰어든 건 2020~2021년이다. 자발적이라기보단 떠밀려서다. 자산 2조 원이 넘는 상장사는 2025년부터 ESG에 해당되는 지속가능경영보고서를 공시해야 한다. 2021~2024년은 자율 공시지만, 상위 기업들로선 아무리 자율이라도 하지 않을 수 없다. 국내와 별개로, 외국 사업을 위해서는 필수적이기 때문이다.

2020 사업연도 말 기준, 지주회사를 제외한 자산 규모 2조 원 이상 기업의 59%, 5조 원 이상 기업의 74%가 지속가능경영보고서를 자발적으로 공시했다. 국내에서도 최소 100여 개 이상의 기업이 매년 지속가능경영보고서를 만드는 것이다. 2030년이면 모든 상장사가 공시 의무화를 가진다. 2030년까지 가지 않아도, 이미 상장사들로선 지속가능경영보고서 쓰는 걸 시작해야 한다. 기업지배구조보고서는 2019년부터 자산 2조 원 이상 코스피 상장사는 의무 공시하고 있고, 2022년부터 자산 1조 원 이상 상장사, 2026년부터 모든 상장사가 공시해야 한다.

환경부는 2022년부터 자산 규모 2조 원 이상 상장사에 환경 정보를 의무적으로 공개하도록 하고 있다. 과학기술정보통신부는 연매출 3,000억 원 이상 상장사에 정보보호 관련 주요 사항을 공시하도록 하고 있다. 정부 부처별 여러 공시 법안은 계속 나온다. 각 부처별로 자기 부처의 존재감도 확보해야 하고, ESG 체제에도 편입되어야 하기 때문이다. 국내 기업들이 떠밀려 소극적으로 제도적 기준에 맞춰서 하는 것도 잠시다. 어차피 전면적으로 다 공시할 수밖에 없다.

ESG는 글로벌 대기업이 유리하다. ESG를 잘하기 위한 가장 좋은 방법은 돈을 많이 쓰는 것이기도 하다. 돈 자체가 핵심이 아니라, ESG 세부 항목별로 개선하기 위해선 막대한 자금 투자가 필요하기 때문이다. 그래서 ESG는 선두 기업들이 하위 기업들과 격차를 벌리는 수단이 된다.

코스피 상장사 중 자산 규모 2조 원 이상의 기업에는 ESG 전담부서(실무)가 있는 곳이 56.4%, 임시 TF가 운영되는 곳이 27.3%다. 전혀 없는 곳은 16.4%였다. 2021년 10월 기준이니 임시 TF였던 곳은 2022년에 대거 ESG 전담부서로 만들어졌을 것이고, 없는 곳은 적어도 임시 TF는 운영하고 있을 것이다. 자산 2조 원 이상 기업은 거의 대부분 ESG 조직을 운영한다고 볼 수 있다. 반면 자산 규모 5,000억 원 미만 코스피 상장사 중에선 ESG 전담부서가 있는 곳이 7.4%, 임시 TF가 운영되는 곳이 14%에 불과했다. 78.5%가 아예 없었다.

같은 시기 자산 규모 2조 원 이상 상장사 중 54.5%가 ESG 위원

자산 규모별 ESG 전담부서 설치 현황(단위 : 개 시)

ESG 전담부서	2조 원 이상	5,000억 원 미만
있음	31(56.4%)	9(7.4%)
임시 TF 운영	15(27.3%)	17(14.0%)
없음	9(16.4%)	95(78.5%)

(출처 : 한국상장회사협의회)

회를 설립한 반면, 자산 규모 5,000억 원 미만 상장사 중에선 3.3% 만 ESG 위원회가 있었다. ESG에 대한 대응 능력의 차이가 커질 수밖에 없고, ESG 양극화가 생기는 게 당연하다. 특히 전담부서도 없고 ESG 위원회도 없는 자산 규모 5,000억 원 미만 기업들로선 ESG 정보 공시에 대한 노하우도 쌓이지 않았고, 지속가능경영보고서 작성 자체도 쉽지 않다.

이런 기업은 외부 컨설팅을 받아야 하는데, 컨설팅 비용도 부담된다. 이 조사 결과에서 ESG 컨설팅과 인증 비용 통계도 제시되었는데, 지속가능경영보고서 작성 대행 컨설팅과 검증 명목으로 지출한 총 비용이 8,659만 원(응답한 32개사 기준)이었다. 자산 규모 2조원 이상 기업의 경우는 보고서당 평균 9,299만 원이었다. 32개사중 절반인 16개사는 연간 1억 원 이상을 지출했다. 그리고 인증을 위해서만 평균 1,490만 원(29개사 기준)을 썼다.

이러니 보고서 컨설팅과 인증 분야에만 수백 개의 기업이 난무

한다. 이중 전문성을 제대로 갖춘 곳은 얼마나 될까? 기업에서 ESG에 대한 이해도가 낮고, 소극적, 방어적으로 일관하다 보니 ESG 전문성이 취약한 장사꾼과 사기꾼을 걸러내지도 못한다. ESG 컨설팅, 평가, 인증 업계는 ESG가 만든 새로운 시장이다. 경영컨설팅회사, 법무법인, 회계법인 등이 ESG 컨설팅 시장에 뛰어드는 이유다.

ESG 경영이 필수가 되며 기업들로선 ESG보고서, 지속가능경영보고서를 쓰는 게 당연해졌는데, 보고서가 곧 기업의 ESG 평가점수로 이어질 수 있다 보니 기업들이 보고서 작성에 컨설팅을 받는다. 그리고 작성한 보고서는 신뢰성 확보를 위해 제3자 검증을 받아야 한다. 관련 노하우가 있는 전문인력이 조직 내에 없다면 외부 컨설팅에 의존할 수밖에 없고, 내부 전문인력이 있어도 절차상 외부 검증은 받아야 한다.

작성 비용 분포를 보면, 1억~1억 5,000만 원이 37.5%로 가장 많고, 1억 5,000만 원 이상도 12.5%나 된다. 물론 2,000만 원 미만도 6.3% 있긴 하지만, 자산 규모가 작은 기업이라면 이 비용도 부담이다. 이건 단지 보고서 작성 비용이지, 실제로 ESG를 위한 개선 비용은 별개다. 중소기업으로선 ESG가 부담스러울 수밖에 없다. 그렇다고 안 할 수도 없다. 결국 이 부분에 대한 제도적 지원이 필요하고, 표준적인 가이드라인도 필요하다. 먼저 노하우를 쌓는 대기업이 중소기업에 노하우를 전수하는 플랫폼도 필요하고, 중소기업의 연착륙을 위한 일시적 면책 조항도 필요할 수 있다. 중요한 건 자산 규모와 상관없이 결국은 다 해야 한다.

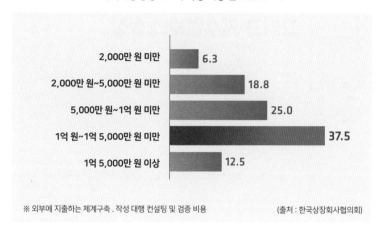

지속가능경영보고서 작성 비용 분포(단위 : %)

- 2,000만 원 미만 : 6.3
- 2,000만 원~5,000만 원 미만 : 18.8
- 5,000만 원~1억 원 미만 : 25.0
- 1억 원~1억 5,000만 원 미만 : 37.5
- 1억 5,000만 원 이상 : 12.5

※ 외부에 지출하는 체계구축 . 작성 대행 컨설팅 및 검증 비용   (출처 : 한국상장회사협의회)

지속가능경영보고서를 만드는 게 목적이 아니라, 지속가능 경영을 하는 것이 목적이 되어야 한다. 다양성보고서를 만들며 젠더, 인종, 인권 문제에 앞장서는 듯한 기업 중에서 실제로는 아쉬운 점이 많은 곳도 있다. 보고서 작성에 재생지를 사용한다며 자랑하듯 생색내지 말고 실제로 환경적 개선을 보여주는 데 신경 써야 한다. 국내 기업의 지속가능경영보고서, ESG보고서 중에는 신랄하게 비판받을 것도 수두룩할 것이다. 그만큼 지속가능경영보고서에서의 쇼잉, 워싱도 많기 때문이다. ESG 2.0 단계가 제대로 자리 잡기 위해서라도, 보고서 작성과 정보 공시가 중요하다. 제대로 측정해야 제대로 개선할 수 있기 때문이다. 그리고 투자의 중요 지표가 되었기 때문이다.

글로벌 금융위기와 ETF, 그리고 지수업계의 성장

2008년 미국발 글로벌 금융위기는 주식시장의 흐름을 바꿔놓았다. 뮤추얼 펀드가 지고, 인덱스(지수) 펀드와 인덱스 펀드를 주식시장에 상장해 쉽게 사고팔 수 있게 만든 ETF Exchanged Traded Fund, 상장지수펀드의 시대가 열렸다. 뮤추얼 펀드는 펀드매니저, 곧 사람이 종목을 고르고 펀드를 운용한다. 당연히 펀드매니저 운용 보수도 있다. 펀드매니저가 주도하는 시장에서 주가지수는 주식시장의 흐름을 파악하는 정보였을 뿐, 투자에서 절대적 힘을 갖지 못했다. 그런데 글로벌 금융위기 때 뮤추얼 펀드 수익률이 최악이었다. 반면 인덱스 펀드는 양호했다. ETF는 특정 지수의 성과를 추적하는 인덱스 펀드를 거래소에 상장해 주식처럼 거래할 수 있게 한 펀드다. 상장지수 펀드라고 부르는 이유가 바로 이 때문이다. 인덱스 펀드와 주식 거래의 장점을 모두 갖고 있기에 많은 투자자가 활용하는 투자상품이다.

인덱스 펀드는 뮤추얼 펀드와 달리 펀드매니저가 개입하는 게 아니라, 특정 지수를 추종하는 식으로 운용된다. 펀드매니저가 운용하지 않으니 운용 보수를 주지 않아도 되고, 수수료가 뮤추얼 펀드보다 훨씬 싸다. 2007년 전 세계 ETF 운용자산AUM 규모는 1조 달러 이하였는데, 2021년 11월 말 기준 9조 5,000억 달러를 넘었다. 10조 달러 시장이라 할 수 있는데 이중 70% 이상이 미국에서 운용된다. 뱅크오브아메리카BoA는 2025년까지 전 세계 ETF 운용자산이 25조 달러가 될 것이라고 예측했다. 그야말로 ETF의 시대다.

글로벌 금융위기는 ETF의 시대를 여는 문이었고, 지수업계index provider는 날아올랐다. 지수를 사용하는 대가로 인덱스 펀드와 ETF를 운용하는 증권사, 운용사들은 지수업계에 일정 비율의 수수료를 낸다. ETF 운용자산이 늘어날수록, 지수업계의 수익도 늘어난다. ETF의 시대가 되면서 지수업계의 가치는 역대 최고가 된 것이다. 지금까지 중 역대 최고이고, 앞으로 더 가치가 커질 가능성도 충분하다.

엄청난 기회가 있는 비즈니스지만 아무나 진입할 수 없다. 기존 지수업계 빅3가 구축한 데이터, 노하우, 전문인력, 시스템 등 규모의 경제를 쉽게 따라잡기 어렵고, 막대한 비용이 들 수 있는 데다 지수의 신뢰도를 쉽게 확보할 수 있는 게 아니다 보니, 새로운 지수를 만드느니 기존 지수사업자의 지수를 이용하거나, 새로운 지수 개발을 검증된 기존 지수업계에 맡기는 게 더 낫다.

자산, 산업, 국가, 테마, 규모 등 지수를 비롯해, 기업의 가치나 성장 모델, ESG, 탄소배출량 등 다양한 데이터를 반영해 지수를 만드는데, 지수사업자와 운용사가 협력해 지수를 개발하고, 이를 추종하는 ETF를 만든다. 새로운 지수와 새로운 ETF 상품이 계속 쏟아지는 식이다. MSCI가 만든 주식 관련 지수는 약 23만 개이고, S&P는 주식 관련 지수와 가상화폐 지수까지 포함하면 약 100만 개의 지수를 만들었다. 물론 이 숫자는 앞으로 계속 늘어난다. 지수가 투자의 기준이자 경쟁력이 된 ETF의 시대이기 때문이다.

전 세계 지수업계 빅3는 미국의 MSCI와 S&P, 영국의 FTSE Russell이다. 컨설팅회사 Burton-Taylor International Consulting에 따르면, 2020년 매출 기준 글로벌 지수업계 점유율은 MSCI 25%, S&P 24%, FTSE Russell 19%다. 이들 빅3가 70% 정도를 과점하고, 나머지 30%를 블룸버그, STOXX, IHS마킷, JP모건 등이 차지한다.

참고로, 최초의 지수는 다우존스다. 1882년, 미국 뉴욕의 월스트리트에서 찰스 다우Charles Dow, 에드워드 존스Edward Jones가 다니던 신문사를 나와서 새로운 회사를 차린다. 둘의 성을 딴 이름의 회사 다우존스Dow Jones & Company는 같은 신문사에 다니던 찰스 버그스트레서 Charles Bergstresser까지 합류시키며 시작되었다. 다우존스는 1884년에 주가지수를 산출해 발표하기 시작했고, 그 후로 여러 가지 지수를 만들었는데 1896년에 만든 다우존스산업평균DJIA 지수가 지금까지도 이어지며, 세계에서 가장 유명한 지수가 된다.

다우존스는 1889년에 〈월스트리트저널The Wall Street Journal〉을 창간했는데, 지금까지도 경제 분야에서 가장 영향력 큰 신문이다. 월스트리트가 전 세계 주식시장의 중심이고, 전 세계 경제에서도 핵심인데, 바로 다우존스가 월스트리트의 성장과 함께 큰 회사다. 시장 흐름을 읽는 일, 곧 트렌드를 잘 파악하는 일이자 시장이 쏟아내는 수많은 데이터를 잘 분석하는 일은 지금 전 세계 투자산업에서 중요도가 더 커졌다.

지수업계 빅3와 ESG 평가지수 빅3가 같은 건 우연이 아니다. 지수업계 빅3는 MCSI와 S&P, FTSE Russell이고, ESG 평가지수 빅3는 MCSI의 ESG Leaders 지수, S&P(DJSI)의 S&P 500 ESG 지수, FTSE Russell의 FTSE4Good 지수다.

지수업계 빅3가 각기 ESG 평가지수를 만들었고 가장 많이 쓰인다. ETF를 주도하는 지수업계 빅3가 왜 ESG 평가기관이 되어 ESG 평가지수를 만들었을까? 이유는 명확하다. ESG 평가지수가 돈이 되어서다. ESG ETF 시장이 뜨는 시장이고, 거기서 주도권을 갖기 위해선 ESG 평가지수의 영향력을 높여야 한다. ESG가 ETF 투자의 새로운 테마다. ETF 중 ESG ETF 비중이 아직은 작지만, 글로벌 투자기관들의 ESG 투자 확대는 거침없기에, ESG ETF도 계속 커질 수밖에 없다.

MSCI는 1999년부터 ESG에 해당되는 평가를 해왔으며, 기업이 공개한 정보, 정부 DB, 매크로 데이터 등을 활용하며, 평가받는 기업은 정보 검증 과정에 참여할 수 있다. ESG 영역별 10개 주제, 35개 핵심 이슈를 평가해 최상위인 AAA부터 최하위인 CCC까지 7개 등급을 부여한다. ESG 전체 평가에 대한 등급과 함께 E, S, G 영역별로도 각기 등급을 부여한다. 마치 전체 평균과 과목별 점수를 공개하는 셈이다.

S&P는 1999년 스위스의 자산관리회사 로베코샘RobecoSAM과 다우존스 지속가능경영지수DJSI, Dow Jones Sustainability Indices를 공동 개발했고, 2020년 1월 로베코샘의 지속가능경영 평가 부문Corporate Sustainability Assessment을 인수했다. DJSI는 전 세계 시가총액 상위 기업 대상으로 경영의 지속가능성을 분석하는데, 공통 평가 항목과 산업별 항목으로 총 80~120개 문항의 질문지를 평가대상 기업에 보내고 이에 대한 답변 내용을 기반으로 평가한다. 산업별 특성을 반영해 가중치를 부여하고, 평가 상위 10%는 DJSI의 주요 지수에 편입된다. FTSE4Good 지수는 유럽 시장의 대표적 ESG 지수로 기업의 공개된 정보를 기반으로 분기별로 평가하는데, 14개 주제별로 300개 이상의 지표가 반영된다. 부문별로 0~5점으로 점수가 매겨지며, ESG 전체 점수도 중요하지만 E, S, G 영역 중 기준 미달인 영역이 있으면 지수 편입에서 제외된다.

지수업계 빅3가 만든 ESG 평가지수 빅3 말고, 가장 많이 활용되는 서스테이널리틱스Sustainalytics는 공개된 정보 기반으로 ESG 리스크가 재무 가치에 미치는 영향을 측정한다. 점수는 0~50점으로 매겨지고, 리스크 등급이 표시된다. 리스크 평가가 중심이기에 점수가 높을수록 리스크가 크다는 의미다. 지속가능채권 가이드라인 검증기관이기도 하다.

ESG 열풍의 최대 수혜자 중 하나가 ESG 평가기관일 것이다. 투자기관이든 기업이든 다 ESG 평가기관의 평점을 중요하게 고려할수록, 해당 평가기관의 역할과 사업성, 위상은 커질 수밖에 없다. 앞서 글로벌 ESG 평가의 빅3+1 말고도, 국내외에 수백 개의 크고 작은 평가기관이 있는데, 단기간에 등장한 곳도 많다. ESG 평가기관은 골드러시 때의 곡괭이이자 청바지 같다고 해도 과언은 아니다.

ESG 평가는 과연 나쁜 기업과 좋은 기업을 가려내는 평가일까? 결론적으론 아니다. ESG 평가는 투자해도 될 만한 기업인지 아니면 투자하기에 리스크가 있는 기업인지 가려내기 위해 필요한 평가다. ESG 평가는 투자의 관점에서 만들어지는 것이지, 결코 시민사회를 위한 평가가 아니다. 결과적으로 이 평가로 기업이 변하고, 그것이 시민사회에도 영향을 줄 수 있겠지만, 그렇다고 ESG 평가를 기업이 착한지 나쁜지 판단하는 감정적 구도로 해석하는 건 무리다. ESG 평가의 목적은 점수 매겨서 등급 나누는 게 아니라, 평가를 통해 기업의 ESG가 진전되고 ESG를 중심으로 비즈니스가 전환되어 결국은 기업의 기업가치가 더 높아질 수 있게 하는 데 있다.

블랙 스완을 겪지 않기 위해 ESG가 필요하기도 하다. 글로벌 금융위기 때 예측하지 못한 위험에 크게 당했지만, 이제 ESG를 통해 충분히 정보를 공시해서 위험에 대한 예측 가능성을 높여 투자에서 리스크를 줄일 수 있어야 한다. 글로벌 금융위기가 ETF 시장에 날개를 달아준 것도, ESG에 날개를 달아준 것도 우연이 아니다. 금융자본으로선 다시금 금융위기, 경제위기를 겪지 않으려 하고, 그로 인한 손실도 피하고 싶다.

CSR, 워라밸, ESG의
공통점은 무엇일까?

CSR, 워라밸, ESG의 공통점은 바로 자본주의다. 그리고 영국이다. 등장 순서로 보면 CSR, 워라밸, ESG 순서다. CSR Corporate Social Responsibilities, 기업의 사회적 책임의 개념이 태동한 건 18세기 영국이다. 근대적 기업의 형태가 등장한 시기이고, 노동자의 생산성 향상에 대해 경영자들의 관심이 커지기 시작한 시기다. 18~19세기 노동자들의 주거환경과 교육, 의료, 위생은 열악했다. 노동자들은 문맹이 많았고, 병에 걸리는 경우도 많았고, 병에 걸려 무단결근하거나 전염병이 돌아 생산이 중단되는 일도 많았다. 결국 노동생산성을 향상시키기 위해 사내에 병원을 만들고, 직원주택을 건설해 주거환경을 개선했고, 숙련된 노동자를 경쟁사에 뺏기지 않으려고 임금을 올려주고, 직원과 직원 가족 전용의 학교와 체육시설 등을 만들었다. 이 모든 것이 CSR인 셈이다. 엄밀히는 노동자를 위해서, 사회를 위해서가 아니다. 노동생산성을 위해서, 자본의 이익을 위해서다. 영국은 산업혁명 후 노동조합 운동이 가장 먼저 시작된 나라라는 것도 CSR 태동과 무관하지 않다.

기업이 자선사업을 하는 것도 선의 때문만은 아니다. 자선단체, 시민단체가 본격 등장한 것은 19세기와 20세기 초다. 상당수는 종교를 기반으로 했다. 영국, 미국, 유럽 등의 기업가들 상당수가 가톨릭, 성공회, 개신교 등의 신앙을 가졌기에 종교를 기반으로 하는 자산단체에 후원하는 것을 중요하게 여겼다. 성공한 기업가 이미지를 드러내기에도 좋았고, 종교적 의무감을 드러내기도 좋았다. 이렇게 기업과 기업가의 후원으로 공익재단, 학교, 병원, 교회, 공원, 도서관, 공연장, 미술관 등이 지어졌고, 이것이 자본주의 사회의 사회적 인프라와 공동체의 기반을 만들었다. CSR이 대중에게 인식되고, 기업들이 본격적으로 CSR 활동을 한 것은 1990년대지만, 여전히 자선사업의 제한된 역할로만 인식하는 경우가 많다.

CSR이란 말이 나온 건 1950~1960년대 미국이다. CSR을 얘기하려면 밀턴 프리드먼과 하워드 R. 보웬을 언급해야 한다. 밀턴 프리드먼Milton Friedman, 1912~2006은 미국의 경제학자로 1976년 노벨 경제학상을 받았다. 그는 자유주의 시장경제의 옹호자로 정부의 시장 개입을 축소해야 한다는 입장을 계속 고수했다. 심지어 기업의 사회적 책임은 이익 극대화라고 주장한다. 기업이 번 돈을 사회에 공헌할 필요 없이, 기업이 돈 많이 버는 것 자체가 바로 사회를 위한 것이라는 주장이다. 기업이 돈 많이 벌면 고용이 늘어나고, R&D나

투자도 더 많이 하고, 이런 것이 결국 다 사회를 위해 기여하니까 기업은 이윤 극대화에만 집중하면 된다는 얘기다. 당시 기업이나 금융자본, 투자자본 입장에선 밀턴 프리드먼의 주장을 좋아할 수밖에 없다. 그러다 보니 금융제국주의의 앞잡이라는 비판도 많이 받았다.

하워드 R. 보웬Howard R. Bowen, 1908~1989은 미국의 경제학자다. 밀턴 프리드먼과 동시대를 살았지만 관점은 달랐다. 1953년에 출간한《기업가의 사회적 책임Social Responsibilities of the Businessman》을 통해 CSR에 대한 개념을 이론화했고, 전 세계로 CSR을 환기하는 데 기여했다. 사실 이때는 SR이었다. 앞에 C가 붙어 'Corporate Social Responsibilities'이 본격적으로 쓰인 건 1960년대부터다. CSR은 자선사업으로 다뤄지는 정도였다. 그 뒤로 조금 진전되긴 했지만, 여전히 자선사업이 중심이다. CSR은 기업 이미지 광고 키워드로 활발히 활용되었다. (지금은 ESG가 기업의 이미지 광고 키워드가 되었다.)

좋은 게 좋은 거라고 생각할 수도 있지만, CSR이나 ESG 자체가 문제가 아니라 CSR과 ESG를 다루는, 아니 이용하는 기업의 의도와 방향에 문제가 있다. 기업의 새로운 홍보 도구가 되고, 사회적 책임에 소홀한 기업에 면죄부를 주는지 의심하는 시선도 필요하다. 아울러 CSR을 자선이라고 치더라도, 적어도 자선에 쓰는 돈이 기업 자산인지 기업가의 개인 자산인지는 구분해야 한다. 상당수는 기업가 이름으로 기부하며 기업 자산을 쓴다. 특히 한국 재벌 기업 중 오너가 사회적 문제를 일으켜 이미지 쇄신 차원으로 기부할 때 오너 개인이 아니라 회사 돈을 쓰는 경우가 많기 때문이다.

워라밸Work and Life Balance은 1970년대 후반 영국에서 개인의 업무와 사생활 간의 균형을 묘사하는 단어로 처음 등장했다. 이 말과 유사한 개념인 직장 생활의 질The Quality of Work Life이라는 개념에서 시작되었다. 1972년 미국의 자동차 노동자들과 제너럴모터스가 국제노동관계 콘퍼런스를 공동으로 후원하면서 직장생활의 질을 노동개혁을 위한 포괄적 개념으로 사용했다. 워라밸은 일하기 싫어하는 사람이 만들어낸 말이 아니다. 직장이 전부이던 시대, 일만 하고 사생활은 보장되지 않던 시대에 나온 말이다. 이 말은 이후 기업에서 적극 사용하면서 당연해졌다. 엄밀히 자본주의가 적극 받아들인 말이다. 일을 더 잘하기 위해 필요했기 때문이다.

영국은 2000년 연금법을 개정해 주요 투자자들이 적용하는 ESG에 해당되는 요소를 공시하도록 의무화했고, 이로 인해 탄생한 것이 스튜어드십 코드Stewardship Code, 수탁자 책임에 관한 원칙다. 이는 유럽과 미국, 일본은 물론 한국으로도 확산되었고, 현재는 전 세계 주요 연기금이 도입하는 제도가 됐다. 기업의 지속가능성 향상이 목표인 유엔글로벌콤팩트가 설립된 건 2000년이다. ESG는 환경(E), 사회(S), 지배구조(G)와 관련한 많은 이슈를 모두 포괄해서 설명하기 위해 만들어진 용어이지, ESG라고 말하지 않았을 때도 지속가능성이란 이름으로 글로벌 자산운용사와 금융기관, 기업들이 사용했다.

자본주의가 태동한 영국에서 CSR에 이어 ESG도 태동했다. 산업자본에서 시작해, 금융자본으로 성장한 자본주의가 ESG를 선택한 건 결코 우연이 아니다. 가장 자본주의적인 영국과 미국, 그리고 유럽은 기업이 사업을 하면서 개인과 사회에 피해를 주면 법적 분쟁으로 이어져 막대한 배상책임이 부과될 수 있다. 기업에겐 리스크를 줄이는 건 중요한 숙제다. ESG를 가장 적극적으로 받아들이는 기업들이 있는 국가가 대부분 영국, 미국, 그리고 유럽인 것은 이런 배경과도 무관치 않다.

자본은 선의가 없다. 이익 없는 호의란 불가능하다. 그동안 세상은 당연한 것이 당연하지 않았고, 상식이 지켜지지 않았다. 자본주의는 세상의 이익보다는 자본가의 이윤이자 주주의 이득이 우선이었다. ESG에서 얘기하는 환경 문제의 주범도 자본주의였다. 사회적 책임이나 지배구조에서도 자본주의이자 자본가들에게 유리한 구도를 유지하기 위해서, 당연한 것도 당연하지 않게 하고, 상식도 교묘하게 잘 어겨왔다. 그러다 사회적 진화에 따라 세상의 눈치를 보면서 당연한 것 중의 일부, 상식 중의 일부를 조금씩 지켜나가기 시작했고, 그 과정에서 CSR을 선택했다. 기업과 자본에 CSR은 20세기의 선택이었다면, ESG는 21세기의 선택이다. 자본주의와 정치는 밀접하다. 정치가 적극 ESG를 외치는 이유는, 정치가 기업을 옥죄고 기업이 이윤을 사회에 더 내놓게 하려는 게 아니다. 기업이 가야 할 방향, 곧 ESG는 기업과 자본 모두에 이익이다.

자본주의는 왜 ESG를
미래로 선택했을까?

근대 자본주의가 시작된 나라가 왜 하필 영국일까? 자본주의의 기초를 마련한 《국부론The Wealth of Nations》(1776)을 쓴 애덤 스미스Adam Smith, 1723~1790와 산업혁명을 촉발한 증기기관을 발명한 제임스 와트James Watt, 1736~1819가 18세기 영국 사람이라는 사실은 우연일까? 18세기 산업혁명을 통해 자본주의가 태동한 나라가 영국인 건 절대 우연이 아니다.

1600년에 설립한 동인도회사를 통한 인도의 식민 지배를 비롯해, 아시아와 아메리카, 아프리카 등 식민 지배를 통한 세계화를 17~19세기까지 활발하게 펼친 제국주의 영국은 18세기 군사력이나 경제력에서 가장 강대국이었다. 가장 자본화되고 산업화된 나라, 최고의 기술과 인재가 모여드는 나라였다. 자본주의를 가장 먼저 경험한 나라에서 자본주의 이론이 태동하는 건 당연하다.

영국식 자본주의가 근대 자본주의가 되고, 그것이 현대 자본주의가 되고, 계속 스스로를 진화해가면서 지금까지 세상을 지배하는 것이 자본주의다. 이런 자본주의가 미래로 선택한 것이 ESG다. 흥미로운 건 자본주의가 태동한 영국에서 ESG에 가장 적극적이라는 점이다. 가장 자본주의스러운 미국에서도 ESG에 적극적이고, 전 세계 산업과 경제 주도권을 가진 글로벌 기업과 글로벌 금융자본도 ESG에 적극적이다. 아마 카를 마르크스를 비롯해 자본주의의 문제를 지적한 수많은 경제학자와 이론가들이 보면 자본주의가 생존을 위해 ESG를 적극 선택한 상황에 놀라움을 금치 못할 것이다. 사악하고 탐욕적인 자본주의가 아니라, 지속가능한 자본주의가 우리 눈앞에 등장했기 때문이다. 자본주의는 19~20세기 공산주의의 도전을 받았으나 결국 승자가 되었다. 자본주의가 문제없고 완벽해서가 아니라, 자본주의의 문제를 자본주의 스스로가 해결해가며 생존한 것이다.

지금은 자본주의가 적극 선택한 ESG의 요소들이 과거엔 자본주의를 위협하는 것들이었다. 좌파가 주장하고 우파가 반대하던 경제 정책이 시대가 바뀌니 자본주의 최전선에서 주장하고 있다. 자본주의는 결코 착하고 선하지 않다. 특히 금융자본은 더 그렇다. 그런 자본주의가 ESG를 적극적으로 선택했다는 것을 단순하고 순진하게만 받아들여서는 안 된다. 의도와 목적, 배경에서 그 답을 찾아야 하고, 그것이 한국 기업과 한국 경제, 한국의 노동자에게 어떤 영향을 줄지도 봐야 한다.

애덤 스미스가 《국부론》에서 얘기한 "기업과 개인의 경제활동의 자유를 최대한 보장하고 국가의 간섭은 최소화해야 한다"는 자유방임주의 경제학이자 자본주의의 기본 전제다. 지금의 ESG 경영 열풍은 애덤 스미스가 살아나서 봐도 놀랄 것이다. ESG가 경제활동의 자유를 꽤 많이 제한하는 것이다. 다만 국가의 간섭이 아니라 기업들이 나서서 스스로가 누리던 자유를 포기하면서 새로운 기회를 도모한다. 이 또한 자본주의가 새롭게 진화하는 셈인데, 과연 이런 경영적, 산업적 트렌드가 경제와 정치, 사회에 어떤 영향을 줄까? 이 질문이 바로 우리 모두의 관심사이자, 지금 시대에 가장 중요한 빅 퀘스천이다. ESG가 대세가 되는 건 분명하지만, 절대 모두를 만족시킬 장밋빛 미래도 아니고, 기업을 위한 만능 키워드는 아니다. 글로벌 자본주의의 진화가 한국적 자본주의와 어떤 대립을 이룰지, 한국 기업이 글로벌 기업들과 경쟁에서 더 불리할지도 생각해보아야 한다.

자본주의가 ESG를 적극적으로 민다. 금융자본과 투자기관, 기업의 경영자들이 열심히 ESG를 외치며, 환경과 사회적 책임, 노동과 윤리, 지배구조 문제를 꺼낸다. 과거엔 이런 문제는 기업의 경영자도, 금융자본도, 자본주의도 꺼리던 것들이었다. 환경단체, 노동단체, 각종 NGO에서 주로 기업과 자본주의를 압박하고 공격하면서 제기하던 문제였다. ESG 2.0 단계에서 환경단체나 노동단체, NGO의 역할은 어떻게 될까? ESG 3.0 단계가 되면 이들의 역할은 사라져 역사 속으로 묻히지는 않을까? 특히 환경단체나 노동단체는 진화가 필요하다. 시대가 바뀌고, 자본주의가 진화해 변신하면 그에 따라 시민사회단체이자 사회적 진보를 도모하는 이들의 역할과 전문성에서도 진화가 필요하기 때문이다.

　세계 경제의 주도권은 산업자본에서 금융자본(투자자본)으로 넘어간 지 오래다. 자본주의는 진화를 통해 위기를 극복하며 더 견고하게 살아남았다. 21세기 자본주의의 위기를 초래한 주범은 금융자본이었다. 자본주의의 성장을 이끌기도 했지만, 그들이 결국 글로벌 금융위기도 발생시켰다. 금융자본과 금융산업은 타격을 받긴 했지만 교훈도 많이 얻었다. 아이러니하게도 위기 속에서 ESG는 성장했다. 그중에서도 탄소중립 이슈는 새로운 투자 상품이자 자본의 무기가 되었다. 기후위기를 초래한 주범은 산업자본이다. 이 위기는 기후에만 그치지 않고 세계 경제 전체에 영향을 미친다. 결국 투자자본은 ESG 투자를, 산업자본은 ESG 경영을 선택할 수밖에 없었다. 자본주의는 ESG를 선택했다.

오염 엘리트
: 기후위기에 대한 경제 선진국의 책임

   오염 엘리트polluter elite는 영국의 글로벌지속가능연구소Global Sustainability Institute 연구원인 다리오 케너Dario Kenner가 2019년에 출간한《Carbon Inequality : The Role of the Richest in Climate Change(탄소 불평등 : 기후위기에서 부유한 사람들의 역할)》에서 언급된다. 이 책은 2015년 그가 쓴 논문 〈Inequality of Overconsumption : the Ecological Footprint of the Richest(과잉소비의 불평등 : 부유한 사람들의 생태 발자국)〉에 기반하고 있다. 오염 엘리트는 소비에서의 탄소배출만 얘기하는 건 아니다. 선진국과 부유층은 탄소배출을 하는 산업과 경제 체제에서 부를 이뤘다. 그들의 부에 탄소배출이자 환경오염이 포함되어 있다. 이들에게 책임을 더 무겁게 하는 건 결자해지結者解之 차원이기도 하다.

   오염 엘리트라는 말은 2019년부터 본격적으로 쓰이기 시작해,

2020년 옥스팜Oxfam 보고서에서 적극 제기했고, 2021년 영국 케임브리지대학교 지속가능성위원회Cambridge Sustainability Commission 보고서에서도 중요하게 제기했다. 물론 아직도 대중에게 보편적으로 쓰이는 말은 아니지만, 앞으로 중요하게 언급될 것이다. 탄소배출과 소득 불평등의 관계에 대한 연구는 영국에서 주로 많이 제기되고 있다. ESG도 영국에서 가장 먼저 시작되었다. 환경과 기후위기에서 부자의 역할, 기업의 역할은 분명히 있다. 산업화와 자본주의가 태동한 나라에서 이런 문제를 늘 먼저 고민하고 연구한다는 건 자본주의의 진화와도 연관된다. 오염 엘리트라는 화두가 제기된 것은 부자를 지탄하기 위해서도, 소비를 위축시키기 위해서도 아니다. 소비의 방향에서의 진화, 기업의 적극적인 환경 대응과 ESG를 통해 지속가능한 비즈니스를 하기 위해서다.

국제구호개발기구 옥스팜과 스톡홀름 환경연구소SEI가 공동으로 연구한 보고서 〈탄소 불평등 시대Carbon Inequality Era〉(2020. 9.)에 따르면, 1990년부터 2015년까지 누적 탄소 배출량의 52%가 소득 상위 10%에서 나왔다. 그리고 그 기간 동안 전 세계에서 쓴 탄소 예산의 31%를 이들이 사용했다. 상위 10%가 탄소배출을 압도적으로 한 데다, 관련 예산도 더 많이 썼다는 것이다. 하위 50%가 누적 탄소배출량의 7%를 차지하고, 사용 가능한 탄소 예산 중에서 4%만 사용한 것과 비교해보면 확실히 오염에서도 빈부격차이자 불평등이 심각히 드러난다. 특히 상위 1%는 누적 탄소배출량의 15%를 배출했고, 탄소 예산은 9%를 썼다.

1990년부터 2015년까지 증가된 탄소배출량에서도 상위 1%가 19%, 상위 10%가 46%를 차지하지만, 하위 50%는 6%에 불과했다. 소득과 탄소배출이 비례 관계인 건, 소득이 소비와 비례하기 때문이고, 소비가 환경오염과 연결되기 때문이다.

우리가 쓰는 물건을 만들기 위해선 물, 에너지, 자원이 필요하고, 탄소와 각종 오염물질이 배출된다. 그 물건을 유통하는 과정에서도, 다 쓴 물건을 폐기하는 과정에서도 환경오염은 계속된다. 소득이 많을수록 더 많이 소비하고, 집이나 자동차를 비롯해 더 많은 것을 소유한다. 더 자주, 더 멀리 여행 가고 비행기도 더 많이 탄다. 모든 사람이 균등하게 소비하고, 균등하게 오염시키는 게 아니다. 결국 탄소배출에서 부자의 책임은 현실적으로 존재한다. 부자가 사악해서가 아니라 더 많은 문명과 소비를 누리기 때문이고, 지금 우리가 누리는 문명과 소비는 전기와 에너지 등 탄소배출과 연결되어 있다.

1990~2015년까지 25년간 누적된 탄소배출량과 1850~1989년까지 140년간 누적된 탄소배출량이 비슷하다. 과거에 비해 최근 25년간 엄청나게 탄소를 배출했다는 것만큼이나, 탄소배출에서도 양극화가 심각하다는 것을 주목해야 한다. 곧 모두가 아니라 상위 10%에게 탄소배출량을 절감하기 위한 노력이 더 시급하다. 양극화는 매년 더 심화된다. 팬데믹 기간 동안에도 계속 심화된다. 탄소배출량이 심각하게 늘어나는 데 소득 상위층의 책임은 분명하다. 그래서 나온 말이 오염 엘리트다.

한국은 국가별 탄소배출량에서 최상위권이다. 1인당 탄소배출량에서도 최상위권이고, 탄소배출량 상위 대도시 순위에서도 서울은 세계 최고다. 1인당 플라스틱 폐기물에서도 최상위권이다. 음식 배달 서비스가 한국만큼 편리한 나라가 있을까? 온라인 쇼핑을 하면 새벽에도 배송되고 실시간으로 배송되는 나라다. 물건뿐만 아니라 포장재도 함께 온다. 뭐든 빠르고, 극단적으로 편리하다. 이렇게 살아도 되나 싶을 정도로 우린 너무 편리를 당연시 여기며 산다. 이것이 장점이라고 여겼다면, 이젠 생각을 바꿔야 한다. 우리의 행동과 라이프스타일이 바뀌지 않으면, 결국 쓰레기 대란, 환경오염이나 탄소배출이 초래할 위기가 고스란히 부메랑이 되어 우리가 감당할 수밖에 없다. 분명 한국인은 글로벌 기준으로 보면 확실히 오염 엘리트다. 결국 탄소배출량 상위 국가이자 경제 선진국에서, 선두 기업들에서 더 많은 책임을 지기 위해 적극적으로 나서야 한다. 이것은 정치와 경영 모두에서 부각되어야 할 ESG 리더십의 전제다.

오염 엘리트는 정책과 마케팅 모두의 숙제다. 2021년 4월, 영국 케임브리지대학교 지속가능성위원회가 발표한 보고서에선 오염 엘리트들이 생활방식을 극적으로 바꿔야 한다고 주장했는데, 지구 기온 상승을 1.5도 이내로 억제하기 위해서는 2030년까지 상위 1%는 탄소배출량을 최소 30배 줄여야 하고, 오히려 하위 50%는 현재 수준에서 3배까지는 배출량을 늘려도 된다고 했다. 냉난방이나 육상 운송 등에서 제대로 된 혜택을 누리지 못하는 하위 50%는 삶의 질을 높이기 위한 차원에서 오히려 탄소배출을 늘려도 좋다는 건, 그만큼 지금 온난화와 기후위기의 책임은 선진국에 있다는 인식이다. 소득 상위 10%는 북미, 유럽에 가장 많고, 한국을 비롯한 선진국과 경제력 있는 OECD 국가들에 상대적으로 많이 살고 있다. 이미 책임도 인식하고 있고, 문제 해결에도 적극 나서야 하는 걸 알고 있다.

2021년 4월의 기후정상회의에서 조 바이든 미국 대통령은 2030년까지 미국의 온실가스 배출량을 2005년 대비 절반으로 줄이겠다고 선언했다. EU는 2030년 온실가스 배출량을 1990년 대비 55%로 줄이고, 영국은 68% 줄이겠다고 했다. 미국, EU, 영국 등이 감축 목표가 대폭 낮아졌다. 2015년 프랑스 파리에서 열린 유엔기후변화협약UNFCCC 당사국총회COP21에서 197개 회원국이 지구의 평균 온도 상승폭을 산업화 이전(1850~1900년)보다 2도 아래로 유지하고, 1.5도로 제한하도록 노력하는 것에 협의했는데, 이것이 바로 파리기후협약이다. 2015년에 주요 국가들이 2030년까지 감축하겠다는 목표보다 2021년에 선언한 목표가 더 낮아졌다. 이건 파리기후협약 이후 선언과 달리 실제로 소극적인 경우도 많았고, 팬데믹을 계기로 기후위기 이슈가 더더욱 중요해졌기 때문이기도 하다.

기업은 부자 고객에게 오염 엘리트라는 소비의 죄책감, 부담감을 느끼지 않도록 하는 오염 엘리트 마케팅을 해야 한다. 분명 그들의 소비가 오염에서 차지하는 비중이 높긴 하나, 이건 비용 부담으로 해결할 문제이지 이들의 소비를 위축시켜선 안 된다. 기업에 따라선 전체 고객 숫자보다 VIP 고객 숫자가 훨씬 더 중요한 곳이 많

다. 오염 엘리트를 정책이 아닌 기업의 마케팅 차원에서 해소할 대
안을 찾아내는 것도 중요해졌다. 가령 전기 비행기나 전기 요트 등
으로 부자들이 비행기나 요트를 소유할 때 대안을 만들어주는 것
이다. 럭셔리 브랜드들이 탄소배출 절감과 지속가능성에 대한 노
력을 더 많이 하는 것도 이런 이유다. 소비를 주저하게 만들어선 안
되는데, 그 이유가 환경적 이슈라면 그것을 해결해주는 것도 기업
마케팅의 역할이다.

　오염 엘리트는 분명 팩트다. 그렇다고 부자를 지탄하는 게 핵심
이어선 안 된다. 환경 부담금을 더 부과하고, 그들의 행동 변화도
이끌어야 한다. 아울러 부자의 소비 품목을 만드는 기업이 탄소발
자국 감소와 지속가능성을 위해 적극적으로 변화해서, 결과적으로
는 부자에게 드리워진 오염 엘리트의 오명을 벗겨야 한다. 이건 우
리의 숙제가 아니라 기업의 숙제다. 그리고 정책의 숙제이기도 하
다. 이 숙제를 푸는 답이 결국 ESG다.

만약 애덤 스미스가
ESG 열풍을 본다면?

       자본주의는 국가의 개입을 원하지 않았다. 애덤 스미스가 말한 "기업과 개인의 경제활동의 자유를 최대한 보장하고 국가의 간섭은 최소화해야 한다"는 아직도 세계 자본주의의 기본 전제다. 그런데 점점 자본주의의 중심축인 금융자본이자 기업(산업)자본이 국가의 간섭이자 개입을 늘려간다. 이건 자본주의의 생존을 위한 진화다. 국가의 개입이 확대되는 것이지만 엄밀히 이런 개입의 방향과 내용은 자본주의가 정한다는 사실을 주목해야 한다. 국가의 간섭과 개입을 자본주의에 유리한 범위 내에서 허용하는 전략이기도 하다.

    CSR이 초기적 방법이라면 ESG는 더욱 진화된 방법이다. 자본주의의 생존을 위한 영악한 진화인 ESG를 우린 좀 더 냉정하게 봐야 한다. 자본주의의 변화 노력을 폄훼하자는 건 아니다. 자본주의의 변신과 진화는 분명 대단한 일이고, 자본주의의 생존력도 박수를 보낼 정도다. 하지만 ESG를 마치 정치나 시민사회가 만들어낸 성과인 양 오해하진 말자. 온전히 자본주의의 선택일 뿐이다. 기본소득과 로봇세를 가장 적극 주장하는 이들이 빌 게이츠, 일론 머스크 같은 기업 창업자이자 자본가라는 사실과도 맞닿아 있다.

확실히 자본주의는 진화했다. 주주도 노동자도 소비자도 사회도 신경 쓰면서, 때론 약자의 편을 든다. 그럼에도 자본의 편이자 주주의 편이고, 여전히 기업의 이익, 자본의 이익이 우선이다. 이건 앞으로도 바뀌지 않을 것이다. 아마 애덤 스미스가 살아서 지금의 ESG 열풍을 본다면 자본주의의 진화에 박수를 칠 것이다. 국가를, 아니 전 세계 경제를 완전히 장악한 자본주의의 힘에도 박수를 칠 것이다. 그리고 ESG 2.0을 지나 ESG 3.0으로 전진하길 촉구할 것이다.

미래에도 결국 자본주의는 살아남는다. 자본주의는 그동안 계속 진화해왔고, 지금도 미래를 위해 진화하고 있다. ESG는 자본주의가 선택한 진화의 일환이다. 투자자본도, 기업도 ESG

18세기 자유방임주의 경제학자 애덤 스미스. 그가 살아서 지금의 ESG 열풍을 본다면 자본주의의 진화에 박수를 칠 것이다. 그리고 ESG 2.0을 지나 ESG 3.0으로 전진하길 촉구할 것이다.

를 통해 지속적 이익을 도모한다. 정치도 사회도 심지어 NGO도 ESG를 지지하고 동조한다. 투자자본이나 기업 입장에선 ESG를 하는 것이야말로 지속가능한 비즈니스를 위한 기반이 될 수밖에 없다. ESG 경영을 한다는 것이 기업이 공익단체가 된다는 게 절대 아니다. 기업에게 ESG 경영은 새로운 경영 전략이고, 금융자본에게 ESG는 새로운 투자 전략이다. 세상을 아름답게 만들고, 모든 사람을 행복하게 만들려고 ESG를 꺼낸 게 아니다. ESG를 한다고 노동자가 주인이 되고, 사회가 더 살기 좋아진다고 오해하지 말라. 오히려 NGO의 위상은 약해지고, 자본주의의 견제 세력은 존재 기반을 잃을 수 있다. ESG는 자본주의의 진화 코드로 작용한다.

왜 Part 5에서 자본주의와 ESG의 관계 이야기를 비중 있게 다뤘을까? ESG에 대한 본질적 이해를 통해 ESG를 적극 받아들이고, ESG 2.0에 나서길 바라서다. 우린 자본주의 사회에서 살고 있다. 앞으로도 그럴 것이다. ESG는 자본주의의 선의에서 비롯한 화두가 아니다. ESG는 자본주의의 생존과 진화를 위해서 나온 화두다. ESG를 할지 말지 선택할 권한은 우리에게 없다는 것을 각인시키고 싶었다. 그동안 자본주의가 위기를 극복하며 진화를 거듭해 생존해왔고, 전 세계를 장악했다. 공산주의, 사회주의를 지향하는 일부 국가가 있긴 해도 그들도 엄밀히 자본주의화되었다. 자본주의가 선택한 ESG, 결국 자본주의의 미래면서 우리의 미래다.

Part 4

ESG 2.0 :

본격적 ESG 투자와

비즈니스 전환 단계

ESG는 누굴 위해 존재하는가? 누굴 위해 필요할까? 앞서 Part 1, 2에서 다뤘듯이 기업도, 투자자본도 ESG를 통해 비즈니스 기회를 도모하고 있다. ESG는 자본주의가 선택한 미래다. ESG 2.0으로 진화도 결국 자본주의의 선택이다. 이제 이익이 되는, 돈이 되는, 구체적인 ESG를 얘기할 시기다. ESG 2.0은 ESG가 가야 할 방향이고, 기존 ESG에 대한 초기의 접근과 질적 차별화를 두기 위해서 ESG 2.0으로 구분한 것이다. 기존 ESG 1.0과 선을 그어야만, 소극적, 방어적, 추상적 ESG 1.0에서 벗어나야 적극적, 공격적, 구체적, 선제적 ESG 2.0으로 갈 수 있다. 사실 ESG는 갈 길이 멀다. 넷제로만 해도 2050년이다. 수십 년이 걸린 일이다. 그러니 긴 호흡이 필요하다. ESG 1.0에서 단기적, 근시안적으로만 봤다면 이젠 중장기적이고 다양한 스펙트럼으로 ESG를 바라보아야 한다.

왜 ESG 2.0이
필요한가?

ESG 1.0의 주도권은 투자자본에게 있었다. ESG를 하지 않으면 투자받지 못하고, 위기에 내몰릴 수 있다는 생각에 등 떠밀려 ESG에 나섰던 기업들이 많다. 이렇게 ESG를 이해하다 보니 방어적일 수밖에 없었다. 하지만 ESG 2.0에선 ESG를 하면 기회가 생긴다는 인식으로 기업들의 비즈니스 전환이 본격화된다. ESG 2.0은 기업 경영을 위해 필요한 화두다. ESG의 주도권을 기업이 갖기 위해선, ESG와 연결되는 비즈니스 모델을 발굴하고 실질적인 성과를 만들어내는 게 중요하다. 비용이 투자로 바뀌려면 결국 비즈니스가 되어야 한다.

물론 한국 기업들은 ESG 2.0은커녕 아직 ESG 1.0도 제대로 못하는 경우가 많다. 하지만 글로벌 선도 기업들은 이미 ESG 2.0 단계로 진입했다. 한국 기업들이 후발주자라고 글로벌 비즈니스가 배려해주지도 않는다. ESG 2.0 단계로 진입하는 기업이 늘어날수록, 그렇지 못한 기업과의 격차는 더 벌어진다. 그리고 이 격차는 고스란히 비즈니스에서 기회와 위기를 가를 것이다.

솔직히 기업 입장에선 ESG를 번거롭게 여길 수도 있다. ESG를 위해 사업하는 게 아니라, 사업을 하려다 보니 ESG가 필요하기 때문이다. ESG의 시작은 투자자본이 했고, 기업은 이들이 주도하는 흐름에 대응하기 급급했다. 이제 ESG의 주도권은 투자자본이 아니라 기업자본과 경영으로 넘어간다. ESG를 통해 투자자본의 투자 리스크를 줄이는 데만 역할하는 것이 아니라, 궁극적으로 기업의 비즈니스 성과를 높이고, 지속가능하게 비즈니스하는 역할이 ESG 경영의 주 역할이어야 하기 때문이다.

그동안 CSR에서 보였던 전략으로 ESG를 다뤄서는 안 된다. 지금까지 한국 기업들은 ESG 경영의 목적과 방향, 방법을 제대로 몰라서 ESG를 맹목적으로 예찬하거나, 추상적이고 개념적으로만 이해하는 데 머물렀다. ESG의 본질은 외면한 채 마케팅 키워드로 써먹는 데만 급급한 이들도 많았다. 이들이 ESG 버블을 일으켰고, ESG 워싱과 쇼잉도 저질렀다. ESG 회의론과 한계론이 나오는 원인도 제공했다. 맹목적 ESG 예찬은 ESG를 새로운 투자 테마로 만들어 이득을 보는 집단, ESG를 사회적 면죄부인 양 활용하는 집단, ESG를 유행처럼 만들어 기회를 도모하려는 집단과 개인에게만 유리하게 작용할 뿐이다.

ESG 투자는 금융자본이자 투자자본의 이익을 위한 선택이고,

ESG 경영은 엄밀히 기업의 이익을 위한 선택이다. 사회와 국민을 위해서 하는 게 아니다. 결과적으로 사회에 이득이 될 수는 있겠지만 애초에 목적은 그게 아니다. ESG를 좀 더 냉정하고 객관적으로 바라보고 구체적으로 대응하는 것이 우리에게 필요하다. 그것이 ESG를 사회와 개인이 받아들이는 방향이어야 하고, 그것이 ESG 투자와 ESG 경영에서도 지속가능성을 근본적으로 이끌어낼 동력이 된다.

ESG의 개념을 이해하고, 리스크 대응이자 방어 차원에서 탄소감축과 지배구조 개선 등에 나서기 시작한 것을 ESG 1.0이라고 한다면, ESG 2.0은 지속가능한 비즈니스를 위해 공격적인 ESG 경영을 시작하는 것을 의미한다. 투자자본이 요구해서 어쩔 수 없이 마지못해 하던 ESG 1.0에선 어떻게 하면 덜 나쁜 기업이 되느냐가 관심사였다. ESG를 위해 쓰는 돈을 비용으로 봤다. ESG 2.0에선 더 나은 기업이 되느냐가 관심사다. ESG를 비용이 아닌 투자로 본다. 당연히 더 적극적인 ESG 전략을 펼치게 되고, ESG를 통해 지속가능성과 성장을 도모한다. ESG라고 해놓고선 E에만 집중하고 S와 G에는 다소 소극적이었던 ESG 1.0과 달리, S와 G에 대한 활동도 대폭 늘려서 궁극엔 E, S, G 모두 중요 비중으로 다루는 것이 ESG 2.0이다. 왜 이렇게 진화하는 걸까? 결국 ESG이자 지속가능성이 글로벌 비즈니스를 주도하는 흐름이라는 것을 인정해서다. 잘 모른다고 변화가 멈춰주지 않듯, 거부한다고 변화가 피해가지도 않는다. 변화의 흐름에서 벗어나는 건 결국 도태와 위기를 부를 뿐이다.

ESG 1.0과 ESG 2.0은 무엇이 다른가?

투자업계가 바라보는 ESG 2.0, ESG 평가 및 컨설팅 업계가 바라보는 ESG 2.0, 기업 경영에서 바라보는 ESG 2.0은 조금씩 다를 수 있다. 이해관계에 따라, ESG를 통해 기대하는 부분의 차이나 목적에 따라 ESG 2.0을 바라보는 시각은 차이 날 수 있다.

이 책에선 기업 경영의 관점을 중심으로 ESG 2.0을 다룬다. 결국 ESG의 주도권은 ESG 경영이 가져야 한다는 생각 때문이기도 하고, ESG에서 기업(산업)자본의 역할이 가장 중요하다고 생각하기 때문이다.

먼저 ESG 1.0과 ESG 2.0을 다음의 표로 비교해봤다. 좀 더 쉽게 이해하기 위해, 둘을 비교하기 위해 대비되는 표현을 일부러 썼다.

ESG 1.0은 경영의 관점으로 보면 리스크 대응에 급급한 방법적 접근이라면, ESG 2.0은 본격적으로 리스크 관리 체제를 구축하고

ESG 1.0과 ESG 2.0의 주요 특징

구분	ESG 1.0	ESG 2.0
단계	ESG 개념 이해와 체계 구축, 목표 선언 단계 (방어적 ESG 경영)	본격적 ESG 투자와 비즈니스 전환 단계 (공격적, 선제적 ESG 경영)
주요 특징	· 투자자본이 주도하는 ESG (기업은 방어와 리스크 대응 차원으로만 접근)	· 기업(경영)이 ESG 주도권에 다가감 (선제적이고 전방위적인 리스크 관리)
	· ESG를 하지 않으면 위기라고 인식	· ESG를 하면 기회라고 인식
	· ESG 중 E에 편중 (그마저도 제한적)	· ESG 중 S, G의 중요성이 커지고, E는 확대
	· 탄소배출량 Scope 1, 2 단계 관리	· 탄소배출량 Scope 1, 2, 3 단계 모두 관리
	· 소극적 공시 (공시 부실)	· 체계적 공시 시스템 구축
	· 형식적 지속가능보고서 발간	· 실질적인 지속가능보고서, ESG보고서 발간
	· ESG 예산을 비용으로 인식 (소극적 집행)	· ESG 예산을 투자로 인식 (적극적 집행)
	· 경영진과 이사회의 ESG 이해도가 낮음 (ESG 위원회의 전문성 부족)	· 경영진과 이사회가 ESG를 비즈니스 모델로 인식 (ESG 전문성 높은 경영진이 포함)
	· ESG 부서 신설 (CSR 부서가 ESG 부서로 전환)	· ESG 부서의 위상, 영향력 증대 (전사적 ESG 체제)
	· ESG 워싱, ESG 쇼잉 발생	· ESG 워싱, ESG 쇼잉 지양, 근절

공격적, 선제적으로 ESG에서 기회를 찾는 접근이다. 한마디로 하면 ESG 1.0은 'ESG에 돈만 쓴다'이고, ESG 2.0은 'ESG로 돈도 벌수 있다'가 될 것이다. ESG 1.0에선 투자기관이 단독 주연이었다면, ESG 2.0에선 기업(경영)이 공동 주연이 되는 것이다. ESG 투자의 위상이 줄어드는 것이 아니라, ESG 경영의 위상이 올라가는 것이다. 이 과정에서 평가기관과 컨설팅기관은 더욱더 비중 있는 조연이 되고, 전문성이 떨어지는 기관에 대한 옥석 구분이 확실히 된다. 과연 당신은, 당신이 속한 기업은 지금 어느 단계에 있는가? 자신의 ESG에 대한 이해도는 어느 단계에 있는지 생각해보라.

ESG 1.0 : ESG 개념 이해와 체계 구축, 목표 선언 단계

경영진과 이사회에서 ESG에 대한 이해도가 낮다. 일부 실무자만 열심이다. CSR의 연장선상에서 ESG를 다룬다. CSR 부서가 ESG 부서로 탈바꿈하거나, ESG 위원회를 만들어도 위원 구성이 ESG에 식견 있는 전문가들이라기보다 인지도 있는 교수와 관료, 법조인 출신 중심이다. ESG를 탄소배출 감소 정도로만 제한적으로 보거나, 하고 싶진 않지만 하긴 해야 하니 최소한으로 소극적으로 한다. 지속가능경영보고서를 만들기는 하지만, 보고서는 보고서일 뿐 경영에서 보고서 내용이 중요하게 다뤄지지 않는다. ESG를 대외 홍보 관점으로 보기도 하고, ESG에 소요되는 예산을 비용 정도로만 본다. 어떻게든 최소한의 비용으로 최대의 효과를 내는 데 관심 있고, ESG 쇼잉과 ESG 워싱을 할 수밖에 없는 경영 환경이다.

ESG 중에서도 E에만 편중되는데, 그 또한 예산은 제한적이다. S, G 는 최소한의 수준이다.

ESG 2.0 : 본격적 ESG 투자와 비즈니스 전환 단계

기업 간 ESG 격차가 새로운 기업 경쟁력으로 부각되는 단계이며, 자사 외에 협력사와 공급망까지도 다 관리하기 시작한다. 탄소 배출 감축 대상이 직접 배출량(Scope 1)과 간접 배출량(Scope 2)을 넘어, 간접 총배출량(Scope 3)까지로 확대된다. 탄소배출 말고 S, G 영역에서도 협력사와 공급망까지 다 관리해야 한다. 리스크 관리 범위가 확대되는 셈이다. 경영진과 이사회에서 ESG에 대한 중요성을 인지하고 있고, ESG 개선을 위한 예산을 비용이 아닌 투자로 인식한다. ESG를 활용하는 실질적 비즈니스 기회 창출에 주목하고, ESG 중심의 비즈니스 모델을 적극 발굴한다. 투자기관이 주도하는 ESG에 대응해 방어적인 ESG를 하는 것에서 벗어나, 본격적인 ESG 경영이 시작되는 단계다. 전사적인 ESG, 곧 모든 부서가 모든 업무에서 ESG를 직접 관계 있는 영역으로 인식하고 대응한다. ESG 전담부서에서 조직 내 주요 부서에서 각기 해야 할 ESG 활동에 대한 정보 수집과 평가를 구체적으로 하고, 이를 토대로 공시한다. ESG 정보 공시 체계 구축도 필수적이다. ESG 워싱과 쇼잉을 지양하고, ESG와 연결된 비즈니스 모델 발굴에도 나선다. ESG 중에서 S, G에 대해서도 중요하게 다루고, E에 대한 투자는 아주 적극적이다.

ESG 3.0 : ESG 중심의 비즈니스 단계

ESG 2.0이 완결이 아니기에 그다음 단계에 대해서도 방향성
은 언급해둘 필요가 있다. ESG 3.0 단계에선 경영진과 이사회에서
ESG를 직접 챙기고 책임감을 갖는다. 경영 활동에서 가장 중요한
부분으로 인식한다. 특히 CEO와 이사회 의장은 ESG에 아주 정통
하고 전문성을 가진 사람이 된다. ESG를 모든 경영 활동과 사업에
서 내재화하고, 이를 통해 비즈니스의 지속가능성과 함께 경영 성
과도 개선시킨다. ESG 관련 공시는 아주 투명하고 성실하게 한다.
E, S, G 모두 중요하게 다루고, 예산 투자도 적극적이다. ESG를 통
해 지속가능한 경영, 지속가능한 비즈니스를 실현해가는 단계다.
ESG로 본격적으로 돈 버는 단계, ESG가 비즈니스의 중심이 되는
단계다. ESG 2.0 단계를 제대로 이행해야 ESG 3.0 단계로 갈 수 있
다. 결국 투자기관이나 기업(경영)이나 다 이 단계를 지향한다. 이
것이 ESG가 가진 궁극의 방향이다.

누가 ESG 2.0 화두를 제기하는가?

MSCI Morgan Stanley Capital International, 모건스탠리캐피털인터내셔널는 2022년에 주목할 ESG 트렌드를 제시한 보고서 〈2022 ESG Trends to Watch〉(2021. 12.)를 발표했다. 기후 최 우선, ESG 주류화, 새로운 위험과 기회라는 3가지 테마에 총 10가지 ESG 트렌드를 제시했다. ESG 중에서도 E, 그중에서도 기후위기 대응 이슈가 가장 중요하기에 '기후 최우선'이란 테마가 먼저 꼽히는데, 여기에 뉴 아마존 효과 (글로벌 대기업이 공급망 전반에 온실가스 배출 절감을 요구하는 현상)가 가장 먼저 나온다. 공급망의 배출량을 감축하는 압박이 2022년에 더 가중될 텐데, 이는 Scope 3까지 관리하는 ESG 2.0에 해당되는 내용이다. 아울러 정보 공개가 불투명한 비상장기업에 대한 온실가스 배출량 공시 요구, 석탄 발전 투자에 대한 주주개입이 증가하는 행동주의 투자, 녹색채권에서 비롯되는 기후적응자금의 확대 등도

2022년에 주목할 ESG 10대 트렌드	
기후 최우선	1. 뉴 아마존 효과
	2. 비상장기업 온실가스 배출량 공시 요구 (공적 감시)
	3. 석탄 발전 투자에 주주개입 증가 (행동주의 투자)
	4. 기후적응자금 확대
ESG 주류화	5. ESG 표준화에 따른 그린 워싱 감소
	6. ESG 규제 파편화 가속화에 따른 투자 리스크
	7. ESG 평가의 세분화, 다양화
새로운 위험과 기회	8. 생물다양성과 식량산업
	9. 새로운 감염병 출현에 따른 글로벌 보건위기
	10. 개발도상국 ESG 투자 확대와 자본 재분배

(출처 : <2022 ESG Trends to Watch>, MSCI)

2022년 ESG 트렌드로 제시되었다.

'ESG 주류화' 테마에는 ESG 정보 공시가 표준화됨에 따라 그린 워싱이 감소하는 트렌드와 ESG 규제가 미국, 유럽, 아시아 등 국가별, 지역별 파편화되는 경향이 가속화되어 결과적으로 투자의 걸림돌이자 리스크가 될 것이라는 전망도 담겼다. 아울러 ESG 평가가 더 세분화되고 발전해, 기후, 젠더, 노동 등 다양한 분야로 전문화되는 트렌드도 제시되었다. 'ESG 주류화' 테마의 트렌드 이슈들도 ESG 2.0에 해당되는 내용이다.

'새로운 위험과 기회' 테마에는 식품 생산과정에서 대체 육류, 대체 단백질 같은 지속가능한 방식으로 변화하는 것이 식량산업이 새로운 기회가 되는 것과 코로나19 외에 새로운 감염병 출현으로 글로벌 보건위기가 생길 가능성도 제기했고, 선진국과 개발도상국 간의 ESG 투자 불균형을 인식해 개도국으로 투자 영역 확대이자 자본 재분배하는 것이 줄 기회도 트렌드로 제시했다. ESG가 만드는 비즈니스 기회이자 ESG 기반의 비즈니스 모델이 만들 기회에 대한 내용도 ESG 2.0에 해당된다.

보고서에는 지난 10년간 ESG가 주변부에서 중심부로 떠올랐다는 표현을 썼는데, ESG 1.0에서 ESG 2.0 단계로 진입했다는 의미로 읽혔다. 지난 10년간의 ESG가 느리지만 의미 있는 진전을 했고, 코로나19 팬데믹을 계기로 ESG는 투자와 경영, 사회 모두에서 중요한 가치로 부상한 것은 분명하다. 질적 진화가 요구되는 시점인 것이다.

2022년 3월 25일 SK텔레콤 정기 주주총회에서 유영상 사장은 "ESG 경영이 기업가치를 결정하는 주요 경영 현안이다. 본업과 연계한 ESG 2.0 활동으로 고객에게 사랑받는 기업으로 거듭날 것이다"라고 했다. 국내 기업 중 ESG에 가장 선제적으로 접근한 SK그룹에서 ESG 2.0이란 화두가 제시된 것이다. 특히 본업과 연계된 ESG 2.0 활동이란 말은, ESG를 비즈니스 모델로 인식하고 비즈니스로 전환하는 단계에 진입하겠다는 경영 전략을 의미한다. ESG 전략이 ESG 1.0에서 ESG 2.0으로 진화한다는 선언인 것이다.

2021년에는 ESG 관련 평가기관이나 컨설팅기관에서 ESG 2.0

화두가 활발히 제기되더니, 2022년 들어 ESG 2.0 화두는 대기업과 언론사, 법무법인과 회계법인, 경영컨설팅업계 등 다양한 영역에서 제기되고 있다.

2022년 3월, 법무법인 광장과 〈매일경제〉는 'ESG 2.0 시대, 기업들이 반드시 알아둬야 할 ESG 3대 쟁점'을 주제로 온라인 세미나를 개최했고, 〈동아일보〉의 동아모닝포럼 주제는 'ESG 2.0 시대, 금융시장의 기회와 과제'였다. 삼정KPMG에서 나오는 ESG보고서에서도 ESG 2.0 내용이 적극적으로 언급되었다.

일일이 다 언급하기 어려울 만큼 많은 곳에서 ESG 2.0 화두가 계속 제기된다는 것은 그만큼 ESG가 질적 진화가 필요할 만큼 축적되는 시간을 가졌다는 의미기도 하고, 구체적인 실행을 더 많이 요구하는 상황이라는 의미기도 하다. 구호만 외치고 목표만 세우는 건 이제 끝났다. 그만큼 위기도 커졌고, 반대로 기회도 커졌다.

매킨지McKinsey,
넷제로 2050을 위해
275조 달러 필요해

275조 달러는 우리 돈으로 약 34경 5,000조 원이다. 한국의 GDP를 한 푼도 안 쓰고 151년 정도 모아야 될 돈이다. 돈의 액수가 가늠이 안 될 정도로 큰 돈이다. 미국의 GDP, 곧 세계 최대 경제 대국 미국이 1년 내내 생산하는 총액이 23조 달러 정도다. 세계 GDP 상위 10개국의 GDP를 다 합치면 64조 달러 정도다. 넷제로를 위해 엄청난 돈이 필요한 것이다. 글로벌 컨설팅업체 매킨지의 매킨지글로벌연구소McKinsey Global Institute에서 2022년 1월에 발표한 〈넷제로 전환The net-zero transition : What it would cost, what it could bring〉 보고서는 넷제로 달성을 목표로 하는 2050년까지 전 세계에서 넷제로에 얼마나 많은 돈이 투입되어야 하는지 예측했다. 2050년까지 매년 9조 2,000억 달러(약 1경 1,000조 원)씩 투입해야 하고, 2050년까지의 합이 275조 달러라는 것이다. 이는 2021~2050년까지 전 세

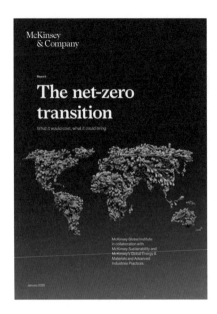

매킨지글로벌연구소에서 2022년 1월에 발표한 <넷제로 전환> 보고서. 넷제로 달성을 목표로 하는 2050년까지 전 세계가 매년 9조 2,000억 달러(약 1경 1,000조 원)씩 투입해야 하고, 2050년까지의 합이 275조 달러라고 예측했다. (출처 : 매킨지글로벌연구소)

계 GDP 총량의 약 7.5%다. 이는 GDP의 2~3%가 필요할 것이라고, 2021년 <로이터>가 기후 경제학자들 대상으로 설문조사한 결과보다도 크게 높다.

전 세계 온실가스 배출량의 85%가 에너지와 토지 이용 부문에서 발생하는데, 이 보고서는 전 세계 GDP의 95%를 차지하는 상위 69개국의 애너지와 토지 이용 부문을 중심으로 분석했다. 전 세계 각국과 기업들이 연간 5조 7,000억 달러를 투입하고 있는데, 이중 고탄소자산에 2조 7,000억 달러, 저탄소자산에 2조 달러다. 고탄소자산은 화석연료 추출 및 정제, 축산업 같은 탄소집약도가 높은 산업군에 속한 자산이고, 저탄소자산은 신재생에너지나 탄소포집 산업 같은 탄소배출이 없거나 아주 적은 산업군에 속한 자산이다. 그리고 고탄소자산을 저탄소자산으로 전환하는 데 1조 달러가 투입된다. 매킨지는 이 전환 비용 수준으로는 넷제로가 불가능하고, 이걸 대폭 늘려야 한다고 주장한다.

넷제로Net-zero는 6대 온실가스인 이산화탄소CO2, 메탄CH4, 아산화질소N2O, 수소불화탄소HFCs, 과불화탄소PFCs, 육불화황SF6의 순배출을 제로로 만드는 것이다. 이산화탄소를 중심으로 얘기하는 탄소중립보다 더 큰 범주가 넷제로다. 매년 추가 지출해야 할 돈으로 제시된 3조 5,000억 달러는 2020년 글로벌 기업들이 거둔 이익의 절반 정도이고, 전 세계 정부가 거둔 세수의 약 1/4이나 되는 큰 돈이다. 물론 이런 예측치는 말 그대로 예측치다. 덜 들어갈 수도 있지만 더 들어갈 수도 있다. 그리고 막대한 돈을 비용으로만 보면 부담스럽지만, 미래를 위한 투자, 새로운 비즈니스를 위한 기회라는 차원으로 보면 달리 보일 수 있다.

넷제로 전환 과정에서 30년간 1억 8,500만 개의 일자리가 사라지고, 2억 개의 일자리가 새로 만들어진다. 당연히 화석연료 산업에선 크게 줄어들고, 신재생에너지 산업에선 크게 늘어난다. 따라서 기업뿐 아니라 경제 정책에서도 넷제로는 중요한 방향일 수밖에 없다. 정부와 기업(산업자본), 금융자본 모두에게 넷제로는 막대한 돈을 쓰더라도 가야 할 길이다. 이는 정치적 방향이 아니라 경제적 방향, 돈의 흐름이다.

수출의존도가 높은 한국 경제, 탄소국경세를 비롯해 넷제로 관런한 제도 변화와 그에 따른 부담은 한국 기업들이 해결할 과제다. 한국은 수출품 탄소발자국에서 중국, 미국, 인도에 이어 4위로 꼽혔다. 한국 기업에게 ESG 2.0은 더 이상 구호나 명분이 아니라, 실질적 이득과 손실이 달려 있는 과제다. 한국 정부의 기후 정책은 '환경'이 아니라 '경제'가 중심이 되어야 한다. 고탄소, 저효율에서 저탄소, 고효율로 전환되는 목적은 시장과 비즈니스, 결국 경제를 위해서다.

그린플레이션, 그린스완은 이미 경제정책에서 중요하게 다뤄진다. 그린플레이션Greenflation은 그린Green과 인플레이션Inflation의 합성어로 탄소중립 등 친환경 정책에 따라 원자재값이 급등하는 현상을 의미한다. 기업의 생산단가 상승과 소비자 가격 상승, 곧 물가인상으로 이어질 수 있다. 그린플레이션은 탄소중립 시대에선 피할 수 없는 과제다. 기업은 그린플레이션 리스그에 대비해야 하고, 정부도 기업의 리스크를 최소화하도록 지원해야 한다.

글로벌 금융위기 때 예측하지 못한 위험을 의미하는 블랙스완을 얘기했다면, 이젠 그린스완을 얘기한다. 그린스완Green Swan은 기후위기가 초래하는 경제에 악영향을 주는 현상을 말한다. 기후위기는 단지 환경 문제가 아니라 금융 시스템과 경제에 심각한 위협으로 작용할 수 있다. 우리가 이상기후를 겪지만, 어떤 이상기후가 나타날지 알 수가 없다. 위기가 불확실성이 높고 극단적 효과를 배제할 수 없다는 것이다. 지구 온도 1도가 더 높아지는 것이 실제로 어떤 결과를 만들어낼지 지금은 정확히 다 예측하진 못한다. 예상도 못한 일이 더 빨리, 더 심각하게 벌어질 수도 있다. 기후위기가 금융위기를 초래할 수 있고, 글로벌 금융위기 이상의 경제위기를 만들 수도 있다. 그래서 국제적인 금융기구와 경제기구, 중앙은행이 그린스완에 대한 대응을 화두로 삼고 있다.

그린스완은 국제결제은행BIS이 2020년 1월에 발표한 보고서 〈그린스완The green swan〉에서 처음 언급되었다. '기후위기 시대 중앙은행과 금융 안정'이라는 부제가 붙은 보고서인데, 글로벌 금융위기는 닥치기 전엔 미처 몰랐다가 심각한 위기를 겪고서야 블랙스완이란 화두를 결과론적으로 붙였다면 기후위기가 초래할 금융위기는 아직 닥치기 전이다. 발생할 사건을 예측하기도 어렵고, 매우 복잡하게 드러나겠지만 분명한 건 머지않아 확실히 발생한다는 사실이다. 적극적으로 대비하고 대응해야 하고, 그러지 못했을 때의 결과는 역사상 가장 가혹할 수도 있다.

러시아의 우크라이나 침공은 신재생에너지 투자를 극대화한다

러시아의 우크라이나 침공은 ESG에도 영향을 줬다. 엄밀히 E, 그중에서도 기후변화 대응, 곧 탄소절감과 재생에너지 이슈에 영향을 줬다. 러시아의 석유에 대한 수입 금지 소지로 글로벌 에너지 가격이 급상승했다. 전 세계 천연가스 생산의 40%를 차지하는 러시아의 천연가스 수출 제한으로 에너지 대란이 가중되었다. 에너지 가격 안정화를 위해선 석유 증산이 필요하다. 탄소절감 정책을 잠시 중단하더라도 에너지 위기를 해결하는 게 급선무로 보일 수 있다. 유럽의 정치 지도자들이 중동 산유국들에 증산 요청을 하고, 미국 정부가 에너지 기업에 공급 증대를 요청하기도 했다. 하지만 이것이 ESG의 후퇴로 볼 수는 없다. 오히려 ESG 2.0으로 진전되는 계기로 봐야 한다.

러시아가 우크라이나를 침공한 직후인 2022년 3월 초, EU는

'REPowerEU'라고 명명한 에너지 자립 전략을 수립했다. 러시아의 석유, 천연가스 의존도가 가장 높은 곳이 EU이고, 에너지 가격 급상승의 타격도 EU가 크게 입는다. 에너지 자립을 하지 못하면 이런 위기는 계속 겪을 수밖에 없다. 독일은 4년간 2,000억 유로(268조 원)를 투자해 화석연료 의존도를 줄이고 탈탄소화를 가속화하겠다는 계획을 발표했다. 미국은 바이든 정부가 추진한 '더 나은 재건 법안'에 5,500억 달러(670조 원) 규모의 친환경 인프라 투자안이 포함되어 있다. 러시아의 우크라이나 침공은 탈탄소, 재생에너지 투자 확대의 결과로 이어진다. 석유와 천연가스 같은 에너지 자원은 세계 경제에 필수적인데, 특정 국가들의 자원 무기화가 가능한 리스크가 있다. 결국 이런 리스크를 줄이기 위해 재생에너지에 대한 투자는 더 활발해질 수밖에 없다.

미국 재무장관 재닛 옐런은 〈CNBC〉와 한 인터뷰에서 미국의 재생에너지 의존도가 더 높았다면, 러시아의 우크라이나 침공으로 인한 에너지 시장 위기에 덜 노출되었을 것이라며, 이번 사건을 계기로 전 세계가 에너지 전환의 중요성을 깨달았다고 말했다. 전 세계가 러시아 석유와 천연가스에 대한 의존도가 낮아지면, 러시아에 더 강력하게 경제제재를 하고 세계 경제에서 러시아의 영향력을 낮출 수 있을 거라는 얘기도 덧붙였다. 미국은 EU와 공조를 강화해, 러시아로부터 에너지 독립이자 재생에너지 비율 증대를 도모한다. 러시아의 우크라이나 침공은 결국 러시아의 가장 중요한 수출품이자 러시아 경제의 중요 비중인 석유, 천연가스 분야에선 장기적 악재를 스스로 자초한 것이다. 이는 중동 산유국들에도 악재가 된다.

위기는 새로운 계기가 된다. 위기를 겪는 나라나 기업, 개인은 반드시 그 대안을 모색하기 마련이다. 1973년 오일쇼크는 4차 중동 전쟁의 결과다. 아랍의 6개 산유국이 이스라엘을 지원한 국가에 석유 수출을 금지하고, 석유 생산 감산을 단행했다. 단기간에 가격이 4배까지 폭등했다. 산유국들이 석유를 무기화한 것이다. 그 때문에 1974년 주요 선진국들은 두 자릿수 물가 상승과 마이너스 성장으로 스태그플레이션을 겪었다. 한국도 경제적 타격을 크게 받았다.

오일쇼크로 전 세계가 석유와 에너지에 대한 경각심을 가졌고, 연비가 안 좋은 대형 차량 생산에 주력하던 미국 자동차 산업이 타격받고, 연비 좋은 중소형 승용차 중심이던 일본 자동차 산업은 급성장했다. 일본 자동차 산업은 오일쇼크 수혜를 받은 셈이고, 자동차 산업에서 연비 규제와 에너지 효율성은 중요한 패러다임이 되었다. 오일쇼크 때 유럽에서 실내난방 온도 제한법이 만들어졌는데, 겨울철 실내난방 최대 온도를 20도로 제한하는 것이다. 이 법은 이후 완화되어 22도로 바뀌었지만, 여전히 존재하는 법이다.

그리고 오일쇼크가 준 가장 큰 영향은 원자력 에너지 부분이다. 미국과 유럽 주요 국가들의 원자력 발전소 건설이 급증한 계기가 바로 오일쇼크였다. 실제로 프랑스는 전체 전력 중 원자력 발전소의 비중이 1973년 8%에서 1990년대 75%까지 올라가게 된 것이 오일쇼크 이후 에너지 정책 때문이다. 이후 원전 비중이 줄어들긴 했지만 2019년 기준 71%로 여전히 압도적으로 높다. 2035년까지 50%로 낮추는 게 프랑스의 목표다.

탈탄소와 원전은 국가별 입장이 조금씩 다르긴 한데, G7 국가 중 원전을 모두 폐쇄한 이탈리아를 비롯해, 탈원전은 이미 수많은 국가의 방향이다. 유럽위원회의 과학지식서비스 공동연구센터JRC에 따르면, EU에서 전체 발전량 중 원전 비중은 2015년 27%에서 2020년 23%로 낮아졌고, 2030년까지 22%가 되고 그 이후 2050년까지 22% 수준으로 유지된다는 전망이다.

국가별로 에너지 정책의 방향은 조금 다를 수 있다. 하지만 공통적인 것은 에너지 자립이 필요하다는 점과 탈탄소, 재생에너지 비중을 높여야 한다는 점이다. 중요한 건 에너지 대란은 안보위기가 된다. 전 세계가 에너지 쇼크를 겪는다는 건 그만큼 석유, 천연가스 같은 화석연료 의존도가 여전히 높다는 의미이고, 이들 자원의 수출국들에 의한 에너지 위기, 안보위험이 존재한다.

결국 석유와 천연가스를 대체할 에너지를 찾아야 한다. 태양광과 풍력도 좋지만, 당장 에너지 비중을 크게 늘리기도 쉽지 않고, 발전 과정에서 이상기후에 따른 에너지 변동성도 크다. 위험하지만 원자력은 에너지 자립을 위해선 효율적인 선택지가 된다. 러시아의 우크라이나 침공 이후, 영국 보리스 존슨 총리는 기존 15% 정도인 원전 전력 비중을 향후 25%까지 늘릴 계획을 발표했다. 우라늄 가격은 EU의 그린 택소노미에 원자력이 포함된 것과 러시아의 우크라이나 침공을 계기로 급등했다. 에너지 안보와 에너지 전환이 무엇보다 중요해졌다.

그린 택소노미Green taxonomy는 환경적으로 지속가능한 경제활동의 범위를 정하는 것이다. 2050년 탄소중립이 전 세계의 공동목표인 시대, 전 세계 주요 국가들이 경제활동의 범위를 정하고 있다. 그 중에서 EU의 그린 택소노미는 전 세계에 영향을 미치는 중요성이 있다.

2020년 6월 그린 택소노미 초안을 발표했을 때는 원자력과 천연가스는 포함되지 않았다. 각국의 이해관계가 상충되면서 확정안을 만드는 데 시간이 소요되었다. 프랑스, 핀란드, 동유럽 8개국(폴란드, 체코 등) 등 10개국은 그린 택소노미에 원자력 포함을 적극 지지한 국가다. 프랑스는 원자력 비중이 압도적으로 높은 나라이자 원전 수출국이다. 핀란드는 재생에너지 수급이 불안정하다. 동유럽 국가들은 러시아의 영향력에서 벗어나고 싶어 한다. 독일, 오스트리아, 룩셈부르크, 포르투갈, 덴마크, 스페인, 아일랜드 등 7개국은 그린 택소노미에 원자력이 포함되는 것에 반대한 국가다. 독일과 오스트리아는 1986년 체르노빌 원전 폭발 사고 이후 탈원전 정책을 시행해왔고, 특히 독일은 전체 전력 중 재생에너지 비중이 44.9%(2020년 기준)다. 프랑스와 독일이 가장 상반되는 입장이었는데, 치열하게 찬반 싸움을 벌인 건 국가 경제와 연관성이 크기 때문이다. 탈탄소와 재생에너지는 그냥 환경과 에너지 화두가 아니라 국가 경제의 경쟁력이자 비즈니스 기회로 연결되기 때문이다.

2021년 12월까지만 해도 원자력이 포함되지 않을 거란 전망이 많았다. 하지만 2021년 이상기후로 폭염을 겪은 유럽은 에너지 수요가 늘어났고, 북해에서 불어오는 바람이 줄어 풍력 발전 비중이 높은 재생에너지 강국들은 화석연료 비중을 높일 수밖에 없었다. 중국도 석탄 수급 문제로 전력난을 겪었고, 세계적으로 에너지 안보 위기가 고조되었다. 이런 상황에서 EU는 러시아와 갈등으로 천연가스 수급 불안까지 겪었다. 2022년 2월 초 EU 집행위원회는 원자력 발전과 천연가스도 포함된 그린 택소노미 확정안을 발의했다. 러시아의 우크라이나 침공으로 에너지 안보 이슈는 더더욱 커졌다. 부결되려면 27개 EU 회원국 중 20개국이 반대해야 하기에, 사실상 부결은 불가능하고 2023년 1월부터 발효된다.

모든 천연가스 발전과 모든 원자력 발전을 포함하는 게 아니다. 천연가스 발전은 전력 1킬로와트시$_{kWh}$ 생산 시 나오는 온실가스가 $270gCO_2eq$(이산화탄소 환산량) 미만 또는 20년간 연간 온실가스 배출량이 $550kgCO_2eq$ 미만이어야 한다. 설령 이산화탄소 배출량이 많은 발전소라도 배출량을 낮추는 설비를 하거나 운영시간을 줄여 기준을 맞추면 그린 택소노미에 포함될 수 있다는 것이다. 그리고 신규 가스 발전소에 대한 투자가 녹색으로 분류되는 기한은 2030년이다. 결국 천연가스 발전산업에 투자할 기회가 보장된다. 이런 부분들이 투자자본은 환호하고, 환경단체들은 좌절한 부분이기도 하다.

원자력 발전은 2050년까지 원전 방사성 폐기물을 안전하게 처리할 계획과 자금이 있는 국가에 위치해야 하고, 기존 원전은 시설 개선을 통해 안전성을 충족해야 하고, 신규 원전은 2045년 이전에 건설 허가를 받아 녹색 투자 라벨을 받아야 한다. 방사성 폐기물에 대한 안전한 처리 계획이 전제되어야만 민간 투자도 원전 건설도 가능하다. 제한된 조건이 붙긴 하지만 결과적으로 천연가스 발전과 원자력 발전 사업이 친환경적 사업으로 인정된다.

물론 EU는 원자력 발전이 분명 환경에 문제를 일으키는 발전이긴 하지만, 시설 투자와 관리를 '과도기적 활동transitional activities'으로 본 것이다. 에너지에서 석유와 석탄의 비중을 낮추기 위해선 재생에너지만으로는 한계가 있으니, 천연가스와 원자력이 일종의 절충적, 과도기적 선택으로 불가피하다고 판단한 것이다. A학점이라면 더 좋겠지만, F학점보다는 C학점이 낫다. 탄소배출 감축은 구호로 이뤄지는 게 아니다. 당장 전기는 필요하고, 당장 탄소감축도 필요하다. 재생에너지 비중을 끌어올리는 과정에서, 천연가스와 원자력의 활용은 필요하다. EU의 그린 택소노미 내용은 한국의 택소노미를 비롯해, 전 세계 택소노미에 영향을 준다.

탄소국경세와
새로운 보호무역주의

EU는 2019년 12월, 2050년까지 탄소중립을 달성하는 목표가 담긴 '유럽 그린딜European Green Deal'을 발표했는데, 주요 실행계획 중 하나가 탄소국경조정제도CBAM, Carbon Border Adjustment Mechanism다. 탄소배출 규제가 약한 국가들의 제품에 탄소국경세라는 추가 관세를 부과하는 제도다. 유럽에 수출하려면 상품에 포함된 온실가스 총량을 신고하고 기준 이상의 온실가스에 대해선 탄소배출권 거래 가격에 준해서 더 내야 한다.

국가별로 탄소배출 규제가 다른데, 규제를 따르는 건 결국 돈이 든다. 돈을 더 쓴 국가와 덜 쓴 국가를 차이를 두지 않으면 국제무역에서 불공정성이 발생하는 문제도 해결해야 하고, 탄소배출 규제가 약한 국가와 지역으로 탄소배출량이 누출되는 것도 막아야 하고, 탄소배출 감축에 적극적인 국가와 소극적인 국가의 불균형을 해소하는 것 등을 이유로 탄소국경세를 도입한다고 하지만, 핵심은 유럽의 국가와 기업이 탄소배출 관련해 손해 보지 않게 하기 위해서다. 지구를 위한다는 명분도 있지만 맹백히 보호무역 조치다. 유럽은 전 세계에서 탄소배출 규제를 비롯해 환경 관련 규제가 가장 강하고, 관련 비용도 그동안 가장 많이 써왔고, 그 덕분에 넷제로에 대한 대응과 대비도 가장 잘하고 있다. 이들로선 새로운 방식의 보호무역 조치를 할 수밖에 없다.

EU의 탄소국경조정제도는 2025년부터 전면 시행된다. 2021년 12월에 EU 의회가 공개한 수정안에선 초안에 있던 철강, 전력, 시멘트, 비료, 알루미늄에, 유기화학품, 플라스틱, 수소, 암모니아까지 추가되어 총 9개 품목이 적용되고, 상품 생산 과정에서의 직접 배출인 Scope 1뿐 아니라 상품 생산에 사용된 전기 발전 과정에서의 배출인 Scope 2까지도 포함된다. EU 외회에서 최종안이 2022년 내 도출되고, 2023년 시범 도입된다. 한국 기업은 Scope 2까지 적용되면 확실히 불리하다.

한국은 2020년 기준으로, 전력 1킬로와트시를 생산할 때 배출되는 이산화탄소량이 472.4g으로 EU(215.7g)보다 2배 이상, 캐나다(123.5g)보다 4배 정도 많다. 한국의 주력 수출품목인 철강, 석유화학, 자동차, 배터리 등은 탄소국경세가 적용되는 9개 품목에 해당되는 것이 많다. 한국은 수출 의존도가 높고, 제조업 비중도 높다. 탄소국경세든 탄소중립이든 한국의 제조 기업으로선 부담스러운 게 사실이다.

대외경제정책연구원KIEP은 EU가 이산화탄소 1톤당 30유로를 과세할 경우, 한국은 평균 약 1.9%의 관세율이 탄소세로 적용되고, 연간 10억 달러 이상을 한국 기업이 탄소세로 부담할 것으로 봤다. 그런데 이때 추정치는 5개 품목(철강, 전력, 시멘트, 비료, 알루미늄)만 제시된 초안을 기준으로 했다. 9개 품목으로 확대된 것을 반영하고, 탄소배출권 가격이 더 높아진 것까지 반영하면 한국 기업이 부담할 탄소세는 훨씬 더 많아질 것이다. 수출 가격경쟁력이 떨어질 수밖에 없다. 그리고 탄소배출권 가격이 오를수록 부담은 더 커질 것이다.

EU의 탄소배출권 거래제도EU-ETS 시장에 따르면, 유럽의 탄소배출권은 2022년 4월 1일 톤당 78.49유로(약 10만 원)다. 2021년 4월 초 30유로대였던 것과 비교하면 1년 새 100% 이상 올랐다. 특히 2022년 1월에 톤당 97유로까지 올랐다. 100유로도 가시권이다. 물론 탄소배출권 가격은 다양한 외부 이슈로 등락이 있다. 2021년 바이든 행정부에서 탄소배출권 가격은 기후위기의 사회적 비용까지 고려하면 톤당 125달러까지 갈 가능성도 있다고 했다.

한국도 탄소배출권 거래시장이 있다. 한국거래소 배출권시장 정보플랫폼에 따르면 2022년 4월 1일 기준, 국내 탄소배출권KAU21 가격은 톤당 22,800원이다. 2021년 4월 초 15,400원이었으니 1년 새 48% 이상 오른 셈이다. 2022년 1월 초에 35,000원대까지 오르기도 했으니 변동 폭도 크다. 국내 기업으로선 국내 기준에 따라 탄소배출권을 사야 하고, 또 유럽에 수출하느라 유럽 기준으로 사야 한다.

EU를 시작으로 미국도 탄소국경세를 2025년까지 도입한다. 미국도 탄소중립을 명분으로 내세운 보호무역 조치다. 영국, 캐나다도 탄소국경세를 도입할 계획이다. 공교롭게도 탄소국경세를 도입하는 곳은 탄소중립에 가장 적극적인 유럽과 북미다. 무역에서 탄소중립을 기준으로 격차를 만들고, 기후위기라는 대의명분을 보호무역과 자연스럽게 연결한 것으로도 해석 가능하다.

EU와 미국이 탄소중립을 명분으로 내세워 도입하는 탄소국경세는 엄밀히 보호무역 조치이자 ESG 후발주자에 대한 사다리 걷어차기로 볼 수 있다.

탄소배출권 사업,
돈을 낼 것인가 돈을 벌 것인가?

       탄소배출권Carbon Credit은 새로운 탄소감소에 기여한 기업에 주는 인센티브다. 기준보다 탄소배출이 많은 기업은 탄소배출권을 구매해야 한다. 탄소배출권을 확보해서 파는 기업은 수입이 생기고, 탄소배출권을 사야 하는 기업은 지출이 생길 수밖에 없다.

       테슬라가 전기차를 팔기 시작한 2006년 이후 처음 흑자를 낸 건 2020년이다. 매출액 315억 3,600만 달러에 순이익 7억 2,100만 달러였다. 전기차 50만 대를 팔았지만, 흑자의 원동력을 탄소배출권이라고 해도 비약이 아니다. 전기차를 만들어서 확보한 탄소배출권을 다른 자동차 업체에 팔아 15억 8,000만 달러를 벌었다. 탄소배출권 수입이 없었다면 첫 흑자를 2020년이 아닌 2021년으로 미뤘어야 했다. 테슬라에 탄소배출권은 좋은 수익원이다.

       테슬라는 2021년에 전기차 약 93만 6,000대를 팔아 전년 대비

87% 증가했다. 연매출액은 2020년보다 71% 증가한 538억 2,300만 달러, 당기 순이익은 7.7배 증가한 55억 1,900만 달러다. 2017년의 10만 대에 비해 엄청나게 약진했다. 테슬라는 2022년 연내에 200만 대 생산 체제를(판매목표는 150만 대) 갖추게 되고, 2025년 300만 대 판매, 2030년대에는 연간 2,000만 대까지 팔겠다는 목표다.

테슬라의 전기차 판매가 늘어날수록, 탄소배출권이 계속 늘어날 수 있다. 물론 다른 자동차 회사는 전기차를 적극 만들고 있기에, 점점 테슬라의 탄소배출권을 살 자동차 회사는 줄어들 수 있고, 점점 탄소배출 기준을 충족하는 기업이 늘어날수록 탄소배출권 가격은 내려갈 수 있다. 하지만 그렇게 되기엔 꽤 많은 시간이 걸린다.

탄소배출권 사업은 전 세계가 탄소중립에 이르는 2050년 전까지 유망한 사업이다. 시장조사 업체 레피니티브Refinitiv에 따르면, 글로벌 탄소배출권 시장 규모는 2018년 대비 2020년, 곧 2년간 65% 증가했다. 2018년 1,438억 4,700만 유로, 2019년 1,927억 9,700만 유로, 2020년 2,377억 1,800만 유로다. 이중 EU가 2,100억 유로로 전체의 88% 정도다. EU의 탄소배출권 시장은 2005년부터 시작되었고, 전 세계에서 가장 강력하게 규제하고 있다. 국제에너지기구IEA, International Energy Agency에 따르면, EU, 미국, 중국, 한국 등 전 세계에 23개 탄소배출권 선물시장ETS이 있다. 국내 탄소배출권 시장 규모는 2020년 1조 3,300억 원 규모다. 각 국가별로 가격은 차이가 있지만, 가격이 올라간다는 것도, 시장규모가 커진다는 것도 공통점이다.

국내에서도 탄소배출권 사업에 나서는 기업이 계속 늘어난다. 가장 대표적인 SK그룹은 주요 계열사에서 탄소배출권 사업을 하고 있다. SK에너지는 온실가스를 탄소배출권으로 상쇄해 온실가스 배출량을 제로로 만든 탄소중립 석유제품을 내놓았고, 온실가스 감축 실적을 바탕으로 탄소배출권을 발행할 계획도 세웠다. SK E&S는 이산화탄소 포집, 활용, 저장 사업과 재생에너지 사업을 통해 2025년 기준 탄소배출권 120만 톤을 보유할 계획이다. 2022년 4월 초 기준 국내 탄소배출권 가격이 톤당 2만 원대 초반 정도니까, 120만 톤이면 250억 원 정도다. SK에코플랜트는 베트남 태양광 사업을 통해 친환경 에너지와 함께 탄소배출권 33만 톤을 확보해 국내 기업에 판매할 계획이다. SK텔레콤은 네트워크 장비 업그레이드로 전력 효율성을 높여 전력 사용량을 5.3% 절감한 실적으로 탄소배출권 1,117톤을 확보한 것을 비롯해 매년 1만 톤의 탄소배출권을 확보할 계획이다.

온실가스 감축 실적이 곧 탄소배출권 확보가 되고, 이는 곧 돈이 된다. SK그룹 주요 계열사에서도 혁신적인 탄소 제거나 포집 기술을 개발할 경우, 확보할 수 있는 탄소배출권의 양은 훨씬 크게 늘어날 수 있다.

SBTi,
넷제로 표준 Net-Zero Standard

기업의 넷제로 선언을 과학에 기반하여 독립적이고 신뢰성 있게 평가하고 검증하기 위해 2021년 10월 28일 '넷제로 표준Net-Zero Standard'이 출범했다. 검증 기관은 SBTi Science Based Targets initiative, 과학 기반 감축 목표 이니셔티브다. SBTi는 2021년 11월 10일 '금융 기관을 위한 넷제로 기초 : 공공 협의 초안Net-Zero Foundations for Financial Institutions: Draft for Public Consultation'도 출범했다.

수년 전부터 수많은 글로벌 기업이 넷제로 목표를 발표했다. 문제는 이런 목표를 제대로 달성하고 있는지 과학적으로 검증할 수 있느냐는 점이었다. 구호만 외치고, 막상 실행에 소극적인 기업이 의외로 많은 건 과학적 검증이 쉽지 않다는 점도 작용했다. SBTi에 따르면, 2019년에 넷제로 공약을 제시한 기업은 전체 기업 중 16% 정도였는데, 2021년에는 70% 정도가 되었다. 이 수치만 보면 아주 긍정적으로 보이지만, 막상 약속만 난무하고 실제는 그러지 못했다.

SBTi는 2021년 9월, G20 국가 중 기후목표를 설정한 4,125개 기업 중 20%만 파리협정 목표에 부합하는 과학 기반 목표를 가지고 있다는 연구 결과를 제시했다. 글로벌 경영컨설팅업체 액센츄어Accenture의 2021년 10월 보고서에 따르면, 2021년 8월 기준 유럽 최대 상장기업 1,000개 중 1/3이 2050년 넷제로 목표를 선언한 상태지만, 이들 중 지난 10년간 배출량을 절반으로 줄인 기업은 9%에 불과했다. 구호만 외치고 언론플레이만 하는 전형적 ESG 워싱, ESG 쇼잉이다. 이를 막기 위해선 기업의 양심이 필요한 게 아니라, 과학 기반 검증과 평가가 필요한 것이다.

넷제로 표준의 핵심은 4가지다. 첫째, 지구온도 상승을 1.5도로 제한하기 위해 Scope 1, 2, 3 전 영역에서 2015년 이후 기준연도 대비 2050년까지 90~95% 탈탄소화할 것, 둘째 단기 및 장기 목표를 모두 설정할 것(2030년까지 배출량을 절반으로 줄이되, 2050년까지 감축 불가능할 경우 탄소상쇄로 중립화 달성), 셋째 장기 목표를 달성할 때만 넷제로 도달로 간주함, 넷째 기업의 가치사슬value chain 내에서부터 배출량 감축을 우선하고, 이후에 외부로 확대할 것 등이다. 아울러 탄소상쇄와 관련해 배출량의 최대 10%를 한도 내에서만 이용할 수 있도록 하고, 공기중 직접 탄소포획DAC, Direct Air Carbon Capture이나 산림 조림 사업 등의 탄소제거 사업만 집계하기로 했다. 그동안 많은 기업이 활용했지만 막상 상쇄 효과는 적었던, 공장의 굴뚝에서 탄소를 포집해 해저 깊숙이 보관하는 방식의 CCUS(탄소 포획 및 저장)는 제외했다.

SBTi는 2015년 파리기후협정 목표에 부합하는 과학 기반 온실가스 배출 감축 목표를 설정하고, 기업의 기후행동을 강화하려는 목적으로 세계자연기금WWF, 탄소정보공개프로젝트CDP, 유엔글로벌콤팩트UNGC, 세계자원연구소WRI 등이 함께 설립했다. 과학 기반으로 목표를 설정하고, 목표량 대비 연간 배출량 성과를 측정하면 그에 따른 책임을 물을 수 있다. 목표를 세워놓고 지키지 않는 기업에 제재를 가할 수 있고, 기업도 목표 달성을 위해 구체적 행동을 더 적극적으로 할 수 있다. 결국 그린 워싱을 비롯한 ESG 워싱, ESG 쇼잉을 근절하는 가장 확실한 방법이 된다.

ESG는 결코 추상적이지도 두루뭉술하지도 않다. 과학적이고 구체적으로 검증하고 평가하지 못한 상황에서, ESG를 추상적이고 모호하고 두루뭉술한 것처럼 다루던 기업들이 있었을 뿐이다. 물론 ESG 1.0에서 그랬다. 이제 ESG 2.0에선 그럴 수 없을 것이다. 결국 기업 경영진의 넷제로에 대한 높은 이해도와 이를 비즈니스로 연결하는 전문성은 중요할 수밖에 없다.

ESG 요소에서
환경을 넘어 사회적 책임 부각

ESG 중에서 E에만 편중되던 것이 ESG 1.0이었다면, S가 부각되는 것이 ESG 2.0에 진입했다는 증거다. ESG 투자나 ESG 경영 모두 우선순위에서 E, 그중에서도 넷제로, 에너지 전환이 먼저다. 우선순위의 이슈가 어느 정도 다뤄지고 나면 그다음 순위로 넘어가는데, 바로 사회적 책임 이슈다. ESG 1.0이 환경적 리스크 대응을 중심으로 ESG에 진입하는 단계였다면, ESG 2.0은 본격적인 ESG 기반의 기회 창출, 비즈니스 전환 단계다.

여기서 부각되는 사회적 책임 이슈로는 생산과 공급망에서 노동과 인권 문제, 소비자 피해배상 등이 중요해진다. 아동노동, 강제노동 같은 절대적 문제와 달리, 플랫폼 노동자 문제, 비정규직과 긱경제 등 비즈니스 환경 변화에 따른 일자리 구조 변화는 입장에 따라 대응이 달라질 수밖에 없다. 복잡하지만 이런 리스크에 대응하지 못하면 사업 자체가 불가능해질 수 있다. 특히 EU는 공급망 실사법을 통해 직간접적 공급망에서 발생하는 환경 문제와 함께 노동, 인권 문제도 비중 있게 다룬다. 이 문제를 해결하지 못하면 사업 진출이 어려워질 수 있다. 특히 비즈니스 전환에 따른 일자리 구조 변화가 전방위적으로 일어나는데, 과거엔 없던 노동 문제다. 산업이 진화해 더 이상 과거의 노동력이 필요없어지고 새로운 노동력이 필요해지는 상황이 계속 발생한다.

부득이하게 일자리를 잃는 사람들이 늘어나는 상황에서 이들을 어떻게 구제하고, 일자리 전환을 위해 기업이 적극 지원해줄 것인가는 숙제가 된다. 이는 곧 일자리, 지역사회와도 연결되기에 정부로서도 외면할 수 없는 문제다. Part 1에서 다룬 '사람 일자리를 로봇, 자동화로 대체하면 ESG 경영에 어긋날까?'라는 질문은 여기서도 적용된다. 자동화와 로봇 확대에 따른 일자리 대체를 '기술'의 문제가 아니라 '사회적 책임'의 문제로 봐야 하고, 여기서 제기되는 로봇세, 기본소득도 '복지'의 문제가 아니라 '사회적 책임'이자 '소비력, 구매력 확보' 문제로 봐야 한다. 이것은 앞으로 ESG 경영에서 계속 풀어가야 할 문제다.

S에서 사업장 안전, 보건, 노동, 인권 문제는 기업이 적극적으로 리스크 관리할 이슈들이다. 현대자동차 디자인센터 디자이너의 죽음을 두고 직장 내 괴롭힘, 승자 독식의 치열한 경쟁 시스템 등이 원인으로 제기되기도 했는데, 이는 기업 내에서 이런 문제를 해결하고 관리할 시스템이 제대로 작동하지 않았기 때문이다. 이는 현

대자동차뿐 아니라, 네이버, 삼성전자 등 주요 대기업에서도 제기되는 문제인데, 이젠 기업이 적극적으로 풀어가야 한다. HDC현대산업개발의 광주 아이파크 아파트 붕괴사고를 비롯해, 건설 및 산업 현장에서 안전사고와 그에 따른 S 리스크는 ESG 2.0 단계에선 적극적 대응이 필요하다. 글로벌 투자기관에서도 주주총회에서 HDC현대산업개발의 개선을 요구했다.

2022년 1월 말부터 시행된 중대재해처벌법으로 많은 기업은 노동 전문 변호사 영입 경쟁이 치열해졌다. 국내 최대 법무법인인 김앤장 법률사무소에서 노사관계 분야 리더였던 변호사가 쿠팡풀필먼트 대표이사로 옮겨간 것을 비롯해, 주요 법무법인의 노동 분야 변호사들이 대기업, IT기업, 중견기업, 외국계 기업으로 대거 이동했다. 이러다 보니 일부 법무법인에선 중대재해처벌법 시행 이후 관련 업무가 늘었음에도 일할 변호사가 부족해 채용 공고를 내기도 한다. 노동 분야 변호사의 인기가 급등한 건, S 리스크 대응이 기업의 중요 문제가 되었다는 증거다.

기업에서 젠더, 인종 이슈는 최고의 인재를 확보하기 위한 전략이지, 소수계층에 대한 보호가 목적이 아니다. 기업의 다양성 보고서를 만들며 조직 내 다양성 수준을 높이는 것도 결국은 인재 확보와 더 나은 성과를 위해서다. 노동과 인권 이슈도 결국은 인적 리스크 해소와 노동 생산성과 무관치 않다. E만큼이나 S도 비즈니스 관점으로 다뤄야 하는 것이다.

그리고 ESG는 서로 별개가 아니다. 특히 E와 S는 아주 밀접하게 연결된다. 가령, 기후위기의 타격은 제3세계, 저소득층에게 더 크다. 이는 식량 문제로도 이어지고, 주거 문제, 물 부족, 그리고 경제적 불평등과 양극화로도 이어진다. 넷제로는 E에서 그치지 않고 S와도 연결된다. 결국 정보 공시에서도 상호 연결성이자 의존성을 이해하는 것이 중요해진다.

  기업이 ESG 경영을 하며 ESG 2.0에 진입하는 건 결국 기업의 지속가능 경영이자 비즈니스의 성장을 위해서다. E를 넘어 S에 대한 대응 수준을 높이고, 구체적으로 개선하는 게 ESG 2.0에선 중요해진다. ESG 1.0에서 그린 워싱을 중심으로 한 ESG 워싱이 만연했다면, ESG 2.0에선 환경 부문에서 아무리 진전된 성과를 만들어낸다고 해도 사회적 책임에서 취약하면 ESG 워싱으로 평가된다. 프랑스는 2021년 ESG 워싱에 대한 벌금 규제를 도입했고, 영국은 2022년 ESG 워싱에 대해 소비자 피해배상과 형벌 규정을 적용한 단속을 한다. 환경 중심으로만 하면서 ESG 하는 척 생색내는 건 그만해야 한다. ESG 2.0의 핵심은 비즈니스 전환이다. 기업의 사업 전략, 비즈니스 모델에서 실체적 전환을 해야 한다. 그래서 ESG 2.0에 대한 이해도와 전문성 높은 경영자, 사업 책임자가 더욱 필요하다.

ESG 2.0과
디지털 트랜스포메이션
Digital Transformation의 긴밀한 관계

ESG 2.0은 본격적인 비즈니스 전환 단계다. 그동안 기업들이 가장 공들였던 비즈니스 전환은 디지털 트랜스포메이션 Digital Transformation 이었다. 사실 이 둘은 긴밀하게 연결된다. ESG를 두고 'Sustainable Transformation'이라고도 한다. 이것의 목적은 지속가능 경영을 위한 비즈니스 전환이다. 디지털 트랜스포메이션의 목적은 디지털 기술을 활용한 비즈니스 전환이다. 지금 기업에게 가장 중요한 두 가지 전환이 바로 ESG Sustainable 와 디지털 Digital 이기에, 이 둘을 트윈 트랜스포메이션 Twin Transformation 이라고도 한다.

기업이 디지털 트랜스포메이션을 많이 할수록 클라우드 컴퓨팅 서비스 시장도 커진다. 클라우드 컴퓨팅 서비스의 빅3는 아마존 AWS, 마이크로소프트 애저, 알파벳 구글클라우드라 할 수 있는데 이들 모두 Scope 1, 2 감축이 원활해지자 Scope 3도 적극 대응하고 있다. 마이크로소프트는 2020년 1월, 구글은 2021년 10월, 아마존은 2022년 3월부터 자사 클라우드 고객에게 탄소 추적 도구를 제공한다. 클라우드 컴퓨팅 서비스를 이용하는 고객사(기업)가 Scope 3 배출량을 계산할 수 있도록 하는 것이다. 데이터센터가 탄소제로가 되는 것이 경쟁에서 필요한 요소가 되는 것이다. 이들 빅3 모두 탄소제로를 지향하는데, 그 배경 중에 재생에너지 확충과 함께, 기술적 개선도 포함된다.

구글이 연간 사용하는 전력은 2020년 기준 15.5TWh인데, 이는 미국 샌프란시스코가 연간 소비하는 전력의 2배다. 87만 명이 거주하고, 연간 300만 명 가까운 외국인 관광객이 오는 도시가 쓰는 전력의 2배를 쓰는 건 데이터센터 때문이다. 24시간 전 세계에서 연중무휴 전기를 먹는 게 데이터센터다. 그럼에도 구글은 2007년부터 탄소배출권과 재생에너지 구매로 탄소배출량을 상쇄하여 넷제로 상태가 되었다고 하고, 2017년부터는 총 전력 사용량과 재생에너지 구매량이 일치하는 넷제로 상태를 유지하고 있다.

태양광과 풍력을 이용한 재생에너지 생산으로 무탄소 데이터센터를 운영하는 곳도 있지만, 일부 지역의 데이터센터에선 화석연료 기반의 전기를 쓰고 있다. 넷제로이긴 하지만 화석연료도 일부 쓰고, 탄소배출량도 크다. 이런 상황을 개선하기 위해 2022년 4월, 구글은 2030년까지 모든 데이터센터를 100% 무탄소 에너지로 운영하는 목표를 제시했다. 이를 실행하기 위한 방법 중 하나가 전력사용효율PUE 향상이다. 구글의 PUE는 2008년 기준 1.22였으나, 2021

년 2분기 기준 1.1이다.

PUE가 높다는 것은 낭비되는 에너지가 적다는 의미다. 데이터 센터가 소비하는 전력이 서버를 비롯한 IT 장비에만 쓰이면 PUE1이 되고, PUE 2는 실제 장비가 소비하는 전력량보다 데이터센터가 소비하는 전략량이 2배라는 의미다. 곧 1에 가까울수록 효율성이 높다.

Uptime Institute의 조사에 따르면, 전 세계 대규모 데이터센터의 평균 PUE는 1.57이다. 그런데 구글의 데이터센터는 1.1이니 평균보다 30% 이상 효율적인 것이다. 구글은 전 세계에 데이터센터

구글 데이터센터의 전력사용효율(PUE) 성능

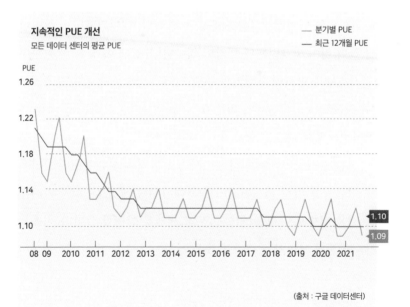

(출처 : 구글 데이터센터)

가 있는데, 2021년 연간 PUE가 1.07인 곳을 비롯해 1.1 이하인 구글의 데이터센터도 8개 정도나 된다. 이미 가장 효율적인데 여기서 더 개선하겠다는 목표다. 그 방법은 기술 혁신이다. 하드웨어 효율성을 위해 열을 적게 방출하는 소재를 비롯해 신소재를 서버에 쓰고, 머신러닝 소프트웨어를 개발해 열 펌프를 가동하는 가장 효율적 시간을 예측해 데이터센터를 냉각시키는 것이다. 아마존과 마이크로소프트의 데이터센터에서도 이러한 전기효율성 향상은 계속 진행된다.

　마이크로소프트는 핀란드에서 특별한 난방 발전을 위해 설비 투자를 한다. 청정에너지 생산업체 포툼Fortum과 협력하는 프로젝트인데 2억 유로가 투입된다. 클라우드 컴퓨팅 사업을 하는 마이크로소프트의 데이터센터를 활용한 난방이다. 데이터센터는 서버에서 열이 많이 발생하기에 냉각이 필수다. 그런데 이 열을 단열 파이프 시스템과 연결해 헬싱키와 주변 지역의 난방으로 쓰는 프로젝트다. 핀란드는 화석연료에 의존해 지역난방을 주로 하는데, 이를 데이터센터에서 나오는 열로 일부 대체하여 연간 40만 톤의 탄소배출 절감이 예상된다고 한다. IT 서비스가 계속 확대될수록 클라우드 컴퓨팅을 위한 데이터센터도 확대될 수밖에 없다. 여기서 나오는 열을 난방으로 활용하는 것은 전 세계로 확대할 일이다. 아울러 데이터센터 서버의 에너지 효율을 높이는 기술도 계속 개선되어야 한다.

　가상화폐 채굴에서 막대한 전기가 사용되는 것 때문에 채굴 금지도 계속 제기된다. EU에선 채굴 과정이 단순 연산을 반복하는 방식으로 전력 소모가 많은 작업증명POW 방식의 가상화폐 채굴을 금지하는 법안이 상정되었고, 가상화폐 채굴 활동에서도 지속가능성을 계속 요구하고 있다. 대표적인 POW 방식 가상화폐가 비트코인, 이더리움이다. 이들이 가장 영향력 있는 가상화폐이자, 채굴에서 가장 전력 소모를 많이 하는 가상화폐다. 가상화폐, NFT, 메타버스 등은 최근 수년간 가장 뜨는 분야인데, 이들 모두 서버에서 전력 소모가 크다. 분명 미래의 중요한 비즈니스 분야인 건 틀림없지만, 전력 소모와 에너지 문제에서 자유롭지 않다. 결국 이 분야에서도 지속가능성, 넷제로와 연결된 답을 계속 찾을 수밖에 없다. 그래야만 사업에 지장이 없을 테니까.

넷제로를 위한 실효성과 투명성을 위해서 디지털 기술은 필수적이다. 그 대표적 분야 중 하나가 탄소 핀테크다. 스웨덴의 노머티브 Normative는 대표적인 탄소 핀테크 업체 중 하나인데, 기업의 온실가스 배출량을 추적하는 탄소계산기 서비스를 제공한다. 구글의 스타트업 지원 프로그램으로 탄소계산기가 개발되었는데, 구글은 투자금 100만 유로와 함께 구글의 소프트웨어 엔지니어, UX 디자이너, 프로젝트 매니저를 파견해줬다.

기업으로선 공급망 내 탄소배출 측정과 계산이 숙제인데, 이에 따른 비용도 부담될 수 있다. 탄소계산기는 중소기업에는 무료로 제공된다. 탄소계산, 탄소측정, 탄소거래 등에서 핀테크 기술이 적극 활용된다. 탄소배출권 거래 시장도 핀테크가 적극 개입한다. 기

업이 넷제로 목표를 실행해가는 과정에서 직접적 탄소감축만으로
는 한계가 있기에, 탄소배출권 시장은 일정 기간 동안은 계속 성장
할 수밖에 없다. 여기서 투명성, 실효성은 결국 IT의 힘으로 높아지
게 된다.

빌 게이츠가 설립한 BEV Breakthrough Energy Ventures가 농업로봇 제조
사 Iron Ox에 5,300만 달러를 투자한 것을 비롯해, Iron Ox는 1억
달러 이상을 투자 유치했다. Iron Ox는 딸기, 토마토, 바질 등을 수
경재배할 수 있는 농업로봇 그로버 Grover를 개발했다. 그로버는 일조
량이 부족한 작물의 위치를 바꾸고, 수확시기가 된 작물을 작업대
까지 옮길 수 있다. 배양액을 감지하는 센서도 있어서 산도, 질소량
등을 측정해 부족한 영양분을 자동으로 보충해주고, 물과 비료의
낭비 없이 최적의 재배 조건을 유지한다. 기존 농법보다 물을 90%
이상 절감한다. 물 부족과 가뭄은 전 세계적 이슈이고, 미국은 수년
간 가뭄이 심각한 상태다. 결국 물 부족 문제를 해소하면서 농업 생
산성을 높이는 데는 사람이 아닌 로봇의 역할이 필요하다. 농업의
지속가능성을 위해서도 로봇이 필요한 것이다. BEV는 2015년 설
립한 펀드회사인데, 지속가능한 에너지, 친환경 기술의 혁신을 통
해 온실가스 배출을 줄이는 게 목표이고, 혁신적인 친환경 기술을
가진 스타트업에 투자하고 있다.

지속가능성, 친환경성 관련 기술 분야는 가장 전망 좋은 미래 비
즈니스 분야다. 전 세계의 돈과 인재가 모이고 있는데, 이건 단지
지구를 구하자는 명분 때문만이 아니라, 강력한 비즈니스 기회 때

문이다. ESG 중에서도 E 분야는 기술적 혁신이 중요하다. 물리적 개선, 물리적 감축으로는 한계가 있고, 결국 기술적 혁신이 답이다.

글로벌 비영리 단체 엑스프라이즈XPRIZE는 탄소제거 미션인 '엑스프라이즈 카본 리무벌XPRIZE Carbon Removal'을 진행하고 있다. 2021년 4월 22일 지구의 날에 시작된 미션인데, 4년에 걸쳐 진행된다. 1단계에서 소규모로 기술 실증을 하고, 이를 통과한 팀들이 2단계에서 대규모로 전면 가동하여 검증을 받는다. 친환경적 방식으로 대기나 해양에서 이산화탄소를 직접 영구 포집하거나 격리하여 탄소 순배출량을 마이너스로 전환하는 혁신적 기술이 필요하다. 연간 최소 1,000톤의 탄소포집 능력을 갖추되 향후 100만 톤과 기가 톤으로 용량을 확대했을 때도 비용과 확장성에서 가장 뛰어난 솔루션을 개발하면 1억 달러의 상금을 탈 수 있다. 이 상금은 테슬라의 CEO 일론 머스크가 만든 머스크재단이 후원한다.

탄소감축을 위해선 아예 공장을 가동하지 않으면 가장 좋다. 그런데 그럴 수는 없다. 공장은 가동하고 산업은 유지되면서 배출량을 줄이는 게 첫 번째 숙제라면, 이미 배출된 것을 포집해서 없애는 것이 두 번째 숙제가 된다. 만약 탁월한 탄소포집 솔루션이 등장하면 넷제로 문제는 좀 더 수월하게 풀린다. 결국 기술의 힘이 필요한 것이다.

2020년 코로나19 팬데믹 직후 마스크가 품귀였고 모든 국민이 불안해했다. 그때 삼성전자가 나섰다. 국내 마스크 생산 기업(E&W, 레스텍, 에버그린, 화진산업 등)에 삼성전자 스마트공장 지원센터의 제조설비 전문가들이 투입되어 제조에서의 효율성, 생산성 증대를 위한 답을 찾아줬다. 바로 디지털 트랜스포메이션을 통해서다. 결과적으로 마스크 생산량이 51% 증가했다.

진단키트업체(솔젠트, SD바이오센서, 코젠바이오텍 등)에도 삼성전자 전문가들이 투입되어 생산라인을 스마트공장으로 개선했다. 솔젠트는 스마트공장 시스템을 도입함으로써 생산성이 73% 증가했다. 제조업에서의 디지털 트랜스포메이션이 얼마나 중요한지 단적으로 보여준 사례다. 그리고 대기업의 사회적 책임에서 중소기업에 디지털 트랜스포메이션 노하우를 전수하는 것도 필요함을 보여줬다.

코로나19 팬데믹에서 가장 놀랄 만한 것은 백신을 역대 최단 기간에 만들었다는 점이다. 제약산업의 디지털 트랜스포메이션에서 중요한 부문 중 하나가 AI를 활용해 R&D 비용과 시간을 크게 단축하는 것이다. 대개 제약업계는 신약 개발을 위해 평균 10년의 시간, 연구비용은 50억 달러를 투입한다. 신약 개발이 성공하면 엄청난 부를 가져오지만 만약 실패하면 시간과 돈은 고스란히 버려진다. 돈보다도 10년이란 시간의 기회비용이 더 크다. 그런데 AI를 신약 개발에 적극 활용함으로써, 신약 후보 물질의 탐색과 발굴에서 정확도와 효율성을 높여 시간과 비용을 기존 대비 1/10 수준으로 줄일 수 있다.

제약산업의 디지털 트랜스포메이션은 생산시설을 스마트공장으로 전환해 제조에서의 효율성, 생산성도 끌어올리고 있다. 제약사 화이자Pfizer는 전 세계 42개 제조 사업장 네트워크를 통해 매년 230억 개 이상의 의약품을 생산하는데, 화이자의 글로벌 생산과 공급망을 디지털 트랜스포에이션을 통해 생산성을 높였다. 디지털을 통해 효율성과 생산성을 높이는 건 결국 에너지 효율, 자원 절감과도 연결된다. 디지털 트렌스포메이션을 ESG와 결합하는 건 기업 경영자에겐 필수적인 접근일 수밖에 없다.

디지털 트랜스포메이션에서 핵심은 '디지털Digital'이 아니라 '트랜스포메이션Transformation'이다. 디지털 기술을 이용해 비즈니스 모델을 전환하는 것이 핵심이고, 이를 통해 더 나은 성과를 만드는 게 목적이다. 그동안 자사의 디지털 트랜스포메이션에 투자한 기업은 많지만 성공보다 실패한 기업이 많은 건, 기술 도입에만 집중하고 그 기술을 활용해서 비즈니스 전환하는 것엔 소홀하고 이 문제를 풀 실행 주체인 사람을 바꾸지 않았기 때문인 경우도 많다. ESG 2.0과 디지털 트랜스포메이션을 각기 잘하기 위해선 리더를 비롯해 주요 의사결정 라인이 전문성 있는 사람으로 바뀌어야 하고, ESG 2.0과 디지털 트랜스포메이션을 서로 연결해 트윈 트랜스포메이션으로 비즈니스 전환을 하기 위해선 더더욱 사람을 바꿔야 한다. 결국 사람과 조직 변화가 이뤄져야 완성된다. 그리고 사람과 조직 변화의 출발은 리더의 변화다. 디지털 트랜스포메이션을 제대로 이해하지 못하는 리더는 당장 사표 써야 하듯, ESG 2.0을 모르는 리더도 당장 사표 써야 한다.

Part 5

글로벌 선두 기업의
초격차 전략이 되는 ESG 2.0

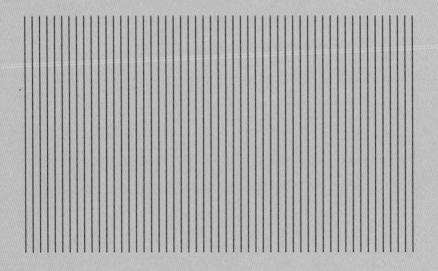

격차를 벌리는 방법은 여러 가지다. 그런데 가장 강력한 것이 ESG를 통한 격차다. ESG는 기업이 그동안 중요하게 다뤄온 가치와 다르다. 그렇기에 기업이 충분히 구현하지 못하는 가치다. ESG는 기업도, 주주도, 고객도, 그리고 사회도 중요하게 생각하는 가치다. 곧 ESG를 통해 기업의 이익도, 주주의 이익도, 고객의 이익도, 사회의 이익도 도모할 수 있고, 이런 기업이라면 지속가능하게 사업할 수 있다. 이런 기업의 가치가 높아지는 건 당연하다. 기업 가치의 격차는 가장 강력한 경쟁우위의 무기다. 글로벌 기업의 수명이 점점 짧아지는 시대, 오래 살아남으려면 초격차가 필요하다.

삼성전자는 애플의 경쟁사가 맞을까?

삼성전자는 2021년 연간 매출 279조 6,000억 원, 영업이익 51조 6,300억 원을 거뒀다. 전년 대비 매출은 18.1%, 영업이익은 43.5% 늘었다. 분명 성과가 좋은 게 맞다. 그런데 애플은 2021년 연간 매출 3,783억 달러(약 454조 원), 영업이익 1,169억 달러(약 140조 원)를 올렸다. 애플이 삼성전자보다 매출에선 2배가량, 영업이익에선 3배가량 많다. 삼성전자가 매출 200조 원대에 진입한 건 2012년이다. 그해 애플 매출은 1,565억 달러다. 삼성전자가 애플보다 조금 더 많았다.

삼성전자가 매출 100조 원대에 진입한 건 2008년이다. 2008년 애플의 매출은 374억 달러다. 이때는 삼성전자 매출이 3배 정도 많았다. 삼성전자가 매출 100조 원에서 200조 원대를 넘는 데 4년 걸렸다. 그런데 200조 원대에선 9년이다. 2022년 1분기 매출 77조 원으로 분기 매출에선 역대 최대치를 이뤘고, 2021년 3분기, 4분기에 이어 3분기 연속으로 분기 매출 70조 원대를 이어갔다. 팬데믹과 글로벌 공급망의 위기 속에서도 선전했고, 러시아의 우크라이나 침공이 초래한 위기의 가중 속에서도 선전했다.

2021년 역대 최고의 실적을 만들어냈고, 2022년에도 그럴 가능성이 크다. 하지만 애플과의 격차는 더 벌어졌다. 2022년 3월 기준, 애플의 시가총액 2조 7,000억 달러, 삼성전자는 470조 원 정도다. 7배 차이다. 주가가 변동되는 걸 감안해도 2021~2022년에 두 회사의 시가총액 차이는 6~7배가 계속 유지된다. 매출이 2배, 시가총액 7배 정도 차이 나는 기업이라도 둘을 경쟁사로 둘 수 있다. 스마트폰 시장에서 세계 1, 2위를 다투는 데다, 스마트폰과 반도체, 가전 등 테크 제조 분야에서 삼성전자가 세계 최고의 경쟁력을 가진 것은 분명하기 때문이다. 그런데 ESG에서만큼은 경쟁사라고 하기 쉽지 않다.

제조업에서 매출과 탄소배출량은 비례 관계다. 탄소배출량을 줄이기 가장 쉬운 방법은 공장 가동을 줄이고 매출을 줄이면 된다. 하지만 그건 기업의 선택지가 아니다. 매출이 늘어도 탄소배출량이 줄어드는 게 기업의 선택지다. 이렇게 되지 않는 기업은 지속가능한 비즈니스가 불가능해진다.

2020년 기준 탄소배출량의 매출 대비 비율은 애플 0.3%, 삼성전자 8.7%다. 애플은 매출이 크게 늘어도 전체 탄소배출량 증가는 미미한 수준이지만, 삼성전자는 매출이 늘기 위해서 탄소배출도 크게 늘어난다. 적어도 탄소중립에 대해서만큼은 애플은 지속가능한 비즈니스가 될 환경에 근접해가는 셈이다.

탄소정보공개프로젝트CDP는 전 세계 기업들의 탄소배출 데이터를 공개하는데, 직접 배출량(Scope 1)에서부터 사용하는 전기 생산 과정의 간접 배출량(Scope 2), 납품 하청업체와 물류 등을 포함한 공급망 배출량(Scope 3)까지가 그 기업의 탄소배출량이 된다. 2015년 기준 탄소배출량은 애플 3,840만 톤, 삼성전자 2,644만 톤으로 애플이 훨씬 많다. 그런데 2020년에 애플 2,260만 톤, 삼성전자 8,039만 톤으로 오히려 삼성전자가 3.5배 정도 많다. 5년간 탄소배출량이 애플은 크게 줄어든 반면, 삼성전자는 크게 늘었다.

애플의 본사 지붕은 태양광 패널로 가득하다. 애플이 미국에 지은 태양광 발전 시설은 원전 1기 규모의 발전량이라고 하는데, 결과적으로 2020년 4월 기준으로 본사가 배출하는 탄소를 0으로 만들었고, 미국 내 사업장에서 쓰는 전기도 모두 재생에너지다. 애플 제품의 제조는 중국의 폭스콘을 비롯한 글로벌 공급망에 의존하는데, 이들 공급망의 탄소중립이 2030년까지다.

삼성전자의 사업장 중 미국, 중국, 유럽 사업장의 전기가 100% 재생에너지로 바뀐 건 2020년이다. 하지만 국내 사업장과 베트남 사업장은 여전히 화석연료로 만든 전기에 의존한다. 재생에너지 사용이 3군데는 되고 2군데는 안 되는 것이 중요한 게 아니라, 안 되는 2군데가 전체 전기 사용의 80%라는 데 문제가 있다. 삼성전자의 사업장 에너지 사용량 중 재생에너지 사용 비율은 2021 삼성전자 지속가능경영보고서에 따르면 14% 정도(2020년 기준)다.

사실 삼성전자도 RE100에 가입하고 싶다. 하지만 핵심 생산기지인 한국과 베트남 때문에 어렵다. 국내 에너지 중 재생에너지 비중이 너무 낮다는 게 삼성전자에는 불리한 요소다. 공급량이 적으면 단가는 비싸진다. 2021년 국내에서 한국전력이 발전소에서 구입한 신재생에너지 단가는 킬로와트시(kWh)당 149.9원이다. 원전(59.69원), 석탄(81.62원), 수력(81.73원), LNG복합(99.25원)보다 훨씬 비싸다. 정부 보조금을 합쳐도 비싸긴 마찬가지다. 한국과 베트남은 재생에너지 단가가 가장 높은 상위권 국가면서, 가격뿐 아니라 확보할 양도 적다.

RE100에 가입한 기업들이 상당수 북미와 유럽에 있는 것도 우연이 아니다. 상대적으로 재생에너지 비율이 높은 국가의 기업들이 이런 상황에서 유리할 수 있고, 서양 중심의 RE100 카르텔이란 얘기도 충분히 가능하다. 에너지 정책에서 화석발전 비중이 높은 국가에 사업장을 가진 기업들로선 불리할 수밖에 없다. 특히 삼성전자처럼 막대한 전기를 소비하는 제조업은 더더욱 그렇다. 한전의 전기에서 재생에너지 비중이 높아진다면 삼성전자로서도 재생에너지를 얻기 위해 투자 비용을 줄일 수 있겠지만 정부의 에너지 정책을 믿고 천천히 가기엔 글로벌 비즈니스 환경과 글로벌 투자자본이 삼성전자에게 줄 시간이 많지 않다.

2022년 3월부터 국내에서도 '제3자 PPA' 제도가 시행되었다. 한국전력을 거치지 않고 발전소에서 직접 전기를 구입할 수 있는 것인데, 재생에너지 사업자에게서 기업이 바로 구매해 자사의 재생에너지 비율을 높일 수 있다. 삼성전자가 RE100 참여를 본격화하기 위해선 국내와 베트남의 재생에너지 확보 계획이 관건이다. 시기만 남았을 뿐 삼성전자의 RE100 참여는 당연하다.

RE100에 가입한 글로벌 기업들은 공급망에 탄소중립을 요구한다. 요구를 충족하지 못하면 공급망에서 배제할 수 있다. 이건 기업의 탄소배출량 총량에 공급망의 탄소배출량까지 포함되기 때문이다. 그러니 봐줄 수도 없다. 삼성전자는 반도체, 디스플레이 부품을 전세계 기업에 공급한다. 애플도 중요 고객사다. 삼성전자는 스마트폰 시장에선 애플과 경쟁 관계지만, 공급망 차원에선 고객사의 선택을 받아야 할 입장이다. 그런데 공급망의 탄소중립을 삼성전자의 고객사들이 요구할수록 삼성전자의 입지는 좁아진다. 기술우위나 시장지배력이 있을 때는 그나마 버틸 수 있지만, 이것이 흔들리게 되면 공급망으로서 위기가 커진다.

애플은 2020 〈환경보호 성과 보고서 Environmental Progress Report〉를 통해 2030년까지 글로벌 공급망에서 탄소배출 제로를 달성하겠다는 목표를 발표했다. 배출량 직접 감소가 75%, 나무 심기나 서식지 복원 등 탄소상쇄 프로그램을 통한 간접 감소가 25%다. 애플은 2030년까지 애플 공급망 전반에서 탄소중립화를 달성하는 목표를 위해 3차례에 걸쳐 47억 달러 규모의 그린 본드 Green bond, 녹색 채권를 발행했다. 2016년 2월, 15억 달러 규모의 그린 본드를 발행했고, 2017년 6월 10억 달러, 2019년 11월 유럽에서 10억 유로씩 두 번, 총 20억 유로(약 22억 달러)를 발행했다. 2016, 2017년에 발행한 그린 본드는 자금 집행이 100% 완료되었고, 2019년 발행된 그린 본드는 저탄소배출 알루미늄 관련 혁신 기술을 포함해 50건의 프로젝트를 진행하는 데 쓰이고 있다.

알루미늄은 애플의 제품 생산에서 중요한 소재 중 하나면서, 세계적으로 가장 널리 사용되는 소재이기도 하다. 세계 최초로 무탄소 알루미늄 제련 공정을 개발한 ELYSIS는 캐나다 퀘백 산업연구개발센터에서 수력 발전을 통해 상용 순도 저탄소 알루미늄을 생산했다. 실험실이 아닌 산업 수준으로 제조되는 최초의 알루미늄인 셈인데, 1차 선적분을 애플이 구매해 아이폰 SEiPhone SE에 쓴다. 애플은 아이폰뿐 아니라, 맥북MacBook, 맥미니Mac mini, 애플워치Apple Watch 등에서 외장을 알루미늄으로 쓴다. 앞으로는 모든 알루미늄을 화석연료가 아닌 수력 전기를 사용해서 제련한 무탄소 알루미늄이나 100% 재활용 알루미늄으로만 사용할 계획이다. 알루미늄 관련한 애플의 탄소배출량은 2015년 이후 70% 정도 감소한 상태인데, 향후 더 감소할 수 있는 것이다.

애플은 덴마크 비보르에 있는 애플 데이터센터를 위해 세계 최대 규모의 육상 풍력 터빈도 구축했다. 데이터센터에서 쓰는 전기를 다 소화하는 것은 물론이고, 잉여 에너지는 덴마크 전력망에 보낸다. 애플은 비보르 데이터센터 운영을 확장할 계획이고, 새로운 인프라도 구축한다. 애플은 2018년부터 44개 국가에 있는 모든 애플 사무실과 애플 스토어의 전기를 100% 청정에너지로 공급하고 있다. 협력업체에 대한 청정에너지 프로그램 지원을 통해 24개국

175개 이상의 제조 협력업체가 애플 제품을 생산하는 데 100% 재생 가능 에너지를 사용하겠다고 약속한 상태다.

애플은 그린 본드 세부 지출과 수익금 누적 할당 등 구체적 활동에 대한 자세한 정보를 〈연례 그린 본드 영향 보고서Annual Green Bond Impact Report〉로 만들어 애플 웹사이트에서 공개한다.

삼성전자 2021년 지속가능경영보고서에 따르면 Scope 3은 협력회사, 물류, 임직원 출장 등으로 분류하는데, 협력회사 803만 톤 CO_2e, 물류 668만 톤CO_2e, 임직원 출장 1만여 톤CO_2e으로 모두 합치면 1,472만 톤CO_2e 정도다. 이는 Scope 1(572만 톤CO_2e), Scope 2(908만 톤CO_2e)으로 Scope 1, 2에 맞먹는 배출량이 Scope 3다. Scope 1은 2018~2020년까지 매년 증가했다. Scope 2는 2018년보다 2019년에 조금 줄었는데, 2020년에 다시 늘었다.

2021년 지속가능경영보고서에서 2020년과 이전 연도의 환경 관련한 수치를 제시하긴 하는데, 문제는 향후의 목표와 감축 계획이 명시되지 않았다는 점이다. 삼성전자가 탄소정보공개프로젝트CDP에 제출한 공급망 관리 관련 답변서에서도 점진적으로 관리를 확장하겠다는 내용일 뿐, 구체적 계획은 없었다. 물론 내부적으론 목표치와 계획이 있을 텐데, 적극적으로 보여주지 않는다는 것은 구체성이나 실행력에서 자신이 없거나, 지키지 못할까 봐 우려할 정도로 한계가 있어서일 것이다. 지속가능경영보고서에서 삼성전자가 잘한 것들은 아주 적극적으로 강조하며 명시하기 때문이다. 숨길 건 잘 숨기고 피할 건 잘 피하고, 드러내고 알려야 할 건 잘 알

<삼성전자 지속가능경영보고서 2021>에 나온 온실가스 배출량

온실가스 관리		2018	2019	2020	단위
사업장 온실가스 배출량 1)2)		15,151	13,800	14,806	천 톤 CO_2e
	직접 배출량 (Scope 1)	4,855	5,067	5,726	천 톤 CO_2e
	간접 배출량 (Scope 2) 3)	10,296	8,733	9,079	천 톤 CO_2e
	CO_2	11,417	9,845 7)	10,266	천 톤 CO_2e
	CH_4	2	2 7)	3	천 톤 CO_2e
	N_2O	322	335 7)	329	천 톤 CO_2e
	HFCs	505	530 7)	685	천 톤 CO_2e
	PFCs	2,737	2,912 7)	3,322	천 톤 CO_2e
	SF_6	168	176 7)	202	천 톤 CO_2e
온실가스 배출 원단위 4)		3.6	3.1	3.2	천톤 CO_2e/억원
기타 온실가스 배출량(Scope 3)	협력회사 5)	7,952	8,278	8,030	천 톤 CO_2e
	물류	7,846	8,223	6,682	천 톤 CO_2e
	임직원 출장 6)	110	106	14	천 톤 CO_2e

1) 국가별 온실가스 관리지침, IPCC 가이드라인, ISO 14064 기준 적용하여 산정
2) 재생에너지 사용량을 반영하지 않은 온실가스 배출량(Location-based)
　2018년 15,173천 톤 CO_2e, 2019년 16,065천 톤 CO_2e, 2020년 17,579천 톤 CO_2e
3) 재생에너지 사용량을 반영한 온실가스 배출량(Market-based)
4) (총 배출량×총 사용량) ÷ 글로벌 연결 매출액, 디스플레이 매출액 제외, 물가지수 적용(2005년=1기준)
5) 거래비중 규모 상위 90%의 협력회사 대상으로 삼성전자 제품 제조시 발생한 온실가스 배출량 조사 결과
6) 수집 범위 : 국내
7) 2019년 6대 온실가스 배출량 재산정
(출처 : 삼성전자 뉴스룸/news.samsung.com/kr/지속가능경영보고서)

리는 걸 PR이라고 여기는 이들은 지속가능경영보고서에서도 외부 평가이자 외부의 시선을 많이 의식하기 쉽다.

　분명 삼성전자의 2021년 지속가능경영보고서를 보면 삼성전자도 E, S, G 영역 전반에서 많은 노력을 하고 있음을 알 수 있다. 하지만 애플을 비롯해, 글로벌 빅테크나 삼성전자와 견줄 만한 글로

벌 대기업들의 지속가능경영보고서와 비교해서 보면 아쉬움을 느낄 수밖에 없다. 국내 기업 중에서는 잘하고 있는 게 분명하지만 삼성전자는 글로벌 기준으로 보면 여전히 ESG 1.0 단계에 머물러 있다. 향후 발간될 2022년 지속가능경영보고서에선 Scope 1, 2, 3 모두 구체적 감축 목표치가 제시될 것이다. 그래야만 한다. 구체적 목표 없는 탄소감축 선언은 신뢰할 수 없다. 삼성전자도 ESG 2.0에 본격적 진입이 늦을수록 위기가 생긴다는 것을 안다.

2022년 들어 삼성전자의 협력사와 공급망 전반에 대한 ESG 관리가 확대되고 있다. 삼성전자는 2022년 3월 22~24일 국내 480여 개 협력사를 대상으로 탄소배출량에 직결되는 제품 화학물질 관리와 규제 동향, 에코 파트너 인증 등에 대한 교육을 했다. 삼성전자가 공급망의 직원들을 교육하는 것은 E 관련 지표를 본격적으로 관리하겠다는 의미기도 하다. 삼싱전자는 2022년 8월에는 2,200여 개 협력사를 대상으로 교육한다. ESG는 삼성전자에서도 소극적이었다. 삼성전자마저도 ESG 중에서 E만 일부 하고 있을 정도였는데, 이제 공급망 전반에 E를 필두로 ESG 전반에 대한 관리이자 지원을 하게 될 것이다. 2020년에도 협력사에 대한 ESG 관련 교육을 했는데, 2022년 내용과 같은 건 아니지만 업체 수는 200여 개였고, 2021년에는 230여 개였다. 교육 대상이 되는 협력사가 2,200여 개로 늘어나는 것만 봐도 확실히 공급망에 대한 탄소배출량 관리를 삼성전자도 본격적으로 나설 신호로 보인다.

다음은 〈삼성전자 지속가능경영보고서 2021〉 표지와 목차 페이지다. 목차만 봐도 어떤 내용이 있는지 유추할 수 있는데, E와 S 중심이다. 삼성전자 뉴스룸 사이트에서 전문을 확인할 수 있다. 그동안 발간한 모든 지속가능경영보고서(녹색경영보고서)를 볼 수 있다.

<삼성전자 지속가능경영보고서 2021> 표지와 목차 페이지

(출처 : 삼성전자 뉴스룸/news.samsung.com/kr/지속가능경영보고서)

국내 경제와 산업에서 삼성전자가 차지하는 영향력과 위상은 크다. 삼성전자의 ESG 경영 수준은 국내 산업계에도 영향을 줄 수밖에 없다. 그래서 더더욱 개선을 요구하는 것이다.

ESG의 시작은 영국, 그리고 이를 확대한 건 미국이다. 자본주의를 태동한 나라, 가장 자본주의적 나라들이고, 금융자본의 힘도 기업자본의 힘도 가장 강력한 나라들이다. 이들을 필두로 유럽과 북미를 거쳐 아시아까지 ESG가 번졌다. 아니 더 이상 ESG를 하지 않으면 글로벌 비즈니스를 할 수 없는 환경이 만들어졌다. 한국은 ESG에선 후발이다. 한국의 손꼽히는 글로벌 기업인 삼성전자, 현대자동차, SK하이닉스 등은 그나마 좀 더 일찍 ESG를 고민하고 대응해왔지만, 주요 대기업들도 2020~2021년에서야 ESG에 본격적 액션을 시작했다. 엄밀히 2022년이 되어서도 흉내내기에 급급한 기업이 많다.

ESG는 글로벌 선두 기업이 다른 기업과의 격차를 벌리는 수단이 되고 있는데, 한국 기업들은 이 격차를 좁혀야 한다. 아니 따라잡아야 한다. ESG가 주도하는 비즈니스 환경에 빨리 적응하고, 발빠르게 대응해야 한다. 어쩔 수 없이 하는 소극적 행보가 아니라, 한국 기업의 새로운 경쟁력을 확보하는 차원으로 적극적인 행보가 필요하다. 집중력 있게, 빠르게 변화하고 따라잡는 건 한국 기업, 아니 한국인의 강점이기에 ESG가 촉발한 글로벌 비즈니스 전쟁에서도 한국 기업이 기회의 편에 서길 바란다.

꼭 그렇게 되길 희망한다.

"매출 늘어 탄소배출량 증가를 감안해야"라는 변명

2022년 1월 5일, CES 미디어 간담회 이후 한종희 삼성전자 부회장이 탄소배출량 증가에 대한 기자의 질문에 "매출 늘어 탄소배출량 증가를 감안해야 한다"고 답변했다. 공장이 많아지고 매출이 늘어서 배출량도 늘어났으니 이를 감안하고 봐야 한다는 의미다. 매출액 대비 배출량과 절대 배출량은 다르다. 절대적 배출량을 줄이는 노력이 부족해도, 매출을 늘리는 노력이 강화되면 결국 매출액 대비 온실가스 배출량이 상쇄되어 평가에선 유리하게 작용할 수 있다. 대개 탄소절감에 소극적인 기업이 매출액 대비 배출량으로 얘기하는 걸 좋아한다. ESG 투자 측면으로만 보면 매출액 대비 배출량으로 평가받는 게 나을지 모르지만, ESG 경영이자 지속가능 경영 측면으로 보면 절대적 배출량으로 가야만 한다.

탄소배출량은 늘었지만 매출액 대비 배출량은 줄어 평가에서 유리한 기업 사례 중 하나가 나이키다. 나이키가 자체 신고한 Scope 1 배출량은 2015년 1만 7,975톤이지만 2021년은 4만 7,398톤이다. 2015년 이후 배출량이 계속 늘었고, 2015년 대비 2021년은 163% 증가했다. 그런데 매출액 대비 온실가스 배출량으로 평가하면 나이키는 우수 평가를 받을 수 있다. 나이키의 2020년 기후변화보고서에 따르면, 연간 배출량이 1% 증가했지만 매출이 전년 대비 7% 증가해서 매출 당 배출량은 5% 감소했다고 나온다. 물론 나이키는 2015년에 RE100에 가입했고, 2025년까지 100% 재생에너지를 목표로 하고 있다. 나이키는 마이크로소프트, 벤츠, 스타벅스, 유니레버, 다농, 머스크 등과 함께 총 9개 사가 2020년 'Transform to Net Zero'라는 기구를 설립했는데, 모든 기업이 넷제로를 달성하도록 견인하는 역할을 하는 게 목표다.

만약 기자의 질문에 한종희 부회장이 탄소감축의 속도를 앞으로 더 내겠다, 그동안의 부족함을 인정한다고 했더라면 어땠을까? 문제를 인정해야 개선이 시작된다. 하지만 문제를 변명하면 개선은 소극적일 수밖에 없다. 한종희 부회장의 말 한마디는 삼성전자가 탄소감축을 '투자'가 아닌 '비용'으로 여기는 듯한 의심이 들게 하는 대목이다. 한국 기업의 경영자 중 다수가 ESG에 대한 이해도가 전반적으로 높지 못하다. 서양 기업들이 주도하는 흐름에 후발로 뛰어들어 방어적으로 대응할 수밖에 없는 상황은 감안하지만, 그래도 글로벌 비즈니스의 방향으로 자리 잡은 이상 외면할 수도, 소극적으로 따라가서도 안 된다.

이미 글로벌 기업들은 이 방향으로 가고 있다. 삼성전자의 경쟁사 중 하나인 마이크론은 2030년까지 절대 탄소배출량을 30% 감축하고, 제품 단위당 발생하는 탄소배출량은 2018년 대비 75% 줄이는 것이 목표다. 마이크론의 D램 생산설비 4곳 중 2곳이 대만에 있는데, 향후 1곳을 대만에 더 만들 예정이다. 이유는 대만이 재생에너지 사용을 정부가 강제하는 국가이기 때문이다. 대만은 2025년까지 공장에서 최소 10%의 재생에너지를 사용해야 한다.

스마트폰에선 애플이 삼성전자의 경쟁사지만, 메모리 반도체에선 마이크론이 경쟁사 중 하나다. D램 시장에선 2021년 3분기 기준 삼성전자 43.9%, SK하이닉스 27.6%, 마이크론 22.7% 순이다. 반도체 시장에서 삼성의 가장 큰 경쟁사는 인텔이다. 시장조사업체 가트너가 발표한 '2021년 세계 반도체 시장 매출 톱 10'에 따르면, 세계 반도체 시장에서 삼성전자는 2021년 기준 13%로 1위다. 2위가 인텔(12.5%), 3위 SK하이닉스(6.2%), 4위 마이크론(4.9%) 순이다. 인텔은 2040년까지 Scope 1, 2 순배출량을 제로로 만들겠다는 계획을 선언했다. 절대적 탄소배출량을 최대한 줄이고, 부족한 건 탄소배출권 구매를 비롯해 상쇄하겠다고 한다.

애플과 마이크론, 인텔 모두 삼성전자보다 탄소감축에 적극적이다. 다들 구체적 목표가 있지만 삼성선자는 아직 없다. 이것이 향후 삼성전자의 비즈니스에 어떤 영향을 줄지 생각해보라. 반도체 산업은 전력 사용량도 많고 탄소배출도 많다. 그래서 반도체 업계는 탄소중립에 대해 좀 더 부담스럽다. 삼성전자의 직접 탄소 배출량

Scope1 중 95%가 DS 부문에 속한다. 반도체 사업이 바로 DS 부문에 있다. 삼성전자가 탄소중립에 적극적으로 나서지 못하고, 반도체 산업의 특수성을 감안해달라고 얘기하는 것도 이해는 된다. 하지만 반도체 업계의 다른 회사들은 이미 실행에 나섰다. 심지어 가전 분야에서 삼성전자의 경쟁사인 LG전자도 절대 탄소배출량 감축을 하고 있는데, 2018년 대비 2020년 43.9% 줄였다. 분명한 건 절대 배출량 감축이 아닌 매출액 대비 배출량으로는 넷제로를 달성하지 못한다.

2022년 CES에서 한종희 삼성전자 부회장이 기조연설을 했고, '모두를 위한 동행Together for Tomorrow'이란 주제로 지속가능한 미래를 위한 일상의 실천Everyday Sustainability을 강조했다. 기조연설의 내용과 달리, 삼성전자의 지속가능 경영은 아쉬움이 크다. 그리고 매출이 늘어서 탄소배출량이 늘었으니 감안해달라는 것과 달리, 탄소 총배출량을 매출액으로 나눠 계산해보면 매출이 늘어난 것보다 탄소배출이 좀 더 늘었다. 곧 돈을 잘 벌어서 공장을 더 가동해서 어쩔 수 없이 배출량이 늘었다고 하기엔, 배출량을 줄이는 노력은 소극적이었던 것이다. Scope 1 관리도 시급하지만, Scope 3도 마찬가지다. 대외적 평가에만 연연할 게 아니라, 경영의 방향성 변화가 요구된다. 경쟁사들과 굳이 비교하지 않더라도, 삼성전자의 글로벌 위상을 봐서도 그렇다. 세계 최대 자산운용사 블랙록Black Rock은 삼성전자의 3대 주주다. 블랙록은 삼성전자가 단기, 중기, 장기 탄소배출 감축 목표와 계획이 없다는 점을 계속 비판하고 있다.

2022년 CES에서 기조연설하는 한종희 삼성전자 부회장. (출처 : 삼성전자)

애플과 삼성전자의 차이는 환경에 대한 인식 수준의 차이나 도덕성의 차이가 아니다. ESG 경영을 바라보는 관점의 차이다. 애플이 막대한 그린 본드를 발행한 것과 달리 삼성전자는 그러지 않았다. 그럴 필요도 없는 게 삼성전자는 2021년 말 기준, 현금 및 현금성 자산, 단기금융상품 등 단기간 내 현금화할 수 있는 자산이 124조 원이다. 이중 순 현금만 105조 원이 넘는다. 굳이 채권을 발행하지 않아도 자금 조달이 문제 되진 않는다. 그런데 그 돈을 어디에 쓸까? 연간 정규 배당은 2018~2020년 9조 6,000억 원, 2021~2023년 9조 8,000억 원으로 연간 10조 원이 안 된다. 주주환원에서 배당 중심이다. 자사주 소각은 2015~2018년 기간에 11조 3,000억 원 정도 했고, 그 이후로는 없다.

물론 전 세계에 엄청난 규모의 생산시설과 공급망을 운영하다 보니 운전 자금이 크게 필요하긴 하다. 하지만 현금을 쥐고만 있고 제대로 활용하지 못한다. 공격적으로 M&A 하겠다는 말은 늘상 하지만, 결과적으론 그러지 못했다. 글로벌 경제 상황이나 외부 변수가 위기여서 돈을 안 쓰고 쌓아둬야 하는 게 아니라, 그런 위기일수록 더더욱 돈을 잘 써야 한다. 미래는 현재에 쓴 돈이 만들어낸다.

애플은 돈이 없어서 그린 본드를 발행하는 게 아니다. 애플은 2021년 12월 기준, 단기간 내 현금화할 수 있는 자산은 약 2,026억 달러(약 247조 원)이고, 순 현금은 약 798억 달러(약 96조 원)다. 2021년 애플이 주주 배당과 자사주 소각 등 주주환원에 쓴 돈이 1,030억 달러(123조 원)다. 애플은 차입금도 1,228억 달러 정도다. 분명 단기간 내 현금화할 수 있는 자산은 애플이 삼성전자보다 2배 많다. 그런데 차입금은 애플이 삼성전자보다 오히려 8배 정도 많다. 애플은 돈이 회사에 쌓여 있는 꼴을 못 보겠다는 뉘앙스다. 실제로 2011년 팀 쿡이 CEO로 취임하면서부터 막대한 현금을 회사에 쌓아두지 않겠다는 순 현금 중립 정책을 유지하고 있다. 돈을 적극 투자에 쓰고, 주주에게 환원하는 정책이다.

기업의 목적은 돈을 버는 데 있는 게 아니라, 번 돈을 쓰는 데 있다. 돈은 쓸 때 비로소 힘이 생긴다. ESG를 위해선 돈이 많이 든다. 하지만 이 돈을 투자의 관점으로 이해하는 경영자라면 공격적으로 쓸 수 있다. ESG가 만들어내는 비즈니스 기회를 적극 공략하는 것이기 때문이다. 공격이 최선의 방어라는 말은 ESG 경영을 얘기할 때도 유효하다.

탄소중립을 넘어 탄소 네거티브를 지향하는 마이크로소프트

마이크로소프트Microsoft는 2020년 1월, 2030년까지 탄소 네거티브Carbon Negative를 이루겠다는 목표를 발표했다. 탄소중립Net Zero이 배출한 탄소를 제거해 대기 중 배출되는 양을 제로로 만드는 것이라면, 탄소 네거티브는 탄소배출량보다 더 많은 양을 제거해 마이너스로 만드는 것으로, 넷제로보다 더 진전된 개념이다. 1975년 이후 마이크로소프트가 지구상에 배출한 모든 탄소를 2050년까지 제거하는 것이 목표다. 이건 단지 구호가 아니라 구체적인 계획을 통해 실행된다. 마이크로소프트는 탄소 네거티브 활동에 대한 성과를 백서로 만들어 매년 공개한다. 제3자의 검증을 거친 데이터를 보고서에 공개하고, 지속가능성 목표 진척 사항을 경영진 보수에 반영한다. 목표대로 안 되면 경영진 보수가 삭감될 수 있는 것이다.

마이크로소프트가 창업한 해가 1975년이다. 2050년이면 창업 75주년이 되는데, 그때까지 사업하며 발생한 누적 탄소를 다 제거하고 나면, 2051년부터는 사업을 하면서도 탄소배출은 없는 상태, 오히려 탄소 네거티브이기에 다른 회사들이 배출한 탄소를 상쇄하는 상황이 되는 것이다.

마이크로소프트는 2020년에 재생에너지 전환 및 내부 탄소세 도입 등을 통해 탄소배출량을 1,160만 톤에서 1,090만 톤으로 6% 줄였다. 15개 협력업체와 전 세계 26개 친환경 프로젝트로부터 130만 톤의 탄소제거 프로젝트에도 투자했는데, 이중에는 단기적 성과가 아닌 장기적 성과를 위한 투자도 있다. 그중 대표적인 것이 탄소포집과 광물화다.

클라임웍스Climeworks는 재생에너지만을 이용해 공기 중 이산화탄소를 포집해 이를 합성연료, 온실농업, 탄산음료 등에 사용하거나, 광물화 과정을 거쳐 화산암에 영구 저장할 수 있는 기술을 개발하는 회사다. 이미 유럽에 공기포집 공장을 건설해 가동 중이고, 마이크로소프트는 2020년에 여기서 탄소상쇄권을 구매해 1,400미터톤의 탄소를 제거했다. 이후 기후혁신기금Climate Innovation Fund, 2020년 설립한 10억 달러 규모의 기금을 투자해 아이슬란드에 대규모의 완전 재생 가능한 탄소포획 및 광물화 공장 건설을 지원했다.

탄소제거는 구호가 아니라 투자다. 그리고 기술이다. 아직 개발되지 않은 기술이 만들어낼 막대한 시장이 있는 분야다. 미래의 글로벌 대기업이 될 탄소제거 관련 스타트업들에 글로벌 빅테크들이 투자하는 것은 명분뿐 아니라 실리도 있다.

2020년 마이크로소프트는 내부 탄소세를 도입했는데, Scope 1, 2에 해당하는 직원들의 출장이나 전기 사용에 대해 내부적으로 톤당 15달러를 부과했다. Scope 3에 대해선 톤당 5달러를 부과하는 것을 시작으로 매년 상향해간다. Scope 3과 관련한 혁신이 내부에서 이뤄지며, Xbox팀이 대기 모드의 전력을 15W에서 2W 미만으로 줄이는 기능을 개발하는 것을 비롯해 에너지 사용을 줄이고 효율성을 높이는 기술 혁신이 활발해졌다. 마이크로소프트 디바이스 팀은 데이터 시각화 도구인 Power BI를 활용해 공급망 개선을 위한 감사관리 시스템을 구축했다. 마이크로소프트는 공급망의 협력업체가 지켜야 할 행동강령을 변경해, 공급업체도 온실가스 배출량 감축에 동참시키고 조달 프로세스에도 적용시켰다.

마이크로소프트가 2022년 3월에 발간한 〈2021 환경지속가능보고서2021 Environmental Sustainability Report〉에 따르면, 2021년에 Scope 1, 2를 전년 대비 17% 정도 줄였고, Scope 3은 전년 대비 23% 정도 줄였다. Scope 3은 기업의 통제 범위 밖에서 이뤄지는 활동이나 외부 시설에서 파생되는 탄소배출이라, 유통부터 보관, 폐기까지 방대한 범위를 포함해 배출량을 측정해야 하는데 복잡하고 어렵다. 2020년에 130만 톤의 탄소제거 프로젝트에 투자했는데, 2021년에는 140만 톤의 탄소제거를 했고, 회계연도 2022년은 150만 톤의 탄소제거를 목표로 했다. 마이크로소프트 파트너사 중 87% 이상의 탄소배출량 데이터를 확보해 회계보고서에 반영하고 있다. 마이크로

마이크로소프트가 2022년 3월에 발간한 <2021 환경지속가능보고서>. 마이크로소프트가 탄소감축과 기후위기 문제를 해결하기 위해 ESG 활동에 적극 투자하고 있음을 확인할 수 있다. (출처 : 마이크로소프트)

소프트는 공급망 탈탄소화를 위해, 공급자와 계약에서 탄소 가격을 포함하는 문제도 향후 해결할 과제로 삼았다. 탈탄소를 위해선 경제적 인센티브가 필요하다. 명분만으로는 해결되지 않는다. 결국 실리가 있어야 한다. 이를 위해서도 탄소배출량에 대한 기술 기반의 측정이 필요하다. IT 기술의 역할은 탈탄소 과정에 필수적이다. 〈2021 환경지속가능보고서〉는 119페이지 분량으로 환경 관련 지속가능성 이슈들인 탄소 네거티브Carbon negative, 워터 포지티브Water Positive, 제로 웨이스트Zero Waste, 에코시스템Ecosystems 등 4가지를 중심으로 활동 내역과 개선된 내용을 자세히 보고하고 있다. 탄소 이슈만큼이나 물과 플라스틱 쓰레기 문제도 중요하고, 환경적 지속가능성 문제는 모두 기술적 개선과 시스템 개선도 중요하다는 점을 보고서는 잘 반영하고 있다. 엄밀히 보고서를 잘 썼다기보다, 보고서에 담길 내용을 잘 만들어내기 위해 ESG 활동에 적극 투자하고 있다는 것이 더 정확한 평가일 것이다.

마이크로소프트의 사례에서 무엇을 생각해봐야 할까? 역시 마이크로소프트가 꼼꼼하게 참 잘한다거나, 넷제로보다 진전된 탄소 네거티브라니 역시 시가총액 2조 달러 넘는 빅테크는 달라도 뭔가 다르다는 걸 느끼라는 게 아니다. 탄소감축은 적극적 투자로 구체적으로 실행하고, 기술적 개선으로 효과를 극대화하고, 탄소감축 활동에 대한 데이터를 과학적으로 측정해 객관성과 투명성을 확보하고, 모든 관련 데이터를 지속경영가능보고서를 통해 공시하는 것이 왜 중요한지 생각해봐야 한다. 왜 마이크로소프트는 ESG 경영 중 탄소감축 분야에서 이렇게 잘하고 있는지, 그것이 그들의 비즈니스에 어떤 이익을 주게 될지 생각해보라. 우린 선도기업의 사례를 보며 벤치마킹해서 맹목적으로 따라가기만 하는 것으로는 안 된다. 그들의 의도와 실리를 파악해 우리가 얻을 실리에 대해 전략적으로 접근해야 한다.

마이크로소프트뿐 아니라, 애플, 구글, 아마존, 메타(페이스북) 등 미국의 빅테크들이 탄소감축과 기후위기 대응 관련해선 적극적이다. 이건 선의 때문도, 지구를 살린다는 명분 때문도 아니다. 과연 한국의 빅테크들은 어떤가? 삼성전자, SK하이닉스, SKT, KT, 네이버, 카카오 등은 미국의 빅테크와 비교하면 어떤가?

ESG 평가점수를 잘 받는 게 목적이 아니다. 시험점수 높이는 능력만 좋은 한국인은 이점을 분명히 해야 한다. 평가점수가 목적이 아니라 ESG를 통해 기업의 비즈니스 전환과 미래사업의 기회를 만들어가는 게 중요하다. 점수보다 진짜 실력이자 경쟁력을 만드는 데 주력해야 한다. ESG 2.0을 통한 비즈니스 전환에 적극 나서야 한다.

당신의 기업은 탄소배출량 감축에 대한 목표가 설정되어 있는가? 탄소배출량 감축에 대한 연도별(시기별) 영역별(Scope 1, 2, 3 별로, 그 하위에서도 세부 영역별로) 구체적 목표와 그걸 달성할 구체적 실행방법, 그에 필요한 자금 투자 계획이 되어 있는가? 배출량에 대한 과학 기반의 측정이 되고 있는가? 과학 기반의 측정을 통해 감축 목표를 구체적으로 세웠는가? 연도별, 영역별 목표를 달성할 경우에는 어떤 보상이 주어지고, 목표 달성을 하지 못할 경우에는 어떤 패널티가 부과되는가? 모든 탄소감축 활동에 대한 데이터를 지속가능경영보고서나 ESG보고서를 통해 정확히 보고하고 공시하는가? 이 질문을 스스로에게 던져보라. 만약 당신이 기업의 CEO이거나 경영진, 주요 의사결정 책임자, ESG 부서장 등이라면 말이다. 기업의 ESG 계획과 목표의 구체성과 실행의 실효성은 기업에서 리더의 몫이다.

테크 기업의 ESG 리스크,
결국 격차를 만든다

테크(IT) 산업은 모든 산업을 리드하고 있다. 전 세계 기업 중 가장 시가총액 높은 기업 Top 10 중 8개가 테크 기업이다. 그리고 10개 중 8개는 미국 기업이기도 하다. 미국 버크셔헤서웨이 Berkshire Hathaway는 투자기업이지만 테크에 대한 비중이 높아졌고, 사우디아람코 Saudi Aramco는 석유에너지 기업이지만 테크에 대한 투자에 적극적이다. Top 10 중 어떤 기업도 테크와 무관하지 않다. 이제 테크 기업이냐 전통적 기업이냐를 구분하는 게 난센스가 되기도 한다. 테슬라는 자동차 기업이면서 테크(IT) 기업이다. 세계적 자동차 회사들이 모두 소프트웨어 퍼스트를 외치며 모빌리티 기업으로 정체성을 전환한 지도 꽤 되었으니, BMW, 토요타 같은 기업도 테크로 봐야 한다.

금융과 리테일, 커머스 등 전통적 의미로서는 테크 기업이 아니지만 디지털 트랜스포메이션과 테크에 대한 투자로 거의 테크 기업 같은 기업도 많다. 산업의 주도권을 테크가 갖고 있고, 전 세계 테크의 주도권은 미국이 갖고 있다. 미국 경제, 미국 산업의 경쟁력 중 금융도 강력하지만, 테크도 강력하다.

시가총액 순위를 Top 100으로 넓혀도 테크 기업이라 볼 수 있는 기업의 비중은 압도적이다. 전통적 기업도 테크로 변신해서 살아남거나, 변신하지 못해 도태되거나 한다. S&P 500에서 시가총액 최상위 5개 기업이 2000년에 GE, 액손모빌ExxonMobil, 화이자, 시티그룹, 시스코였는데, 2010년에 액손모빌, 애플, 마이크로소프트, 버크셔헤서웨이, GE였고, 2020년에는 애플, 마이크로소프트, 아마존, 알파벳(구글), 메타(페이스북)이었다. 2000년 시가총액 1위였던 GE는 2022년 4월 기준으로 에어비앤비(130위권)보다 낮은 150위 정도다. 중국의 전기차 회사 BYD와 비슷한 시가총액이다. 삼성전자의 1/4 정도이고, 애플의 1/30 정도다. 격세지감이라 할 수 있는데, 엄청난 시간이 아니라 20년이다. 세계 1위가 150위가 되는 데 20년 걸렸다. 물론 여전히 GE는 세계적 기업이다. 중요한 건 모든 기업의 디지털 트랜스포메이션이 필수고, 제조나 상거래나 IT를 빼고선 비즈니스를 얘기할 수 없는 시대라는 점이다. 따라서 테크 기업이 겪는 리스크를 수많은 기업도 겪을 수밖에 없다. 모든 기업이 이미 테크 기업이 된 셈이다.

참고로, 다음은 2022년 4월 기준의 10개 기업인데, 이들은 2020~2022년 계속 Top 10에 들어 있다. 애플, 마이크로소프트, 알

전 세계 시가총액 Top 10 기업 (2022년 4월 10일 기준)

1	애플	6	테슬라
2	사우디아람코	7	버크셔해서웨이
3	마이크로소프트	8	메타(페이스북)
4	알파벳(구글)	9	엔비디아
5	아마존	10	TSMC

파벳(구글), 아마존은 그 이전부터 계속 Top 5에 있었다. 삼성전자는 14~18위 사이에 있다. 흥미롭게도 빅테크 기업늘은 ESG 경영에 적극적이다. 미국의 빅테크 기업들은 넷제로에 아주 적극적이다. 이건 빅테크가 선해서가 아니라, 빅테크가 ESG 리스크 중에서도 넷제로 리스크가 가장 크기 때문이다.

CES는 테크 업계에서 가장 중요한 전시 이벤트 중 하나다. 테크 기술과 비즈니스의 방향이 가장 잘 보이는 전시이기 때문이다. CES 2022에서 ESG가 주연이었다. 기조연설을 맡은 삼성전자 한종희 부회장은 제품이 아닌 지속가능성을 얘기했는데, CES에 참가한 거의 모든 빅테크 기업이 넷제로 목표를 얘기하거나, 전시 부스를 친환경 코드로 만들거나, 지속가능성을 강조했을 정도다. 분명

CES는 테크 기업이 자사의 진전된 IT 기술을 선보이는 자리이고, 로봇과 AI, 모빌리티 기술이 CES 2022에서도 부각되었다. 하지만 전체를 관통하는 메시지는 ESG였다.

미국 테크 기업이 아니라 이젠 한국 기업들도 ESG를 강조한다. 삼성전자는 제품 제조 전 단계에서 친환경 강화를 통한 친환경 경영을 선언했고, SK그룹은 수소연료전지와 재생에너지, 친환경 생분해 소재, 저전력 반도체 등 핵심 사업 영역 각 분야에서 친환경이 반영된 기술과 비즈니스를 강조하고 넷제로 비전도 드러냈다. LG전자는 전시 부스 자체를 재활용 자재로 만들었고, 탄소중립과 재활용 플라스틱 등 순환경제에 대한 비전을 드러냈다. 한국 기업까지 ESG를 적극 강조하는 것을 보면, 확실히 ESG가 테크 기업에게 얼마나 중요한 이슈가 되었는지 실감할 수 있다.

CES 2021에서 디지털 헬스, 디지털 트랜스포메이션, 로봇/드론, 모빌리티, 5G 연결, 스마트 시티가 핵심 테크 트렌드였는데, 주요 참가 기업이 ESG를 강조했고, 탄소감축 계획도 잇달아 발표되었다. ESG가 전시의 숨은 주연이었다. 특히 CES 2021 기조연설자 9명 중 5명이 여성 CEO였다. 역대 처음으로 CES 기조연설 무대가 여성의 우위였다. 확실히 테크 기업에서 유리천장이 깨지고, 능력 위주 발탁과 다양성이 강조되는 인재상임을 확인한 셈이다. 이 또한 ESG 이슈다.

모건스탠리가 2010년대는 FAANG^{Facebook, Amazon, Apple, Netflix, Google}이 산업적 주도권을 장악했으나, 그다음 10년(2020년대)은 ESG가

장악할 것이라고 했는데, 사실 이걸 가장 실감하는 건 FAANG 자신들이다. 메타(페이스북)가 위기를 맞아 주가가 급락한 것도 ESG 이슈에 해당되고, 아마존, 애플도 노동과 공급망 문제에서 ESG 리스크가 있다. 넷플릭스, 구글을 비롯해 세계적 테크 기업들 상당수가 ESG 리스크에서 자유롭지 않다.

테크 기업의 ESG 리스크 중 가장 대표적인 것이 전력 에너지 사용량이 많다는 점이다. 특히 클라우드 컴퓨팅 서비스, 데이터센터를 운영하는 기업은 막대한 에너지를 쓰게 되는데 이를 줄이기 위해 적극적으로 행동할 수밖에 없다. 서버와 반도체의 전력 소모를 줄이기 위한 에너지 효율성 극대화도 중요하고, 신재생에너지 발전 설비를 통해 에너지원을 신재생에너지로 바꾸는 것도 필수적이다. 본사 사옥이자 사무공간, 영업공간 등에 사용하는 에너지를 신재생에너지로 바꾼다. 테크 기업의 상품은 디바이스건 서비스건 소비자가 사용하면서 전력을 소모하기에 간접 총 배출량인 Scope 3 대응도 중요하다.

탄소배출 관련 글로벌 규제가 강화되는 것도 테크 기업이 감당해야 할 리스크다. 탄소포집과 활용, 기술 개발에 투자하는 것도 이런 리스크 대응 차원이다. 탄소배출 외에도 생산과 유통 과정에서 사용하는 물, 대기오염과 폐기물 유발도 리스크가 되고, 일회용 플라스틱과 제품 폐기 후 재활용까지 선순환이 필요하다. 아울러 자원 공급망에서 인권, 노동, 환경 이슈도 리스크다. 제조 공급망, 물류에서의 노동, 환경 이슈만큼이나 이 부분이 중요하다. 책임 있는

삼정KPMG가 분석한 테크 기업들이 ESG를 중시하는 요인 6가지

① 전력 에너지 사용량이 많음

· 테크 기업들은 대규모 사옥, 제조 공장, 데이터센터에서 많은 전력 에너지를 사용하고 있음

· 클라우드는 사용한 만큼 비용을 지불하는 구조기 때문에 대규모 장비를 사전에 구입하는 낭비를 막을 수 있지만, 전기를 대량 사용하는 문제점도 있음

· 데이터센터는 24시간 가동되고 서버와 네트워크 장비의 열을 식히기 위해 냉방 설비도 계속 운영되어야 함

② 자원 공급망에서 인권 및 환경 이슈

· 코발트 광산은 아동 노동 착취를 비롯해 불법 광산 운영, 인권 침해, 부패 등 다양한 불법 행위를 저지른 것으로 알려짐

· 인공 터널 속에서 코발트를 채취하는 노동인력이 치명적인 사고를 당하거나, 심각한 폐 질환에 걸릴 위험도 있음

· 코발트를 채굴하고 유통한 채광 기업뿐만 아니라 이를 공급 받은 테크 기업도 책임이 있다는 비판을 받고 있음

· 공급사슬에서 발생하는 노동, 인권, 환경 이슈로 생산 차질, 조업 중단의 리스크가 발생할 수 있음

③ 데이터 · 사이버 보안 이슈에 민감

· 오늘날 단순히 하나의 국가가 다른 국가의 전산망을 해킹하려는 사례가 아닌 기술 공급 망에 대한 무차별적인 대규모 공격이 증가

· 사이버 보안 문제는 개별 기업을 넘어 네트워크 연결된 글로벌 기업과 국가 거버넌스 전체를 뒤흔들 수 있는 심각한 이슈

· 코로나19로 원격 및 하이브리드 근무가 보편화되면서 보안 취약점이 늘고 있음

· AI(인공지능) 등 신기술 활용으로 사이버 공격이 교묘해지고 있음

탄소 배출 관련 글로벌 규제 강화

· 2020년 ICT 분야에서 배출되는 이산화탄소는 전체 탄소 배출량의 3~3.6%로 추정 1)

· 유럽연합EU은 유럽연합으로 들어오는 수입품 중 역내 제품보다 탄소 배출이 많은 제품에 관세를 부가하겠다는 탄소국경조정제도(CBAM, Carbon Border Adjustment Mechanism)를 2023년부터 단계적으로 도입할 예정

· 탄소국경세로 인한 조세 부담은 ICT 제조 기업의 수출과 수익성에 직접적인 영향을 줄 수 있음

생산·유통 과정에서 오염 및 폐기물 유발

· 전기·전자장비 폐기물처리지침, 생산자 책임 재활용 제도 등 산업 현장에서 배출되는 유해 화학 물질 및 폐기물 관리에 관한 결의안, 지침, 가이드라인이 강화되고 있음

· 자원 채취-생산-소비-폐기로 이어지는 선형경제의 대안으로 순환경제Circular Economy 가 주목받고 있음

· 순환경제는 폐기물 최소화에 그치지 않고, 자원 채취-생산-소비-재활용의 선순환 구조 를 이루는 데 초점이 맞춰진 모델

신기술의 부작용 발생 가능성

· AI는 기후변화, 식량, 보건 등 인류가 직면한 문제를 해결하는 도구가 될 수 있으며, 동시 에 이로 인한 부작용의 발생 가능성도 존재

· 테크 기업이 개발하고 있는 AI 알고리즘은 각종 편견과 불평등, 차별을 유발하는 데 활용 될 수 있음. 음성·이미지 합성 기술의 경우 보이스피싱, 가짜 뉴스, 딥페이크 영상 등 부 적절한 의도로 오남용 될 가능성이 있음

· 개인정보 보호 문제, 자율주행 오작동으로 인한 안정성 이슈, AI의 권한 설정과 결과에 대한 책임 소재 문제도 고려 필요

1) Belkhir, L., & Elmeligi, A. (2018). Assessing ICT global emissions footprint : Trends to 2040 & recommendations. Journal of cleaner production, 177, 448-463.

(출처 : 삼정KPMG <글로벌 빅테크 기업의 ESG 동향과 시사점>(2021.12.) 보고서)

원자재 소싱과 공급망 관리를 위해 RMI^{Responsible Mineral Initative} 협의체에 가입하는 기업이 늘고 있다. 테크 서비스의 특성상 데이터와 사이버 보안 리스크가 크고, 신기술 부작용 발생 가능성도 리스크가 된다. 기술이 악용되지 않도록 기술에 대한 통제권을 인간이 유지할 수 있는 방안을 만들고, 사이버 보안에 적극적으로 투자해야 한다. 물론 ESG 리스크 중에서 가장 큰 것은 기후변화 리스크다. 가장 많은 투자가 필요하고 가장 시급한 분야기도 하다.

삼정KPMG에서 나온 〈글로벌 빅테크 기업의 ESG 동향과 시사점〉(2021. 12.) 보고서는 테크 기업들이 ESG를 중시하는 요인을 6가지로 분석했다. 이는 빅테크가 아니어도, 디지털 트랜스포메이션으로 테크화된 모든 기업이 고려하고 대응할 이슈이므로 참고삼아 제시한다. 시간을 내서 보고서 원문을 읽어보는 것는 것도 좋다. 삼정KPMG 웹사이트에서 공개하고 있는 보고서이고, 좀 더 상세한 설명과 사례를 보면 이해가 더 잘 될 것이다.

RE100 카르텔과
ESG 무역 장벽

　　RE100은 재생에너지Renewable Energy 100%를 의미한다. 'RE100 이니셔티브'는 다국적 비영리단체인 더클라이밋그룹The Climate Group이 2014년 뉴욕시에서 개최된 '뉴욕시 기후주간Climate Week NYC' 행사에서 처음 소개한 것으로, 기업이 공장, 사무실, 건물 등 기업 활동에 필요한 에너지를 재생에너지로 100% 사용하겠다는 협약이다.

　　2022년 5월 현재 구글, 애플, GM, 나이키, 아마존, 마이크로소프트 등 371개 글로벌 기업이 회원사로 가입되어 있다. 이중 한국 기업은 19개다. 한국 기업 중에선 SK그룹의 6개 회사(SK하이닉스, SK텔레콤, SK주식회사, SK머티리얼즈, SK실트론, SKC)가 2020년에 가입한 것을 시작으로, 2021년 아모레퍼시픽, 고려아연, LG에너지솔루션, SK아이이테크놀로지, 미래에셋증권, KB금융그룹, 한국수자원

공사, 롯데칠성음료, 2022년 인천국제공항으로 이어졌다. 중요한 건 누가 가입하고 안 하고가 아니다. RE100이 비즈니스 격차를 만드는 일에 어떻게 활용되느냐는 점이다. 빅테크 기업들이 RE100에 빨리 가입했는데, 구글, 마이크로소프트, 어도비Adobe, 세일즈포스 Salesforce는 2015년, 애플, 메타(페이스북)는 2016년이다.

371개 중 미국 기업이 95개, 영국 기업 48개다. 미국, 영국 두 나라의 기업이 전체의 40% 정도다. 독일 18개, 프랑스 14개로 미국, 영국, 독일, 프랑스가 전체의 절반 정도고, 유럽과 북미가 전체의 2/3 정도다. 중국 5개, 인도 8개로 아주 취약했고, 일본 72개, 한국 19개로 의외로 일본이 높았다. 물론 RE100 초반에는 미국, 영국의 비중이 더 높았고, 여전히 RE100의 주도권은 그들이 갖고 있다. ESG를 태동시키고, 발전시킨 영국과 미국이 RE100을 주도하는 건 당연하다.

애플은 오바마 정부에서 환경보호국EPA 최고관리자(2009~2013) 로 미국의 온실가스 감축과 청정에너지 정책을 이끈 리사 잭슨Lisa

더클라이밋그룹The Climate Group이 발표한 'RE100 이니셔티브'. 기업이 공장, 사무실, 건물 등 기업 활동에 필요한 에너지를 재생에너지로 100% 사용하겠다는 협약이다. (출처 : CDP)

Jackson을 2013년 6월에 부사장으로 영입했고, 지금까지 애플의 환경 정책을 주도하고 있다. 애플은 RE100을 위해 데이터센터의 전력을 태양광, 풍력으로 바꾸기 시작했고, 사옥을 지을 때도 재생에너지 사용을 고려했다. 이런 노력으로 2018년 4월 애플은 전 세계에 있는 애플의 시설(사무실, 리테일 매장, 데이터센터 등)이 100% 청정에너지Clean Energy로 가동된다고 발표하기에 이른다. 그리고 애플의 협력사(부품 공급업체 및 판매업체)들에 Supplier Clean Energy Program이란 이름으로 동참해주길 요구했고, 2018년까지 애플의 협력사 중 23개사가 애플과 청정에너지 협약을 맺었다. 당장 전부 바꾸자는 건 아니지만, 애플은 2030년까지 제조 공급망 전체를 청정에너지 100%로 만들고자 한다. 부품을 발주하고 납품받는 애플은 공급망에선 갑의 입장인데, 협력사들로선 애플의 요구를 외면하긴 쉽지 않다. 2019년까지 Supplier Clean Energy Program을 받아들인 협력업체가 44개였고, 2021년까지 24개국 175개다.

국내 기업 중 첫 번째로 2020년 SK하이닉스가 Supplier Clean Energy Program에 협약을 맺었다. 애플의 국내 협력사 중 대기업으로는 삼성전자(D램), 삼성디스플레이(OLED), SK하이닉스(D램), LG이노텍(카메라 모듈), LG에너지솔루션(배터리) 등이 대표적이다. 이중 SK하이닉스와 LG에너지솔루션이 RE100에 가입했다. 삼성전자도 안 할 수 없다. 애플이 공개한 2021 부품 공급업체 목록Apple supplier list에 따르면, 삼성전자의 4개 공장에서 부품을 납품받고 있다. 애플은 Supplier Clean Energy Program을 강제하지 않는다고는 계속 밝혔지만, 강제는 아니어도 어차피 다 해야 한다. 2030년까지 공급망에서 청정에너지 100%를 달성하기 위해서는 이 협약을 맺지 않는 기업은 공급망에서 빠질 수밖에 없다. 애플과 일하는 한국의 대기업이 바뀌면, 한국의 대기업과 일하는 국내의 협력사도 바뀌어야 할 것이다. 결국 애플에 의한 도미노가 이뤄지는 것이다.

자동차 업계에선 BMW그룹이 RE100을 선언한 대표적 기업인데, 비교적 빠른 2015년에 가입했다. BMW그룹도 애플처럼 공급망의 협력업체에 재생에너지 사용을 요구했다. 어쩌면 당연한 요구다. RE100이 지금 시대에는 비즈니스의 기본이 된 데다, 제조사가 RE100을 이루려면 공급망 변화가 반드시 필요하다. BMW가 전기차 배터리 셀 공급 계약을 삼성SDI와 체결할 때도 제조 과정에서 재생에너지 사용을 요구했다. 폭스바겐이 LG화학과 배터리 셀 공급 계약을 할 때도 제조 과정에서 재생에너지 사용을 요구했다. 볼보가 LG화학과 전기차 배터리 계약을 맺을 때도 재생에너지로 생산한 제품만 납품하는 내용이 포함되어 있었다. 테슬라도 배터리 납품 시 재생에너지 사용을 요구한다.

국내 전기차 배터리 제조사들은 국내에서 재생에너지 사용이 쉽지 않다 보니, 외국 공장에서 이를 해결한다. SK이노베이션도 헝가리에 있는 배터리 제조 공장에선 재생에너지를 100% 사용 중이다. 삼성전자도 국내에선 엄두를 못 내지만, 미국, 유럽, 중국에 있는 공장에선 100% 재생에너지를 사용한다. 한국은 총 에너지 사용량에서도, 탄소배출량에서도 전 세계 상위권이다. 한국은 제조산업의 비중이 높은 나라이고, 제조 과정에서 재생에너지를 100% 사용한 것만 납품받거나 구매하는 기업이 많으면 많을수록 한국의 산업 경쟁력은 떨어질 수밖에 없다. 앞으로 RE100은 모든 기업의 기본이 될 수밖에 없고, RE100 이니셔티브에 공식적으로 합류하지 않더라도 재생에너지 사용과 탄소배출 절감은 당연한 일이 된다.

덴마크 최대 전력회사 외르스테드Ørsted는 해상 풍력 발전에 주력하는 회사다. 2020년 7월, 외르스테드는 시스템 반도체 시장 세계 1위인 대만의 TSMC와 전기 공급 계약을 맺었다. 외르스테드가 대만에서 50km 떨어진 바다에 풍력 발전 설비를 2025년까지 건설하는데, 여기서 생산된 전기를 TSMC에 공급하는 것이다. TSMC에겐 안정적이고 대량으로 공급받을 수 있는 전력도 중요하고, 재생에너지도 중요하다.

미국의 어플라이드 머터리얼즈Applied Materials는 반도체 장비업계에선 세계 1위다. 2020년 7월, 텍사스에 건설 중인 500MW급 풍력 발전소를 인수했다. 이를 통해 이 회사가 사용하는 전력량의 10%를 해결하게 된다. 어플라이드 머터리얼즈는 2030년까지 100% 재생에너지를 쓰는 것이 목표인데, 그 일환으로 풍력 발전소를 산 것이다. 향후 추가적으로 풍력이나 태양광 발전소를 인수할 수도 있을 것이다.

반도체 산업은 전력 사용량이 많다. 국내에서도 삼성전자, SK하이닉스의 반도체 공장에서 사용하는 전력이 국내 전체 산업용 전기 사용량의 15% 정도다. 전체 반도체 산업에서 메모리 반도체 분야는 30% 정도에 불과하다. 메모리 분야 세계 1위 삼성전자가 시스템 반도체에서도 세계 1위(지금은 한참 뒤진 2위)를 목표로 하는 것도 이런 이유다. 국내 반도체 기업들이 메모리에 강한데, 이들이 비메모리에도 적극 투자하고, 점점 시장을 확보해간다는 것은 결국 전력 사용량이 더 많아질 수 있다는 의미도 된다. 반도체 수요는 앞으로도 커질 텐데, 반도체를 공급받는 기업들이 RE100을 선언할수록 전력 사용량이 많은 반도체 기업들마저도 재생에너지를 필수로 여길 수밖에 없다.

그리고 반도체 산업에서 중요한 화두 중 하나가 초절전 반도체다. 반도체를 만들 때 재생에너지를 쓰며 탄소배출을 절감하고, 만들어진 반도체도 초절전이 되어 그 반도체가 탑재되어 사용될 기기에서 전기 사용량이 줄어들면, 결국 에너지 사용이 줄고 그에 따른 탄소배출 감소로 이어지는 셈이다. 기승전 재생에너지, 뭐든 끝에는 다 재생에너지와 탄소배출 감축으로 이어진다.

2015년 RE100에 합류한 구글은 탄소절감을 넘어 탄소배출이 없는 에너지를 사용한다는 CF100(Carbon Free, 무탄소) 계획을 실행 중이다. 구글은 데이터센터 때문에 전기가 아주 많이 필요한 회사인데, 데이터센터에서 태양광, 풍력, 수력을 에너지원으로 쓰는 것이다. 이미 구글은 자체적으로 태양광, 풍력, 수력 발전소를 많이 만들어서 전기를 사용하고 있으며, 이 발전소로 향후엔 비즈니스도 할 것이다. 아마존이나 구글 등이 데이터센터의 남는 부분을 이용하는 것으로 시작한 게 지금은 엄청난 비즈니스가 된 클라우드 서비스처럼 말이다. 탄소배출 감축이 의무가 된 시대, 지속가능성이 필수가 된 기업, 글로벌 공급망에서 RE100은 중요한 화두가 될 수밖에 없고, 재생에너지는 격차를 만드는 장벽이 될 수 있다.

한국RE100협의체가 2022년 1월 자체 정보플랫폼 및 K-RE100 포럼 회원 대상으로 '국내 RE100 활성화를 위한 기업 설문조사'를 실시했다. 306개 기업(이중 제조업과 서비스 기업 167개사, 에너지관련기업 139개사)이 조사에 참여했는데, 64%가 RE100에 가입할 의향이 있다고 답했다. 5년 내 가입할 예정이라는 기업이 83개사로 전체의 27.1%였다. RE100 가입 목적은 기업의 ESG 경영(27.2%), 탄소배출권 대응(21.7%), 이미 RE100에 가입한 애플, 구글 같은 글로벌 고객사의 요청에 대한 대응(15.4%), 마케팅 및 홍보 목적(14.2%) 순이었다. ESG 경영과 탄소중립이 가진 명분과 함께 실리가 크다는 점이 가입 목적에서도 드러나며, 특히 글로벌 고객사의 요청에 대한 대응이란 부분이 RE100 카르텔이자 ESG 무역 장벽이 실제로 있음을 의미한다. 국내 기업들이 RE100을 하는 데 어려운 점으로 꼽은 것이 재생에너지의 높은 투자비용 및 구매비용, 재생에너지 보급 부족 등 비용적 측면이었고, 이를 위해선 정부와 한국전력의 역할이 필요하다는 의견이 많았다.

왜 스트라이프, 알파벳(구글), 메타(페이스북), 쇼피파이가 탄소제거 기술에 투자할까?

프론티어 펀드Frontier Fund는 탄소제거 기술 개발 가속화를 목표로 하는 기금이다. 탄소제거 기술을 개발하는 스타트업을 지원해 효과직인 틴소제거 기술을 만들어내는 게 목적이다. 프론티어 펀드는 온라인 결제업체 스트라이프Stripe가 만들고, 최고의 빅테크 기업인 알파벳(구글), 메타(페이스북), 아마존과 비교될 정도의 이커머스기업 쇼피파이Shopify, 글로벌 경영컨설팅 기업 매킨지앤컴퍼니McKinsey & Company 등 5개사가 총 10억 달러를 투자했다. 스트라이프는 미국에서 페이팔에 이어 시장 점유율 2위의 온라인 결제업체로 40여 개국에 진출했고, 더 확대될 것이다. 2010년에 설립된 스타트업으로, 2021년에 기업가치 944억 달러로 평가받았다. 기업가치가 가장 높은 비상장 유니콘인 셈인데, 메타(페이스북)나 우버의 비상장 시절보다 더 기업가치가 높다. 그렇다면 왜 스트라이프가 펀드를 만들고, 왜 글로벌 최고 기업들이 투자했을까? 메타(페이스북)는 프론티어 펀드에 참여한 이유를 자선이 아닌 연구 개발이라고 밝혔다.

탄소감축은 모든 기업의 숙제다. 지구를 위한 숙제가 아니라 지속적으로 사업하기 위해선 해결해야 할 필수적인 숙제다. 탄소감축을 위해서 가장 중요한 기술 중 하나가 탄소제거 기술이다. 탄소배출을 줄이는 노력도 중요하지만 한계가 있기 때문이다. 탄소상쇄, 탄소포집, 광물을 분쇄해 탄소를 제거하는 다양한 솔루션이 현재 사용되고 있지만, 더 혁신적이고 더 효과적인 기술이 필요하다.

기후변화에 관한 정부 간 협의체IPCC, Intergovernmental Panel on Climate Change는 2050년까지 매년 60억 톤의 이산화탄소가 제거되어야 한다고 보았다. 그런데 말이 쉽지 60억 톤을 제거하기 쉽지 않다. 제거해야 하지만 현재의 기술이 아니라, 앞으로 나올 미래의 기술이 대안이 될 수밖에 없다. 탄소를 제거하는 비용이 낮아질수록 넷제로 2050 목표 도달도 수월해지고, 결정적으로 탄소제거 상쇄분 판매이자 탄소배출권 판매에서 더 많은 이익이 생긴다. 탄소제거 기술에 대한 투자는 잉여 탄소배출권 확보로 연결된다.

미국의 스타트업 Heirloom Carbon Technologies는 값싸고 쉽게 구할 수 있는 석회석을 사용해 대기에서 탄소를 제거하는 기술을 개발했다. 빌 게이츠가 설립한 BEV Breakthrough Energy Ventures와 마이크로소프트의 기후혁신기금 Climate Innovation Fund 등에서 5,300만 달러를 투자했다. 탄소제거 기술의 핵심은 가격이 싸야 한다. 아무리 탄소제거를 잘해도 너무 비싸면 쓸 수가 없다. 싸고 효과적이라면 탄소 제거의 게임 체인저가 될 수 있다.

블룸버그 NEF의 연간투자보고서에 따르면, 2021년 전 세계에서 저탄소 에너지 전환에 투자한 금액이 7,550억 달러(약 926조 원)다. 이중 재생에너지 분야는 3,660억 달러다. 역대 최대다. 2004년부터 2021년까지 투자된 금액을 그래프로 보라. 아주 가파르게 증가하는데, 최근에 증가폭이 더 커졌다. 저탄소 에너지 전환과 재생에너지 분야에 투자가 몰려드는 이유는 지구를 살리기 위해서가

부문별 에너지 전환에 대한 투자

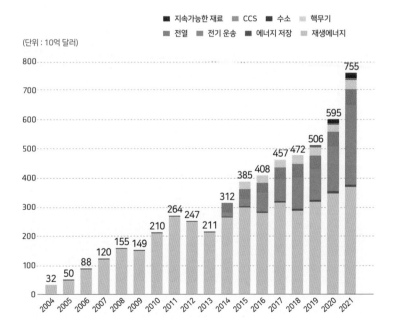

아니라 사업성, 수익성 때문이다. 저탄소 전환에 대한 투자금액은 앞으로 더 늘어날 것이다. 그런데 그래프에서 탄소 포집과 저장을 의미하는 CCS carbon capture and storage, 탄소 포집 및 저장 분야는 투자 금액에선 아주 적은 비중이다. 쉽지 않은 기술이지만, 기술 개발이 잘 된다면 가장 효과적일 수 있다.

포스코는 2030년까지 사업장의 온실가스 배출량을 2017~2019년 3개년 평균 대비 10% 줄이는 것이 목표다. 철강은 한국이 최고다. 기술만 최고가 아니라 철강 사업장의 에너지 효율은 세계 최고다. 에너지 효율성을 더 높여서 탄소배출량을 줄일 여지는 별로 없는 것이다. 목표 달성을 위해선 탄소제거 기술, 탄소저감 기술이 필수다. 기술 개발이 계획처럼 잘 되지 않는다면 목표 달성에 실패하거나, 아니면 목표를 지키기 위해 생산을 줄여야 한다. 결국 탄소배출량을 줄일 기술을 확보하는 것은 돈 버는 일이다. 그러니 돈을 투자할 이유는 충분하다.

건물이 넷제로를
지향해야 하는 시대,
누가 기회를 잡을까?

2022년 3월, 아마존과 타깃Target은 각사의 첫 번째 넷 제로를 위한 매장을 오픈했다. 이들 모두 ILFI International Living Future Institute 인증을 신청했는데, 건물의 에너지가 효율적이어야 하고, 모든 전기는 재생에너지로 공급되어야 하고, 건축 자재의 내재 탄소 감소와 건설 과정에서도 탄소중립을 이뤘음을 증명해야 인증을 받을 수 있다.

미국의 대표적 대형 유통회사인 타깃이 캘리포니아 비스타 지역에 선보인 넷제로 매장은 건물 지붕과 야외 주자장 캐노피에 태양광 패널이 가득하다. 여기서 만들어내는 에너지로 자체에서 필요한 전기를 다 사용하는 것은 물론이고 매년 10% 이상의 잉여 에너지를 만들어 지역 전력망으로 보낼 계획도 갖고 있다. 매장 내의 조명은 LED로만 설치되어 총 에너지 비용 10%를 절감하고, 냉난방에서도 천연 냉매인 이산화탄소 기반의 냉각 시스템을 태양광 에너지로 구동하는데, 2040년까지 탄소배출량을 20% 절감한다. 첫 번째 넷제로 매장은 타깃 매장의 미래를 위한 테스트 버전이며, 향후 다른 매장으로 넷제로를 확대해갈 것이다. 아마존이 시애틀에 만든 넷제로를 위한 아마존프레시 매장도 100% 재생에너지를 사용하고, 냉난방 시스템도 타깃의 방식과 같다. 매장 건설에서 콘크리트 바닥에 강철 부산물을 사용하는 방식으로 내재 탄소를 크게 감소시켰다.

상업용 매장 건설에서 넷제로는 중요한 선택이 되고 있고, 향후 제도적으로 의무화될 수밖에 없다. 유통업계, 건설업계 모두가 이 문제를 비즈니스의 관점으로 다룰 수밖에 없다. 한국의 모든 상업 건물이, 기존의 건축물에서 적용할 방법을 찾는 것도 숙제고, 새롭게 건축할 건축물에서 넷제로를 기본으로 적용하는 것은 언젠가 맞이할 일이다. 누가 더 빨리 대비하느냐, 누가 비즈니스 기회를 잡느냐가 달렸다.

2022년 3월, 스타트업 블록파워BlocPower는 마이크로소프트와 골드만삭스 등으로부터 1억 달러 규모의 투자금을 유치했다. 블록파

건물의 에너지 절감 솔루션을 제공하는 스타트업 블록파워BlocPower. 마이크로소프트와 골드만삭스, 아마존 등에서 자금을 지원받았으며, 이들의 건물 에너지 절감 솔루션은 뉴욕시에서 1,200개 이상의 건물에서 사용 중인데, 에너지 비용을 최대 50% 절감하고 온실가스 배출은 최대 70%까지 절감했다.

위는 건물의 에너지 절감 솔루션을 제공하는 기업으로, 건물에 친환경 냉난방 시스템과 태양광 패널을 설치하고 유지보수 관리한다. 에너지 효율을 높이고, 재생에너지 사용 비율을 높이는 건 건물주에겐 중요한 문제다. 건물주라고 거대한 빌딩 소유자만 얘기하는 게 아니다. 주택, 교회, 식당도 건물이다. 우리 모두에게 해당하는 문제라는 얘기다. 실제 블록파워의 건물 에너지 절감 솔루션은 뉴욕시에서 1,200개 이상의 건물에서 사용 중인데, 에너지 비용을 최대 50% 절감하고, 온실가스 배출은 최대 70%까지 절감했다.

블록파워는 아마존의 기후위기 대응 기금인 베이조스지구기금 Bezos Earth Fund에서 500만 달러의 보조금을 받아 미국 내 1억 2,500만 채 건물을 디지털로 지도화하고, 친환경 장비 설치 지도를 만들었다. 만약 1억 2,500만 채 건물 모두가 에너지 절감 솔루션을 선택한다면 어떨까? 어마어마한 시장 규모가 된다. 개별 건물마다 선택하는 게 아니라, 도시 전체가 이런 선택을 의무화한다면 어떨까? 이미 정치는 그 방향으로 가고 있다.

2021년 11월, 뉴욕주 이타카 시의회는 모든 빌딩의 전력 수요를 2025년까지 재생에너지로 충족하는 탄소중립도시 계획을 만장일치로 통과시켰고, 추진 중이다. 인구 3만 명에 건물 6,000여 개가 있는 이타카에 블록파워가 함께 하고 있다. 미국 내 수십 개 도시가 이런 프로젝트를 추진 중이고, 블록파워가 파트너가 되고 있다. 미국 전역의 수많은 도시가 모두 기존 건물과 새로 지을 건물 모두에서 탄소중립을 지향하고 있기에, 블록파워의 사업성은 긍정적이다.

온실가스 감축과 에너지 낭비 해소가 그들의 비즈니스다.

명분과 실리 모두 갖춘, ESG 시대를 가장 잘 활용하는 이런 비즈니스는 미국만 할 게 아니다. 전 세계가 필요하고, 한국에서도 필요할 수밖에 없다. 건축, 건설 업계에서 새로운 경쟁력이자 중요한 비즈니스다. 선도 기업들이 격차를 벌일수록 유리하다. 이런 유망한 시장을 접근하는 건 돈 버는 일이다. 돈 쓰는 ESG만 생각하지 말고 돈 버는 ESG를 적극 모색해야 하는 게 기업과 경영자의 역할이다.

스타벅스 종이 빨대와 삼성전자 폐어망 재활용 부품의 공통점은?

해양 플라스틱 쓰레기는 일회용 플라스틱 빨대가 아니라 폐어망이 주범이다. 그런데도 일회용 플라스틱 빨대를 타깃으로 삼았다. 아주 멀리 있어서 보이지도 않는 거대한 바위보다 눈앞의 티끌이 더 크게 보여서다. 안 보이면 없는 줄 안다. 그런데 과연 스타벅스의 종이 빨대는 정말 지구에 얼마나 도움이 될까? 2021년 3월 넷플릭스에서 개봉한 다큐멘터리 영화 〈씨스피라시SEASPIRACY〉를 만든 알리 타브리지 감독은 해양오염에 관심 많은 20대 감독이다. 〈씨스피라시〉는 개봉 직후인 4월에는 전 세계 넷플릭스에서 가장 많이 본 영화 7위까지 올랐다. 환경 다큐가 왜 이리 관심을 끌었을까? 고기 잡는 배에서 버려진 그물이자 폐어망을 다뤘는데, 해양 플라스틱 쓰레기의 절반을 차지한다는 주장이 담겼다. 태평양 쓰레기 섬의 46%는 폐어망이고, 플라스틱 빨대는 0.03%에 불과하다.

삼성전자는 모바일월드콩그레스MWC, Mobile World Congress에서 폐어
망 소재가 들어간 신제품을 발표했다. 세계 최대 이동통신 전시회
에서 중요한 마케팅 포인트로 폐어망 재활용 소재를 강조한 것이
다. 스마트폰 갤럭시 S22에 폐어망 소재를 함유한 재활용 플라스틱
을 부품으로 썼고, 노트북인 갤럭시북에도 일부 썼다. 나일론(폴리
아미드)으로 만든 폐어망은 장시간 바닷물과 자외선에 노출되는데,
플라스틱 고유의 특성을 잃어버려 전자제품 부품으로 쓰는 데 한
계가 있다. 이걸 사용 가능한 플라스틱이 되도록 최적화 공정을 거
쳤다는 것이 삼성전자의 얘기다.

삼성전자는 50톤의 폐어망을 2022년에 재활용하겠다고 목표
를 제시했다. 그렇다면 이걸 보고 삼성전자를 칭찬해야 할까? 연간
60만 톤 이상의 폐어망이 버려지는 것으로 추산되는데, 삼성전자
가 폐어망 재활용 마케팅을 하면서 거우 50톤이 연간 목표다. 스타
벅스의 종이 빨대나 그게 그거다. 분명 환경에 도움 되는 일은 맞으
나, 실제 미미한 도움이면서 생색만 엄청 내는 느낌이다. 이건 삼성
전자가 ESG를 어떻게 대응하는지 보여주는 증거다. 적어도 재활용
부품을 강조하려면, 애플처럼 재활용 부품 활용 보고서를 정기적으
로 발표하는 게 더 실질적인 대응이다.

이미 애플은 재활용 부품을 어디에, 얼마나 사용하는지, 부품 생
산과 재활용에 탄소배출량이 얼마나 나오는지 공개하고 있다. 애플
은 아이폰 13을 출시하기 직전에 신제품 환경 보고서를 발표했다.
아이폰 13이 총 64kg의 탄소배출을 하는데, 생산 과정에서 81%,

배송 2%, 소비 16%, 폐기 1% 미만이었다.

구체적 측정과 검증, 투명한 공개는 탄소감축과 자원순환에서 가장 중요한데, 애플과 달리 삼성전자는 조금 아쉽다. 폐어망 재활용이 실제로 탄소감축에 어떤 효과를 내는지 구체적이고 투명한 정보를 제시하지 않고, 지구 환경을 위한다는 명분만 강조하는 건 실제로 탄소감축 효과가 아주 미미하다는 합리적 의심이 들게 한다. 솔직히 겨우 폐어망 50톤 가지고 얼마나 큰 효과가 있겠는가? 엄밀히 ESG 쇼잉이다. 삼성전자 같은 레벨의 회사가 생색내기식 보여주기로 지속가능성을 다루는 건 문제다.

페트병을 가지고 옷이나 가방 만들기가 유행이더니 폐어망을 가지고 제품을 만들기가 유행이다. 그런데 이런 건 과연 얼마나 환경에 도움이 될까? 이런 게 전형적 쇼잉이다. 소소한 이벤트를 내세우는 건 큰 그림이 없다는 의미이자 중요한 액션에 소홀하다는 반증

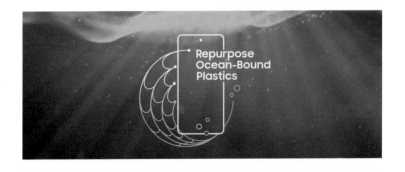

삼성전자가 세계 최대 이동통신 전시회인 모바일월드콩그레스MWC에서 폐어망 재활용 소재로 만들었다고 발표한 신제품 광고. 스마트폰 갤럭시 S22와 노트북인 갤럭시북에 재활용 플라스틱을 일부 부품으로 썼다. (출처 : 삼성전자)

이다. 이래선 뒤처진다.

현대백화점은 업계 최초로 재생용지로 쇼핑백을 만들었다. 백화점 쇼핑백은 브랜드 이미지를 대외적으로 드러내는 주요 도구 중 하나다. 명품과 고급 이미지가 강한 백화점에서 쇼핑백은 아주 공들여 고급스럽게 만든다. 그런데 현대백화점은 기존 고급용지를 대신해 100% 재생용지로 쇼핑백을 만들고, 사용 후 재활용

현대백화점이 업계 최초로 만든 재생용지 쇼핑백.
(출처 : 현대백화점)

을 고려해 코팅이나 은박 등 일체의 추가 가공을 하지 않았다. 현대백화점은 연간 800만 장 정도의 쇼핑백을 사용하는데, 재생용지로 대체하면서 나무 약 1만 3,200그루(약 2,000톤)를 보호하고, 약 3,300톤의 CO_2 배출을 절감한다. 솔직히 삼성전자의 폐어망 재활용보다는 현대백화점의 재생용지 쇼핑백이 더 효과가 있을 것이다.

삼성전자는 ESG 쇼잉 그만하고, ESG 2.0으로 적극 진입해야 한다. ESG 2.0을 통한 글로벌 선두 기업들의 격차 전략에서 삼성전자도 수비수가 아닌 공격수의 역할로 넘어가야 한다.

삼성전자, 선제적으로 나설 것인가?
떠밀리듯 할 것인가?

2022년 2월 10일, '삼성 갤럭시 언팩 2022' 기조연설에서 노태문(삼성전자 MX, Mobile Experience 사업부장) 사장은 UN이 제시한 17가지 SDG Sustainable Development Goals, 지속가능 발전 목표를 삼성전자가 잘 따르고 있다고 말했다. SDG를 잘하고 있으니 스스로 저런 말을 할 거라고 생각할 수 있다. ESG 평가점수는 많지만 SDG 평가점수를 제공하는 기관이 없었는데, 2022년 3월부터 세계 최대 의결권 자문사 ISS Institutional Shareholder Services 가 ESG 평가 사이트 ISS ESG gateway를 오픈했고, 여기에 SDG 부문 평가점수가 있다. SDG 점수는 -10부터 +10 사이에서 책정되는데, +10에 가까울수록 SDG에 기여한다는 의미고, -10에 가까울수록 SDG에 방해되는 활동을 한다는 의미다. 여기서 삼성전자는 -1.4로 평가받았다. 국내 경쟁사로 볼 SK하이닉스는 3.5, LG전자 3.5, 글로벌 경쟁사로 볼 애플이 3.5, 인텔 3.7을 받은 것과 비교해보면 분명 아쉬운 평가임에 틀림없다. 물론 현대자동차 -1.5, 기아자동차 -1.3과는 비슷하고, 알파벳(구글) -3.2, 테슬라 -4.7, 포스코 -6.1, 아마존 -6.2보다 훨씬 낫지만 BMW 2, 토요타 3.4, 마이크로소프트 1.8 등을 보면 역시 아쉬움이 있다.

SDG는 2015년 9월 UN 참여국이 만장일치로 합의한, 2016년부터 2030년까지 유엔과 국제사회의 공동 목표다. 빈곤과 기아 근절, 불평등 해소, 성평등, 기후행동, 해양자원 보존 등 17가지 목표(세부 목표 169가지)를 국제사회가 공동으로 해결한다는 의미로 만들었다. UN에서 2000년 9월에 MDG Millennium Development Goals, 밀레니엄

2015년 9월 UN 참여국이 만장일치로 합의한 SDG(Sustainable Development Goals, 지속가능 발전 목표).
(출처 : UN)

^{개발 목표}를 채택하며, 2015년까지 세계 빈곤 문제를 해결하기 위해 공동으로 나선 것의 후속 버전이기도 하다. MDG가 2000~2015년까지 주로 개발도상국 중심으로 적용되었다면, SDG는 2016~2030년까지 UN 회원국 모두에 적용된다. SDG는 ESG와 맥락에서 연결되는 요소들이 많다.

삼성전자가 SDG를 언급했지만, 사실 SDG에 크게 기여하는 회사는 아니다. 그런데 경영진이 대외적으로 강조하는 건, 정말 자신감 때문이었을까? 그 자신감이 국내에선 통할지 모르지만, 글로벌 기업 삼성전자의 위상을 봤을 때는 너무 아쉽다.

〈삼성전자 지속가능경영보고서 2021〉에서 여성 리더십 확대를 강조하며 2010년과 비교해 2020년이 여성 임원 5배, 여성 간부 2배 증가했음이 크게 명시되었다. 2010년 임원 중 여성의 비중은 1.4%였는데, 2020년엔 6.6%가 되었다. 2010년 간부 중 여성의 비중은 8.3%였는데 2020년 15.3%가 되었다.

참고로 애플은 간부급Leadership 중 여성 비중이 2021년 기준 31.4%다. 넷플릭스는 간부급 중 여성 비중이 51.1%다. 넷플릭스의 〈연례 포용성보고서Second Annual Inclusion Report〉에 따르면, 2021년 기준 넷플릭스 직원 중 여성 비중이 51.7%인데, 간부급에서도 비슷한 비중이다. 성별이 승진에 거의 영향을 주지 않는다는 해석이 가능하다. 넷플릭스는 고위 경영진 중 45%가 여성이다. 인종 다양성에서도 전체 임직원 중 백인은 42.8%로 전년도 44.3%에서 줄어들었다. 경영진 중 백인 비중은 54.3%로 2020년 56.6%보다 낮아졌다. 애플은 2021년 기준 미국 사업장에서 백인 비중 43.8%, 간부급 중 백인 비중 56.9%다.

　삼성전자는 한국 내 사업장에서 한국인 비중이 얼마나 될까? 글로벌 기업의 성별, 인종, 계층 다양성은 중요하게 지향할 목표다. 이건 SDG에선 성평등 이슈에 해당되고, ESG에선 S, G 이슈에 해당된다. 그리고 이런 이슈들은 모두 비재무지표지만 재무지표에 영향을 주는 요소들이다. Part 2에서 다양성과 경영성의 관계를 다뤘으니 다시 되돌아가서 확인하고 와도 좋다.

　글로벌 기업 중 ESG 우등생이 있듯 열등생도 있다. 한국 기업 중에서도 ESG 우등생과 열등생은 가려진다. 이건 단지 누가 잘하고 못하고의 문제가 아니다. ESG가 주도하는 비즈니스 환경에선 격차는 곧 기업의 생존과 연결된다. ESG가 무기가 되는 시대, 결국 ESG 우등생이자 선도 기업들은 사다리 걷어치기를 할 수밖에 없다. 멋진 척하고 퍼주는 ESG가 아니라 돈이 되는 ESG가 본격화되는 게 ESG 2.0이다. ESG를 통한 기업 격차 전략이 가속화되는 게 ESG 2.0이다.

무료 반품이 지구를 망친다?
편리함을 버려야 기업이 산다!

소비자를 위한 선택이 오히려 세상을 망치는 선택이 되기도 한다. 무료 반품은 소비자 입장에선 너무 좋은 서비스다. 개인으로 보면 그런데, 이를 사회 전체로 확장하면 다르다. 미국 전국소매연맹National Retail Federation에 따르면, 2021년 미국에서 소매업체에 반품된 상품 가격이 7,610억 달러다. 이렇게 반품된 상품은 어떻게 될까? 모두 재판매되는 게 아니다. 반품 과정에서 제품 손상, 박스 손상 등 상품성에 문제가 생긴 것은 폐기된다. 기업으로선 재판매를 위한 노력과 투자보다는 그냥 폐기하는 게 더 경제적으로 이득일 때도 있을 것이다. 유통, 소매 업체들은 재고 관리를 위해서도 폐기한다. 브랜드 가치를 높이려고, 재고를 할인해서 재판매하지 않고 소각처리하는 기업들도 있다. 비즈니스의 관점만 봤을 때는 그럴 수 있지만, ESG 경영의 관점으로 볼 때는 달라져야 한다.

미국의 반품 관리업체 옵토로Optoro는 연간 227만 톤의 반품 상품이 쓰레기 매립지로 간다고 했다. 폐기하느라 발생하는 탄소배출도 있지만, 사용되지도 않고 폐기되는 상품을 만들기 위해서 발생한 탄소배출도 크다. 많이 파는 회사가 반품도 많을 수밖에 없다. 미국에서 반품을 가장 많이 받는 곳은 아마존일 것이다. 아마존은 2019년부터 무료 반품 서비스를 시작했다. 온라인 쇼핑에서 편리하고 쉬운 반품 정책은 필수다. 더 빨리 배송하는 전략과 더 쉽게(때론 무료로) 반품하는 전략이 경쟁에서 유리하게 작용하기 때문이다.

아마존의 무료 반품 서비스는 월마트, 타깃 등 유통업계로 번졌다. 이는 미국뿐 아니라 한국, 아니 전 세계 온라인 쇼핑으로 확산되었다. 무료 반품은 물론 심지어 당일 회수도 해준다. 이렇게 반품이 쉬우니, 반품은 늘어날 수밖에 없다. 반품 절차가 어렵고 비용이 든다면 좀 더 신중하게 구매할 것이다. 하지만 반품이 쉽다 보니 구매도 더 쉽게 결정한다. 반품이 아니라 교환으로 정책이 바뀌면, 반품된 물건의 상태도 좋아질 것이다. 하지만 반품이 너무 쉽고 무조건 반품해주다 보니 반품된 물건은 폐기될 가능성도 커진다.

유통 기업들도 반품을 줄이면 수익률이 개선되고 물류비용도 줄어들지만, 경쟁사들이 무료 반품과 쉬운 반품 정책을 유지하는 한 혼자서 바꿀 수도 없다. 결국 이익을 위해서 멀쩡한 제품이 반품되고 폐기되는 악순환의 상황을 방치하는 것이다.

이 문제를 해결할 대안으로 나온 것 중 하나가 기부와 중고시장이다. 아마존은 2020년부터 반품된 물건을 Liquidity Services 같은 반품 전문업체로 보내는데, 여기서 제품의 상태를 평가해 등급을 매기고, 이를 기준으로 중고시장을 통해 유통한다. 아마존은 중고 제품을 파는 특별 섹션을 통해 연간 3억 개 이상을 재판매한다. 무료 반품 정책은 포기하지 못하고, 막대한 반품을 중고 비즈니스로 대응하는 것이다.

또한 기부도 적극적이다. 미국의 비영리 자선단체 Good360은 아마존, 월마트, 나이키 등 400여 개 기업이 파트너십을 맺고 상품을 기부한다. 기업이 상품을 제공하면 수송 비용은 Good360이 부담한다. 기부와 함께 세금 감면 혜택도 있다. Good360에 가장 많은 상품을 기부하는 곳이 아마존이다. 물론 이 모든 것이 무료 반품이자 쉬운 반품을 철회하게 된다면 달라질 수 있다.

우리의 편리함에 대한 대가를 결국 환경이 치른다. 넷제로와 ESG 경영을 강조하는 유통업체와 소매업체가 무료 반품 정책을 유지하거나, 반품된 상품을 재판매나 기부하는 적극적 방법을 찾지 않고 쉬운 폐기를 선택하다면 ESG 워싱이라 볼 수 있다.

편리함을 버리는 게 필요해졌다. 2018년 1월 영국에서 깐 양파를 두 개씩 진공포장해서 팔던 식품 잡화 체인점인 리들Lidl이 사람들에게 비난을 받았다. 비난은 플라스틱 포장재 때문이다. 얼마나 편리하길 바라기에 플라스틱 포장재이자 일회용 비닐을 사용하면서까지 이렇게 깐 양파를 팔고 사야 하는지 문제 삼은 것이다. 깐 양파를 두고 환경을 위협하는 존재라며 거세게 항의한 셈이다. 같은 시기 자른 콜리플라워 2조각씩 플라스틱 포장재로 포장해 팔던

막스앤스펜서 Marks & Spencer 도 비난을 받았다. 막스앤스펜서는 매장에 있는 재고분을 소진한 후 더 이상 자른 콜리플라워를 팔지 않겠다고 발표하며 대응했고, 리들은 포장을 제거하는 방식에 대한 시도와 재활용 가능한 포장을 늘리겠다는 발표로 대응했다.

일회용 비닐, 포장재 등도 우리의 편리를 위해 만들어졌다. 하지만 이젠 편리를 버린다. 플라스틱 어택 plastic attack 은 슈퍼마켓이나 대형마트 등 유통매장에서 물건을 산 후 포장된 플라스틱과 비닐 등을 다 분리해서 매장에 버리고 오는 캠페인이다. 주로 품질 보존과 무관한 이중 포장재이자 과잉 포장이 얼마나 많은지 눈으로 보여주는데, 유통업체와 제조업체, 소비자 모두에게 경각심을 주는 의도이자 플라스틱 포장재를 줄이라는 압박이다. 2018년 3월 영국 남부의 소도시 케인샴 Keynsham 에서 처음 시작되었다. 환경단체가 아니라 시민의 자발적 참여로 시작된 캠페인인데, 소셜미디어를 통해 급속도로 퍼졌다. 영국을 비롯해 프랑스, 네덜란드, 벨기에, 독일, 슬로바키아 등 유럽 전역에서 플라스틱 어택 캠페인이 벌어졌고, 미국은 물론이고 한국에서도 플라스틱 어택 캠페인이 나타났다. 전 세계로 플라스틱 어택이 번진 건 일회용 플라스틱 사용에 대한 반감이자 환경에 대한 사람들의 인식이 높아졌기 때문이다.

소비자들이 플라스틱 제로 Plastic Zero, 플라스틱 프리 Plastic Free, 제로 웨이스트 Zero Waste 등의 키워드를 중요하게 인식하고 받아들이면서 기업들도 이에 대응하기 시작했다. 영국의 테스코 Tesco 는 플라스틱 포장재 사용을 줄이는 데 전적으로 동의한다면서, 2025년까지 100% 재활용되거나 생분해되는 재질의 포장재 도입을 추진하고 있다. 프랑스의 까르푸Carrefour는 공개적으로 플라스틱 어택 캠페인을 지지했고, 플라스틱 포장재 자원의 100% 순환을 위해 적극 나섰다. 영국의 냉동식품 전문 대형마트인 아이슬란드Iceland는 2018년 1월, 자사의 1,000여 종 제품에 사용되는 플라스틱 포장재를 2023년까지 모두 없애겠다고 선언했다. 기존의 플라스틱 용기와 비닐랩 포장 등을 모두 종이나 펄프 쟁반, 종이가방 등으로 대체하는데, 여기서 사용하는 종이와 펄프 쟁반, 종이가방도 100% 재활용하겠다는 것이다.

음료업체들도 플라스틱 용기 대체에 나섰는데, 펩시, 에비앙, 네슬레 등은 완전히 자연분해되는 용기를 선보였고 이를 전 제품으로 확대할 계획이다. 생활용품 기업인 유니레버는 2025년까지 모든 포장재를 친환경으로 바꾸는 계획을 진행 중이다.

유럽 최대 저비용 항공사 라이언에어는 2023년까지 기내 플라스틱 용기를 다 없애겠다고 선언했다. 플라스틱 컵 대신 생분해되는 재질의 컵을 쓰고, 수저는 나무를 사용하고, 비닐과 알루미늄으로 된 기내식 포장도 종이로 바꾸기로 한다. 미국의 유나이티드 에어라인도 이런 흐름에 동참하는데, 이미 기내에서 사용하는 종이컵을 자연분해되는 소재의 종이컵으로 바꿨다.

여기서 언급한 기업 외에도 유통, 식품, 항공 등 관련 업계는 전 세계가 이런 변화를 받아들이고 있다.

싼 것은 대가가 따른다. 싸다고 무조건 좋아할 수 없다. 싸서 쉽게 소비하는 대신 그만큼 빨리 쓰고 버려진다. 패스트패션으로 불리는 SPA 브랜드들은 값싸게 최신 유행을 소비하게 하는 장점은 있지만, 잠깐 입고 버려지는 옷을 너무 많이 만들어낸다. 값싸게 만들기 위해 싼 소재, 환경과 노동 문제도 생긴다. 이들 업계도 자신들의 약점이 뭔지 안다. 그래서 재활용과 자원 순환에 적극적이다.

이건 가구회사도 마찬가지다. 가구 공룡이라 불리는 스웨덴의 이케아는 평생 쓸 튼튼하고 좋은 가구와는 거리가 멀다. 적당히 합리적인 가격에 적당한 품질의 가구를 사는 곳이다. 말이 적당하고 합리적이란 표현을 써서 그렇지, 한번 쓰고 버리는 가구 이미지도 크다. 실제로 매년 엄청난 가구가 버려지고, 이케아는 쓰레기를 양산하는 회사라는 오명을 가진다. 친환경과 쓰레기 문제에선 자유롭지 못한 상황에서 이케아가 친환경 회사가 될 계획을 만들었다. 그 일환으로 2018년 7월부터 호주에서 중고가구 사업을 시작했다. 자사의 중고가구를 최대 50% 가격에 매입하는데 돈 대신 이케아에서 쓸 수 있는 바우처를 준다. 결국 소비자를 이케아에 계속 붙잡아두려는 의도다. 하지만 이렇게 매입한 중고가구를 다시 새 가구로 만들어 판다는 게 이케아의 계획이다. 소비자는 쓰고 버리고, 기업은 되사서 그걸 원자재로 재활용해 다시 만들어 파는 것이다. 2030년까지 100% 순환하겠다는 목표다. 이케아나 SPA 업계가 착해져서 변화하는 게 아니다. 살아남으려고 하는 선택이다. 편리함을 버려야 기업이 사는 건, 환경에 악영향을 주는 편리함 때문이다. 결국 이를 해결하지 않는 기업은 경쟁에서 도태될 수밖에 없다.

왜 거대기업이
보험 가입을 거절당했을까?

2022년 3월, 독일 에너지 기업이자 전 세계 18개국에서 사업을 하는 RWE는 프랑스 최대 보험사인 악사AXA그룹에서 보험 가입을 거절당했다. 기존 고객이지만 갱신을 거절당한 것인데, RWE가 석탄 발전소 운영을 많이 하고, 탄소절감을 위해 소극적이고 느리게 행동하는 것이 이유다. RWE의 CEO가 악사의 CEO에게 직접 호소했음에도 거절 결정은 철회되지 않았다. 악사는 2019년 11월, 고객사에 2021년까지 파리기후협정에 준하는 탄소감축 계획을 세우도록 요청했고, 석탄화력 발전소 투자 계획이 있는 400여 개 기업과는 기존 계약이 종료되면 갱신하지 않겠다고 밝혔다. 악사에서 갱신 거절, 가입 거절 당하는 기업은 계속 나올 수밖에 없다.

세계 2위의 재보험사 스위스리Swiss Re는 2022년부터 신규 석유 및 가스 프로젝트에 대한 보험 가입을 허용하지 않는다. 2025년까지 석유화학 부문 보험의 50%는 '2050 넷제로'를 선언해 이행(과학 기반 감축 목표 이니셔티브인 SBTi 기준이나 유사한 제3자 평가를 받은) 하는 기업들로, 2030년까지는 100%가 목표다. 이런 방향성은 세계 1위 재보험사 뮌헨리Munich Re를 비롯해, 재보험업계 전반으로 확산될 가능성이 크다. 재보험은 보험계약의 위험을 분산하기 위해 보험회사가 드는 보험이다. 재보험사는 말 그대로 보험사를 위한 보험사다. 석유나 가스 관련 사업을 하는 기업이 리스크 관리를 위해 보험을 들려면 넷제로부터 목표와 실행을 구체화해야 하는 것이다.

　국제에너지기구IEA의 〈2050 넷제로〉 보고서에 따르면, 2050년까지 넷제로를 하고, 지구 기온을 산업화 이전 대비 1.5도 이상이 되지 않게 제한하는 목표를 달성하기 위해서는 유전과 가스전은 새롭게 개발되어서는 안 된다. 기존의 유전과 가스전은 어쩔 수 없지만, 새로운 개발은 중단되어야 한다. 석유, 천연가스 산업계로선 가혹한 상황이지만, 넷제로에 관련 업계가 적극 나서야만 미래 비즈니스 기회가 만들어지는 셈이다. 석유, 천연가스 산업이 당장 사라질 것도 아니고, 아무리 2050 넷제로를 목표로 한다고 해도 석유와 천연가스가 에너지원으로 꽤 오랫동안은 필요하다. 업계 내에서도 탄소감축에 대한 실행을 잘하는 기업과 그렇지 못한 기업은 사업성과 기회 측면에서 격차가 벌어질 수밖에 없다. 보험뿐 아니라 모든 금융 분야에서 넷제로를 기준으로 고객으로 받아들일지 거절할지 판단하게 되고, 투자할지 말지도 판단하게 된다. 결국 ESG 2.0으로 진입해야만 앞으로도 사업을 할 수 있다는 의미다.

왜 MSCI의 CEO는 ESG보다 기후위기 Climate가 훨씬 중요하다고 얘기했을까?

"I believe that climate is going to be much bigger than ESG.(기후위기 이슈가 ESG보다 훨씬 더 커질 것이라고 믿는다.)"

MSCI Morgan Stanley Capital International의 회장이자 CEO 헨리 페르난 데스Henry Fernandez가 한 말이다. 그는 1996년부터 지금까지 MSCI의 CEO를 맡고 있다. MSCI는 주식, 채권, 헤지펀드 관련 지수들과 주식 포트폴리오 분석 도구를 제공한다. 지수업계 세계 1위다. 국가와 산업, 규모에 따른 다양한 주가지수가 있는데, MSCI가 운용하는 지수만 전 세계에 16만 개 이상이다. 이 지수가 국제 금융펀드의 투자 기준이 된다. MSCI는 선진국 지수와 신흥국 지수를 따로 산출하는데, 한국은 신흥국 지수에 포함되어 있다. 만약 선진국 지수에 편입된다면 코스피는 새로운 성장동력을 얻을 수 있다. MSCI 지수에 따라 국가 경제도 크게 움직일 수 있다.

ETF(상장지수펀드)는 지수를 추종해 수익률을 결정하는데, 지수 업체에 수수료가 나간다. ETF 인기와 실적이 올라갈수록, 지수업체의 수수료와 수익도 올라간다. MSCI에겐 ESG는 새로운 ETF 테마다. ESG 평가기준을 개발하고 등급을 부여하고 지수를 만든 것도 ESG ETF 시장을 선점하기 위해서다. ESG가 열풍처럼 번지고 ESG ETF 자산 규모가 급증하는 상황에서, 투자업계의 ESG ETF 들이 가장 많이 추종한 ESG 지수가 바로 MSCI의 ESG 지수다. ESG 투자 열풍이 거세질수록 ESG ETF 투자금도 커지고, 그에 따른 수수료 수익도 커진다. ESG 투자 열풍이 더 커지도록 할 이유가 충분한 것이다.

MSCI는 ESG 투자의 가장 직접적 수혜자다. 실제로 MSCI의 ESG 지수를 추종하는 ETF에 유입되는 투자금과 MSCI의 ESG 부문 매출 모두 지속적 증가세다. 2020년 1월 260달러였던 MSCI 주가는 팬데믹 기간 중 ESG 열풍을 거치며 2021년 10월 660달러대까지 오르기도 했다. 지구의 날(4월 22일) 즈음 MSCI 웹사이트에 MSCI 로고가 그린 컬러가 되었고, 그 옆에 그린 컬러의 지구본도 있다. 일시적이겠지만 로고에 변화를 주는 이벤트가 이들의 ESG 비즈니스와 무관해 보이진 않는다.

지구의 날(4월 22일)에 그린 컬러로 바뀐 MSCI 로고와 지구본. 일시적이겠지만 로고에 변화를 주는 이벤트가 이들의 ESG 비즈니스를 보여준다. (출처: MSCI)

미국의 경제 주간지 〈배런즈Barron's〉가 선정한(2021년 6월에 발표) 2021년 최고의 CEO Top CEOs for 2021 30명에 헨리 페르난데스도 포함되었다. 여기에는 애플 팀 쿡, 테슬라 일론 머스크, 엔비디아Nvidia 젠슨 황, 마이크로소프트 사티아 나델라, 메타(페이스북) 마크 주커버그 등의 빅테크 CEO, 팬데믹 수혜를 특히 많이 본 화상회의 솔루션 줌Zoom과 쇼피파이, 넷플릭스, 역대급 주가 상승을 이룬 나스닥, 그리고 코로나19 백신의 주역인 제약사 모더나Moderna, 화이자Pfizer의 CEO와 함께, ESG를 주도한 MCSI와 블랙록의 CEO 등이 이름을 올렸다.

이때 헨리 페르난데스를 비중 있게 소개하며 그의 말을 인용했는데, "Climate will be even bigger than ESG at MCSI over the next five to 10 years.(기후위기는 향후 5~10년간 MCSI에서 ESG보다 훨씬 클 것이다.)"라는 말이었다. NEXT ESG가 바로 기후위기Climate인 것이다. ESG의 E(환경)가 기후위기와 연결되지만, 세 가지를 포괄하는 ESG보다 기후위기 이슈에만 집중적으로 대응하는 것이 훨씬 더 투자에선 중요한 가치가 된다는 것이다.

실제로 ESG에서도 E가 가장 비중이 크기도 하다. ESG를 두루뭉술하고 그럴싸한 좋은 얘기의 집합체로 보는 이들도 있다. 좋은얘기지만 투자나 경영에선 모호한 측면도 있다. 그러는 것보단 가장 중요한 당면과제이자 명쾌한 미션인 기후위기에 포커스를 맞추는 게 더 명확하다는 견해도 많다. 사실 ESG 중에서 기업에 가장 중요한 당면과제도 E, 그중에서도 넷제로이고 가장 비즈니스 기회가 많을 것도 ESG 중에서 E이고, 그중에서도 기후위기 대응이다. 헨리 페르난데스가 ESG보다 기후위기가 훨씬 더 커질 것이라고 한 것도 그런 맥락이다.

솔직히 애매모호한 것들도 꽤 많이 포함되어 있는 ESG보다는 가장 명확하고 명쾌한 기후위기가 평가지수도 더 정확하고, 투자에서도 더 가치 있는 기준이 된다. 금융자본으로선 기후위기를 가장 명확한 투자 이슈이자 가장 확실한 비즈니스 분야로 인식하는 건 당연하다. 어쩌면 ESG 경영은 기업에 주는 부담을 해소하는 방안이 기후위기에 대한 집중으로 바뀌는 것일 수도 있다. 기후위기 이슈, 곧 탄소절감에서 좋은 평가를 받는 기업이 설령 사회적 책임이나 지배구조 이슈에서 문제가 있더라도 감안해주자는 메시지로도 읽힌다. ESG 평가 분야에서 가장 영향력 있는 MSCI의 CEO가 던진 화두이기에 그냥 흘려 들을 일은 아니다.

과연 ESG 평가기준과 점수 체계가 통일되고, 표준화할 필요가 있을까? ESG 평가기관들도 알고 있다. ESG 평가기관이 난립하고, 각 기관마다 평가기준이나 가중치가 다르다 보니 같은 기업이라도 평가기관에 따라 평가점수가 크게 차이 날 수 있다. 이러니 신뢰도에 대한 문제 제기가 나올 수밖에 없다. 같은 기업이 이쪽 평가에선 최상위로 평가받고, 다른 평가기관에선 중위로 평가받는다면 어떻게 이런 평가지수를 믿고 투자할 수 있겠는가? 같은 기업인데 서로 다른 평가가 나오는 것 자체가 말이 안 되니까, ESG 평기기관의 평가기준을 표준화하거나 통합하자는 얘기가 나온다.

그런데 이런 견해에 MSCI의 헨리 페르난데스 CEO는 정면 반박했다. ESG 자체가 3가지 주요 이슈를 합쳐놓은 것이다. 이 세 가지를 균등하게 1/3씩 다룰지, 세 가지 중 우선순위와 투자자 관점에서 수익성과 중요도에 따라 다른 비중으로 평가지표를 만들지는 각 평가기관이 판단할 몫이다. 평가기준과 평가점수를 어떻게 산정하고 계산하는지 자체가 평가기관별 능력이자 전문성이다. 이걸 부정하고 평가기관별 표준화를 얘기하는 논쟁 자체가 잘못된 것이라는 헨리 페르난데스의 말도 맞다.

ESG가 이슈가 되고, ESG 투자가 강조된 건 궁극적으로 수익성이다. 무조건 좋은 기업, 세상에 다 퍼주는 기업이 아니라, 어느 선에서 어떤 사회적, 환경적 실행을 했을 때 기업에 가장 큰 이익이 되고, 그로 인해 투자자의 수익률이 높아지는 것이 핵심일 수밖에 없다. 그렇기에 서로 다른 세 가지 이슈를 ESG라는 이름 아래 묶어서 균등화하는 것 자체가 난센스일 수도 있다. 실제로 기업에서 ESG 중에서도 E를 가장 중요한 이슈로 바라보고, 가장 적극적인 변화를 시도하고 투자한다. 그래서 이를 ESG라는 포괄적 지표 말고, 아예 E만 분리해 그중에서도 기후위기이자 탄소배출 관련 이슈들로만 집중하는 것이 더 필요할 수 있다.

미국은 주도권을
절대 포기하지 않는다

영국의 싱크탱크 CEBR The Centre for Economics and Business Research이 2021년 12월에 발간한 '세계경제그룹지표 2022 WORLD ECONOMIC LEAGUE TABLE 2022'는 2036년까지의 경제 지표를 예측하는데, 미국과 중국이 GDP 순위가 바뀌는 건 2031년이다. 2031년 미국의 GDP는 35조 4,450억 달러, 중국은 37조 6,080억 달러로 역전되고, 2036년 중국의 GDP 55조 680억 달러, 미국은 43조 2,460억 달러로 격차가 크게 벌어진다. CEBR의 예측이 맞는다면, 향후 10년 이내 중국이 미국을 추월하고, 그 이후 중국의 주도권이 커질 수 있다. 2031년에 GDP 순위에서 1위 중국, 2위 미국, 3위 인도, 4위 일본 순이다. 중국도 중국이지만 인도도 강력해진다. 세계 경제에서 주도권이 아시아로 오는 것이다. 이런 상황을 미국이 원할까? 미국이 중국과 무역 갈등을 비롯한 경제 전쟁을 하고 있는 것도 이런 이유 때문이다. 넷제로에 미국 기업들이 가장 선도적인 데다, 바이든 정부가 넷제로에 적극적이라는 점을 감안하면 CEBR의 예측대로 되지 않을 가능성도 크다. 세계 경제의 중심에 기후위기 대응과 넷제로가 자리 잡아가고, 중국과 인도는 상대적으로 미국보다 경쟁력이 취약하다. 탄소감축과 ESG 확대는 중국과 인도 경제의 리스크가 된다. 미국이 경제 주도권을 계속 가질 수 있는 방향이자, 유럽도 경제를 반등시킬 수 있는 방향으로 ESG가 전략적으로 활용될 수 있는 것이다. 아니 그렇게 활용되고 있고, 더더욱 강화될 것이다.

CEBR의 보고서에 나오는 한국의 GDP 순위 예측은 다음과 같다. 2006년 12위, 2011년 14위, 2016년 11위, 2021년 10위, 2026년 11위, 2031년 11위, 2036년 12위다. 조금 하락하는데, 그 자리

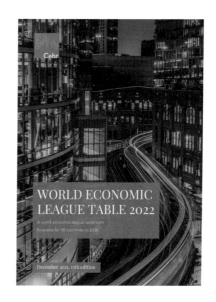

영국의 싱크탱크 CEBR이 2021년 12월에 발간한 <세계경제그룹지표 2022>. 이 자료에 따르면 2031년 미국과 중국의 GDP 순위가 바뀌어 중국이 1위가 된다. (출처: CEBR)

2036년까지 GDP 순위 예측

191개국의 순위	2006	2011	2016	2021	2022	2026	2031	2036
미국	1	1	1	1	1	1	2	2
중국	4	2	2	2	2	2	1	1
일본	2	3	3	3	3	3	4	5
독일	3	4	4	4	4	4	5	4
영국	5	6	5	5	5	6	6	6
프랑스	6	5	6	6	7	7	7	7
인도	14	10	7	7	6	5	3	3
이탈리아	7	8	8	8	8	8	10	13
캐나다	8	11	10	9	9	9	9	11
한국	12	14	11	10	10	11	11	12
브라질	10	7	9	11	11	10	8	9
러시아	11	9	12	12	12	13	13	10

(출처: CEBR)

를 치고 올라오는 나라가 브라질과 러시아다. 미국이 1위를 중국에
내주는 것만큼이나, 한국이 더 올라가지 못하고 하락하는 상황을
아쉽게 생각하는 이들도 있을 것이다. 물론 예측일 뿐이다. 그런데
ESG 경제가 더 커지는 상황이 한국 경제에 유리할 게 없다. 한국
은 ESG에 후발주자인 데다, 한국의 대표적 대기업들은 제조 중심
이 많다. ESG 중에서도 E 영역에서 리스크 관리를 잘하지 못하면
CEBR의 예측치보다 더 하락할 수도 있는 것이다. 물론 순위는 현
재를 정점으로 조금 하락하는 예측이지만, GDP는 증가한다. 한국
은 GDP는 세계 10위지만 에너지 소비량에서 중국, 미국, 인도, 일

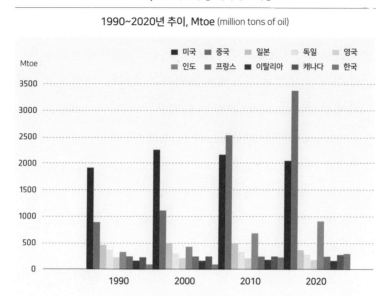

GDP Top 10 국가의 총 에너지 소비량

1990~2020년 추이, Mtoe (million tons of oil)

Mtoe

■ 미국 ■ 중국 ■ 일본 ■ 독일 ■ 영국
■ 인도 ■ 프랑스 ■ 이탈리아 ■ 캐나다 ■ 한국

3500
3000
2500
2000
1500
1000
500
0

1990   2000   2010   2020

(출처 : 세계 에너지 및 기후 통계 - 2021년 연감, Enerdata)

본에 이어 GDP Top 10 국가 중 5위다. GDP 10위권 밖에 있지만 브라질은 우리보다 조금 높고, 러시아는 3배 정도 높다. 한국은 이들 나라와 인구에선 비교할 수도 없다. 그럼에도 에너지 소비에선 많이 높다. 결국 ESG 2.0으로의 전환에 기업들이 더 적극적이어야 한다.

앞의 그래프는 1990년부터 2020년까지 GDP Top 10 국가의 총 에너지 소비량 추이를 나타낸 것이다. 미국은 전 세계에서 총 에너지 소비량 1위를 계속 유지해왔다. 20세기에는 압도적 1위였고, 21세기 들어서며 중국의 에너지 소비량이 급격히 증가하며 미국과 격차를 좁혀가더니 2009년에 역전해버렸다. 지금은 중국이 에너지 소비량에서 압도적 1위다. 흥미로운 건 중국은 계속 가파른 상승세를 이어가지만, 미국은 21세기 들어선 정체를 유지하다 2010년대 들어선 완만한 감소세를 보인다는 점이다. 여전히 미국이 GDP에선 중국보다 30%가량 더 많지만, 총 에너지 소비량은 미국(2,046Mtoe)이 중국(3,381Mtoe)의 2/3 정도다. 2000년의 총 에너지 소비량은 미국(2,269Mtoe)이 중국(1,130Mtoe)보다 2배 많았다. 지난 20년간 미국의 총 에너지 소비량은 감소세지만 GDP는 감소한 게 아니다. 여전히 세계 경제의 주도권은 미국에 있다. 중국보다 많은 것은 물론이고, 단일 국가가 아닌 연합체인 EU보다도 GDP가 1.6배 정도 많다. 2021년 기준 전 세계 GDP 중 미국의 비중은 25% 정도다. 1960년에 40%까지 갔고, 이후 조금씩 내려오긴 했지만 21세기에도 여전히 25% 수준을 이이오고 있다.

2000~2007년까지 GDP 1위인 미국이 GDP 2~5위(일본, 중국, 독일, 인도)를 합친 것보다 GDP가 많았을 정도로 압도적이었다. 중국이 21세기 들어 급성장하는데도 미국의 전 세계 GDP에서의 비중이 유지된다는 건 EU가 계속 하락세라는 의미다. 실제로 21세기 들어 미국은 정체, 유럽은 하락세, 아시아는 상승세로 서로 엇갈리고 있다. 자본주의의 주도권을 유럽이 먼저 잡고, 20세기에 미국이 잡았고, 21세기 초반부는 미국이 여전히 잡고 있지만, 미래에도 그렇게 된다는 보장은 없다. 아시아의 약진, 특히 중국의 약진에 미국은 견제하고 있다. 결코 미국이 주도권을 스스로 내놓을 리 없고,

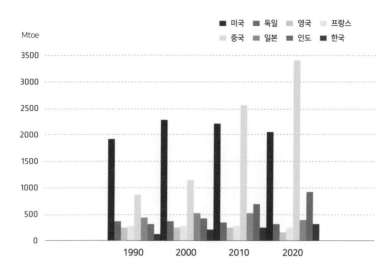

미국/유럽 Big4 vs 아시아 Big4 국가의 총 에너지 소비량

1990~2020년 추이, Mtoe (million tons of oil)

범례: ■ 미국 ■ 독일 ■ 영국 ■ 프랑스 ■ 중국 ■ 일본 ■ 인도 ■ 한국

(출처 : 세계 에너지 및 기후 통계 - 2021년 연감, Enerdata)

주도권을 지키기 위해 할 수 있는 최선의 공격과 방어를 다 하지 않 겠는가.

GDP Top 10 국가 중 미국/유럽의 빅4(미국, 독일, 영국, 프랑스), 아시아의 빅4(중국, 일본, 인도, 한국)를 비교한 앞의 표에서 총 에너 지 소비량 추이를 보자. 확연히 느껴지는 것이 미국/유럽은 총 에 너지 소비량이 21세기 들어 계속 유지, 정체 상태를 이어오며 완만 히 감소세를 보이고, 아시아는 21세기 들어서 증가세를 이어간다. 21세기 들어 아시아의 경제성장이 두드러졌는데 결국 성장에 따른 에너지 소비 증가의 영향이다. 아시아 국가들이 상대적으로 미국/

유럽에 비해 탄소감축과 신재생에너지 전환에 소극적이고, 진행도 더딘 것은 분명 리스크가 될 수밖에 없다.

총 에너지(전력) 소비량은 국가 경제성장의 중요한 척도다. 어떤 경제활동을 하든 에너지(전력)가 필요하기에 에너지 소비량 증가는 경제성장과 비례 관계에 있다. 경제 대국은 에너지 소비량 대국이기도 하다. 그동안 북미와 유럽 등 서방 선진국들이 석유와 석탄 등 화석연료 기반의 에너지를 열심히 쓰면서 자본주의를 성장시켰고, 선진국의 경제도 성장시켰다. 자본주의의 본격적 시작은 증기기관에 의한 1차 산업혁명으로 대량 생산, 상공업의 태동으로 볼 수 있는데, 석탄이 바로 1차 산업혁명의 원동력이다. 영국이 석탄이 풍부했기에 18~19세기 세계 경제의 주도권을 가졌다.

20세기가 되면서 영국에서 미국으로 주도권이 옮겨간 것은 석유 때문이다. 지금이야 산유국 하면 중동을 떠올리지만, 20세기 전반기는 미국이 전 세계 석유 생산량의 60% 정도를 차지하던 시대였다. 20세기 후반에 중동이 석유 생산량에서 강국으로 부상했지만, 석유를 가장 잘 활용해 경제를 끌어올린 나라는 단연 미국이다. 석유는 무기다. 자원 무기는 국제정치에서 가장 강력한 도구 중 하나다. 중동에 만약 석유가 없었다면 지금 같은 국제적 영향력과 위상을 그들이 가질 수 있었을까? 러시아에 석유와 천연가스가 없었다면 우크라이나 침공 이후 서방의 경제제재와 고립화에도 버틸 수 있었을까? 만약 석유와 천연가스에 대한 의존도가 크게 줄어들고, 신재생에너지가 총 에너지 소비량을 상당 부분 감당한다면 중동과 러시아 경제는 지금 같은 위상은 갖지 못한다. 결국 신재생에너지를 통한 에너지 전환은 국제질서도 재편할 수 있고, 서방 국가들의 경제적, 정치적, 국제적 위상을 계속 유지하는 데도 기여할 수 있다.

지금의 기후위기를 초래한 주범은 자본주의라고 해도 과언이 아니다. 그런데 전 세계적 탄소중립 기조 속에서 선진국과 개발도상국의 입장은 다르다. 개발도상국은 성장을 위해서 에너지 수요가 증가할 수밖에 없고, 재생에너지만으로는 불가능하기에 석유와 천연가스 등 화석연료 소비는 줄어들기 어렵다. 그리고 에너지 안보라는 측면에서 에너지의 안정성과 신뢰성을 위해선 천연가스, 석탄 등의 화석연료 기반의 에너지도 유지할 수밖에 없다. 이런 상황에서 투자자본의 주도권을 가진 미국, 그리고 IT산업의 주도권을 가진 미국이 넷제로와 ESG를 위해 자본의 힘, 기술의 힘을 적극 활용해 격차를 만들어내는 건 당연하다.

세계 상위권의 경제 강국은 유럽과 북미에 대부분 있다. 서방 선진국이자 금융자본의 주도권을 가진 이들로선 후발주자인 개발도상국의 성장이 투자로선 좋은 기회지만, 경쟁이란 관점에선 이들의 성장이 위협적이다. 소비 시장으로서는 커지는 게 좋지만, 세계 경제의 주도권을 뺏기는 건 원치 않는다. 경제 주도권은 단지 경제만의 얘기가 아니라, 외교와 국제질서의 주도권이기 때문이다.

넷제로 2050은 지구와 환경을 위한다는 명분도 있지만, 경제적 관점으로 보면 선진국들이 개발도상국에 대한 사다리 걷어차기로 해석될 여지도 충분히 가능하다. 넷제로 2050은 전 세계의 공동 목표지만, 국가별 이해관계가 다르고, 어떤 국가의 정부라도 경제성장을 하고 싶지 않은 곳은 없다. 전 세계가 넷제로 2050을 실현하기 위해 정부가 나서고, 글로벌 대기업들도 적극 넷제로에 나서지만 그럼에도 전 세계의 에너지 소비 총량은 2050년까지 계속 증가할 수 있기 때문이다. 실제로 미국 에너지정보청EIA, Energy Information Administration이 현재의 정책과 기술 추세가 지속된다는 전제에서, 2050년까지 세계 에너지 소비와 이산화탄소 배출은 증가할 것으로 봤다. 물론 각국 정부가 경제성장을 좀 낮추더라도 강경한 친환경 정책을 펼치거나, 에너지 효율을 높이는 기술이나 탄소포집 같은 탄소감축 기술이 혁신적으로 개선된다면 상황이 바뀔 수 있겠지만, 그렇게 되지 않을 가능성도 충분하다. 한 국가 내에서도 서로 다른 이해관계에 따라 갈등과 불협화음이 많은데, 전 세계가 공동의 방향에 따라 이해관계의 손해도 감수하면서 간다는 건 쉽지 않다. 결국 명분이 아닌 실리가 핵심이다.

경제성장은 하면서 에너지 소비는 줄이는 건 쉽지 않다. 그리고 인구 증가와 에너지 소비도 비례 관계에 있다. 우리나라가 유독 출산율이 낮아 인구 감소 위기감이 더 크지만, 유럽과 북미 선진국들도 인구 감소는 피할 수 없다. UN의 세계 인구 전망(2019)에 따르면 유럽은 2022년부터 인구 감소가 시작되는 데 반해, 중국과 인도가 있는 아시아는 2057년까지 계속 증가해 정점을 찍은 후 감소하기 시작할 것으로 봤다. 아프리카는 21세기가 끝날 때까지도 계속 증가세를 이어갈 것으로 봤다. 2020년엔 아시아 인구가 아프리카보다 3배 정도 많았지만, 2100년경이면 비슷해질 정도로 아프리카의 인구 잠재력, 그리고 그에 따른 경제 잠재력은 미래에 있다. 세계 인구는 2020년 기준 77억 명 정도였는데, 2100년이면 109억 명정도로 UN은 전망했다.

중국이 미국 경제를 추월할 것으로 본 원동력 중 하나가 인구다. 지금도 미국보다 중국 인구가 4배 정도 많지만, 미국 인구는 아주 완만하게 증가하고 아주 완만하게 감소한다. 이민으로 노동인구가 유지되는데, 21세기 내내 큰 변화가 없다. 반면 중국은 21세기 초중반까지 급격히 늘었다가 중후반에 노동인구 감소가 시작되면서 결국 21세기 끝에는 미국이 세계 경제 주도권을 다시 잡을 거란 전망이다. 물론 전망은 그냥 전망일 뿐이다.

중국, 인도가 인구의 정점 이후에 어떤 변화를 가져올지, 미국은 어떤 변화를 맞을지, 아프리카는 어떤 변화를 맞이할지 등 변수는 많다. 분명한 건 미국은 20세기 내내, 그리고 21세기 들어서도 수십 년째 잡고 있던 세계 경제 주도권을 포기할 생각이 전혀 없다. 미국의 금융자본은 세계의 자본 주도권을 내놓을 리 없다. 힘이 있을 때 힘을 쓰는 건 공격이자 방어다. ESG를 통한 격차 전략의 필요는 미국 기업이든, 미국 자본이든, 미국 정치든 다르지 않다.

Part 6

ESG 버블과 회의론,
그리고 ESG 워싱과 쇼잉

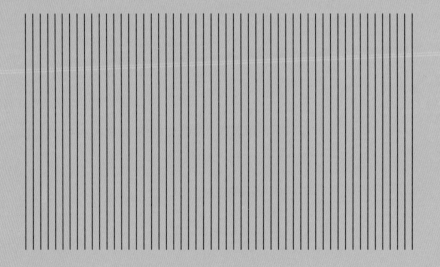

ESG를 '착하다'라는 시각으로 이해하는 사람들이 가장 바보 같다. 그런 이해로는 ESG를 왜곡해서 바라보고 방어적으로 대응할 수밖에 없다. 아마도 많은 이들의 관심사가 과연 ESG가 일시적 유행일지, 어디까지 해야 할지(얼마나 돈을 써야 할지)가 아닐까? 이런 질문 자체가 ESG를 수동적, 방어적으로 받아들인다는 증거다. ESG 워싱(Washing)과 ESG 쇼잉(Showing), ESG 버블, ESG 한계론, ESG 회의론 등이 나오는 건 ESG가 정말 필요 없어서가 아니라, 역설적으로 ESG가 대세가 되고 필수가 되었기 때문이다. 빛이 밝을수록 그림자는 짙고, 기회가 커질수록 제대로 하지 못해서 생기는 위기도 크다.

블랙록 래리 핑크의 두 얼굴
: 투자자본의 탐욕과 ESG 회의론

ESG 투자 열풍을 촉발한 주동자들 중 가장 먼저 손 꼽히는 사람이 블랙록의 래리 핑크 회장이다. 돈의 힘, 주주행동주의를 통해 기업에 ESG를 요구하고 ESG 투자를 주도하고 있다. 하지만 늘 따라붙는 얘기 중 하나가 ESG 마케팅으로 돈 버는 장사꾼이란 비판이다.

2022년 첫날, 〈블룸버그Bloomberg〉는 블랙록에 대한 고발성 기사를 내보냈다. 〈블룸버그〉는 블랙록이 북미 지역에서 웰스매니지먼트WM 담당자 등에게 영향력을 행사해 ESG 펀드에 투자하고자 하는 투자자들을 블랙록의 ESG 펀드로 몰아줘서 막대한 투자자금이 블랙록의 ESG 펀드로 유입되도록 한다는 점과, 블랙록이 운용하는 ESG 펀드의 정당성을 부여하기 위해 제시된 ESG 평가등급이 실제 펀드에 편입된 기업이 환경과 사회에 미치는 실질적 영향과

거의 관련 없다는 것을 제기했다. S&P 500 지수 편입 기업 중 ESG 등급이 상향조정된 155개 기업 중 온실가스 감축이 등급 상향의 근거가 된 경우는 1개에 불과했다는 점을 지적했다. ESG 평가에서 세계적 주도권을 가진 MSCI에게 블랙록은 가장 큰 고객이기에, 블랙록의 ESG 펀드에 유리한 평가등급을 제공했을 가능성도 충분하다. 실제로 E 이슈에서 문제가 될 수 있는 글로벌 정유회사인 셰브론Chevron, 엑손모빌ExxonMobil, 화석연료 산업에 대출을 많이 해준 JP모건 체이스 은행이 블랙록의 ESG 펀드에 편입되어 있고, S 이슈가 불거진 메타(페이스북), 아마존, 맥도날드도 편입되어 있다는 점을 〈블룸버그〉는 비판한 것이다.

블랙록의 ESG 펀드 중에선 타이틀은 분명 ESG 펀드인데 S&P 500 지수보다 화석연료 기업의 비중이 높은 경우도 있었다. ESG 리스크가 있는 기업을 ESG 펀드에 편입시키고, 이를 위해 ESG 평가에서 리스크가 있는 기업에 유리한 기준으로 평가해 높은 평가 점수를 받게 해 ESG 평가에서 일종의 면죄부를 주는 것에 대한 문제 제기는 그동안 여러 곳에서 있어왔고, 충분히 그럴 가능성이 있었는데 〈블룸버그〉는 이를 고발기사로 다룬 것이다. ESG 펀드가 일반 펀드보다 평균적으로 수수료가 좀 더 비싸다는 지적도 있는데, 이는 ESG를 내세워 수수료 폭리를 거두는 문제가 된다. 블랙록에서 ESG 관련 투자 부문인 지속가능성 투자Sustainable Investing CIO (최고투자책임자)를 역임하다 2019년에 퇴사한 타릭 팬시Tariq Fancy는 이후 ESG 투자 전문가로 활동하며 ESG 펀드에 대한 비판

Bloomberg

Subscribe ☰

Markets

How BlackRock Made ESG the Hottest Ticket on Wall Street

- Stampede into sustainable funds got push from model portfolios
- Main result is 'giving them more fees,' says former executive

By Cam Simpson and Saijel Kishan +Follow

2022년 1월 1일 오전 12:00 GMT+9

Updated on 2022년 1월 1일 오전 7:53 GMT+9

2022년 첫날 <블룸버그>가 내보낸 블랙록 고발 기사. 블랙록의 ESG 펀드와 관련해 불공정한 행위를 했다고 비판했다. (출처 : <블룸버그>)

적 목소리도 내고 있는데, 그가 블랙록의 아이셰어 ESG 펀드 수수료가 S&P 500 지수를 추종하는 블랙록의 일반 펀드보다 5배 비싸다고 지적했다. <블룸버그>의 기사를 그대로 받아들인다면, 블랙록이 실제로 온실가스 배출을 줄이지도 않고 사회적 문제를 일으킨 기업들을 ESG 펀드로 편입시키고, 그 과정에서 평가등급에 영향력을 행사하고, ESG 펀드 수수료를 더 많이 받아서 자신들의 이익만 채웠다고 해석해도 된다. 자본주의의 꽃인 금융자본, 그중에서 가장 파워세력인 투자자본이 ESG 투자를 촉진하고 ESG 경영을 유도한 이유가 결국 자신들의 이익 때문인 것이다.

블랙록에서 운영하는 ESG ETF의 대표 격인 ESGU ETF는 2016년 12월 상장했는데, MCSI USA 지수를 바탕으로 ESG에 좋은 평가를 받은 중대형주 중심(100% 미국 기업)으로 투자한다. 비중으로 보면 마이크로소프트, 애플, 아마존, 테슬라, 알파벳(구글), 엔

비디아, 메타(페이스북) 순이고, 이들 상위 비중의 기업들은 빅테크 기업이라는 공통점과 함께, 미국 시가총액 순위 상위에 있는 기업이기도 하다. 미국뿐 아니라 전 세계 시가총액 순위로 해도 마찬가지다. ESGU ETF에 편입된 기업 300여 개 중 상위 10개 기업이 전체 투자에서 30%가량 차지한다. 업종별로는 테크(IT), 소비재, 헬스케어, 금융, 커뮤니케이션, 산업재 순이다. 이 정도만 보면 그냥 우량한 대기업, 잘나가는 테크 기업에 투자한 것이라고 할 수도 있지만, 사실 우량 대기업이 ESG 평가지수가 상대적으로 더 양호하다. 대기업이자 글로벌 기업이 ESG를 신경 쓰지 않고 사업하기란 불가능한 시대이고, 일반 기업보다 더 먼저 ESG 경영을 받아들일 수밖에 없기 때문이기도 하다.

　ESG 평가지수가 상대적으로 양호하다는 것이지, 이들 기업의 ESG가 절대적으로 만족스럽다고 하긴 어렵다. MSCI ESG 펀드 등급(AAA부터 CCC까지 총 7등급)은 A(7등급 중 상위 3번째 등급), 곧 평균 수준 중에서 양호한 수준이다. MSCI ESG 품질지수(10점 만점)는 7이다. 이것도 마찬가지로 평균에서 조금 상회한 정도다. ESG를 엄청 잘하는 기업들로 투자 라인업을 짠 건 아니다. MSCI ESG 펀드 등급 AAA 기업에만 투자한다고 투자수익이 가장 좋은 건 아니기 때문이다. 목적은 수익률, 곧 돈을 버는 것이지 ESG 자체가 아니기 때문이다. 물론 투자한 기업 중 핵무기, 논란의 여지가 있는 무기, 민간 총기류, 담배, 발전용 석탄, 원유가 섞인 모래인 오일샌드(정제 과정에서 대량의 폐수와 이산화탄소 발생으로 원유보다 더 환경에 안 좋은) 관련 사업을 하거나, 유엔글로벌콤팩트UN Global Compact 위반기업은 전혀 없다. 이런 기업들이 돈을 잘 벌고 수익률에 기여할지는 몰라도, ESG 투자에선 배제한다. 사실 배제한 기업들은 소위 말하는 보편적인 비즈니스가 아니다. 인류에게 위해가 되는, 논란의 여지이자 문제가 많은 비즈니스다. 곧 이런 비즈니스를 배제하는 건 엄청나게 잘하는 일이라는 느낌보다, 지금 시대엔 상식적인 선택이라는 느낌 정도다. ESG를 엄청 강조하는 것치고, 아주 ESG스럽다고 보긴 애매하다.

2021년 8월, 독일 자산운용사 DWS가 미국 증권거래위원회SEC와 독일 연방금융감독청BaFin의 조사를 받았다는 기사가 나왔다. DWS에서 ESG 부문 본부장을 역임한 사람이 DWS가 투자자로부터 ESG에 투자한다고 유치한 투자금 중 절반이 ESG와 무관한 곳에 투자했다고 주장했기 때문이다. 그동안 이런 의혹은 ESG 투자기관 다수가 받아왔고, 기업의 ESG 관련 정보 공개가 명확해지지 않고 ESG 평가에 대해서도 투명성이 강화되지 않으면 계속 제기될 수밖에 없는 문제다.

2021년 10월, 영국의 〈가디언Guardian〉에 흥미로운 기사가 실렸다. 'The dirty dozen : meet America's top climate villains(더러운 12명 : 미국 최고의 기후 악당들)'이란 제목으로 기후위기에 가장 주범이 될 사람들을 언급했다. 미국의 석유회사 셰브론과 엑손모빌, 다국적 석유와 에너지, 섬유사업을 하는 코크 인더스트리즈Koch Industries의 회장이자 CEO, 전 세계 최대 곡물, 축산 회사 카길Cargill은 직접적으로 기후 악당에 걸맞은 사업을 하고 있고, 기후 악당 기업들을 도와주는 홍보회사와 로펌, 언론사News Corp, 은행(화석연료 자금 대출을 많이 해준 JP모건체이스)의 CEO들과 상원의 정치인 두 명도 악당이라 하기 손색없다.

그런데 여기에 의외의 두 사람이 있다. 블랙록 CEO 래리 핑크와 메타(페이스북) CEO 마크 주커버그다. 블랙록은 세계 최대 자산운용사로서 ESG 투자 열풍을 주도하고 있고, 래리 핑크는 직접 넷제로와 기후위기에 대한 기고문을 쓰기도 했다. 이런 사람을 왜 악당이라고 할까? 그리고 마크 주커버그는 기후와 관련 없어 보이는데 왜 악당의 반열에 올랐을까? 사실 래리 핑크와 마크 주커버그는 기후 악당이 맞다. 블랙록은 화석연료에 투자하고, 삼림 벌채로 이익을 얻는 등 화석연료 산업에서 직접적 이익을 거두고 있고, 메타(페이스북)는 화석연료 산업의 이익을 대변히는 일로 광고수익을 얻는다. 대놓고 악당 짓을 하지는 않지만, 몰래 나쁜 짓 하는 가증스러운 악당인 셈이다.

앞서 〈블룸버그〉 기사와 〈가디언〉 기사를 연결해보면 좀 더 명확해진다. 〈블룸버그〉 기사에서 블랙록의 ESGU ETF에 편입된 기업 중 문제 삼은 그 기업들이, 〈가디언〉 기사에서 기후 악당이 있는 기업과 묘하게 겹친다. 그리고 Part 5 후반부에서 다룬, ESG 평가기준과 점수 체계를 통일하고 표준화할 필요에 대해 MSCI의 헨리 페르난데스 CEO가 반대했고, 평가기관이 가진 전문성에 따라 ESG 평가를 해야 한다는 얘기는, 이 두 기사와 연결해서 보면 얼마

The dirty dozen: meet America's top climate villains

'The nation's worst polluters managed to evade accountability and scrutiny for decades as they helped the fossil fuel industry destroy our planet.' Illustration: Jason Goad/The Guardian

2021년 10월 <가디언>은 'The dirty dozen : meet America's top climate villains(더러운 12명 : 미국 최고의 기후 악당들)'이란 제목으로 기후위기에 가장 주범이 될 사람들을 언급했다. (출처 : <가디언>)

든지 ESG 리스크가 있는 기업도 평가기준의 가중치에 따라 평가 점수를 좋게 받게 할 수 있고, ESG 펀드에 편입할 정당성을 부여할 수도 있다는 것으로 읽힌다. ESG 열풍에 블랙록 래리 핑크가 기여한 것과 별개로, 향후 ESG가 거대한 흐름으로 커지기 위해서도 자본주의의 탐욕이나 특정 기업의 ESG 장사이자 ESG 워싱을 견제하고 제어할 제도적 장치가 필요하다. ESG 평가, 공시에 대한 글로벌 표준도 필요하고, 투자자본과 경영계뿐 아니라, 투자자와 소비자, 사회와 정치가 하루빨리 ESG 2.0으로 진화해야 한다.

ESG 투자 버블에 대한 경고가
나온다는 의미

ESG 투자 전문가 타릭 팬시는 2021년 8월 자신의 블로그에 '지속가능 투자자의 비밀 다이어리The Secret Diary of a Sustainable Investor'라는 제목으로 A4 40페이지 분량에 이르는 장문의 에세이를 게재한다. ESG 투자에 대해 '공공의 이익을 해치는 위험한 플라시보', '불편한 진실을 대응하는 편리한 판타지' 같은 표현을 쓰며 시작된다. ESG 투자를 주도하며 ESG 열풍을 일으킨 블랙록에서 ESG 투자부문을 이끌었던 전문가가 던진 ESG 투자 회의론이기에 〈파이낸셜타임스Financial Times〉를 비롯해 〈CNBC〉, 〈블룸버그〉, 〈포브스Forbes〉, 〈이코노미스트The Economist〉, 〈포천Fortune〉 등 세계적인 경제 매체에서 중요하게 다뤘다. 사실 ESG 열풍이 거센만큼 ESG 회의론도 만만치 않게 계속 제기되었다. 그런데 다른 사람도 아닌 타릭 팬시가 ESG 회의론을 제기하니 더더욱 ESG 투자에 대한 문제의식이 커진 것이다. 심지어 〈포천〉은 2021년 10월 'ESG 허니문은 끝났다The ESG honeymoon is over'라는 헤드라인의 기사를 내기도 했다. 산이 높으면 골도 깊다. ESG 열풍이 거셀수록 투자 버블과 한계론, 회의론도 많아진다.

2017년부터 2021년 초까지 세계 최대 연기금인 일본 공적연금 GPIF 이사회 의장을 역임한 히라노 에이지가 2021년 6월 〈블룸버그와〉 한 인터뷰에서 ESG 투자에 거품이 끼어 있다고 발언했다. 그가 의장을 하는 동안 ESG 투자에 적극적이었고, 지난 몇 년간 전 세계는 ESG 투자를 너도나도 받아들였다. ESG의 핵심은 투자이고, 이는 곧 수익률로 연결된다. 버블 제기는 수익률이 낮아졌다는 의미다. ESG 꼬리표가 붙었다고 다 수익률이 좋아지는 시대는 끝났다는 얘기니까, 더 구체적이고 실질적인 ESG 평가가 필요하다는 의미기도 하다.

2021년 7월 〈파이낸셜타임스〉가 ESG 투자의 수익률 변화에 대비해야 한다는 기사를 다뤘다. 이때 근거로 삼은 것이 Edhec비즈니스스쿨Edhec Business School 에이브러햄 리우이Abraham Lioui 교수와 밀라노가톨릭대학교Catholic University of Milan 안드레아 타렐리Andrea Tarelli 교수가 공동으로 쓴 논문 〈Chasing the ESG Factor〉이다. 이 논문에선 2016~2020년까지 뉴욕대학교 프린스턴 경영대학이 발표한 250여 편의 ESG 관련 논문을 분석했는데, 분명 ESG에 적극적인 기업들의 수익률이 높았다. ESG 중 환경(E)과 사회적 책임(S) 분야와 관련한 초과수익은 매년 1% 이상이었다. 하지만 ESG 평가등급이 가장 높은 기업과 가장 낮은 기업의 수익률 격차가 계속 좁혀졌다. 2003~2020년까지 수익률 추이를 보면 2020년경 격차가 거의 사라졌다. 환경(E)을 중심으로 보면 격차가 역전된 현상도 나온다. ESG에 적극적인 기업에 투자하더라도 기대한 수익률을 보기 어렵다는 의미가 된다. ESG는 공짜로 되지 않기 때문이고, 결국 ESG가 투자자에게 부담이 될 수 있다는 결론도 된다. 국내에선 ESG에 대한 관심이 2020년에 커지기 시작해 2021년 활발해진 것과 달리, 이미 글로벌 경제와 투자금융계에선 더 오래전부터였다. ESG 투자 수익률이 떨어지면 ESG 투자 열풍도 사그라든다. 그렇다고 ESG가 사라지는 게 아니다.

ESG 투자 버블에 대한 경고가 나온다는 의미는 ESG가 열풍을 벗어나 안정적으로 자리 잡는다는 의미기도 하다. ESG가 끝난다는 것이 아니라, 모든 기업이 ESG를 기본으로 받아들이면서 ESG 프리미엄이 사라진다는 의미다. 모든 기업이 ESG를 잘하면 더 이상 ESG 투자는 의미가 없어진다. ESG가 당연한 것이자 기본이 된 상태에선 변별력이 사라지기 때문이다. ESG 투자는 ESG를 잘하지 못하는 상황에서 가장 빛이 난다고 해도 과언이 아니다. 결국 투자 자본이 주도하는 ESG 투자는 끝이 있어도, 기업이 주도하는 ESG 경영은 끝이 없다. 근본적이고 장기적인 전략으로 냉정하게 다가가야 한다. CSR이 메이크업이나 홍보 같은 느낌이라면 ESG는 사업 방향 전환이나 구조조정에 가까운 느낌이다. CSR에 쓰는 돈이 기업의 재무적 성과로 이어지진 않지만, ESG는 다르다. 단기적으로는 비용 투자가 증가할 수밖에 없지만, 이를 통해 장기적이고 지속적인 비즈니스가 가능하도록 하는 것이 목적이다. 글로벌 기업들이 대거 ESG 2.0 단계로 진입하고 있는 것은 ESG 진화를 위한 긍정적 신호다.

사실 ESG라는 용어 자체로만 보면 누구도 환영할 멋지고 좋은 말이지만, 기업은 이익을 위해 존재한다. 투자도 성과를 내기 위해 존재한다. 기업이 ESG 경영을 하는 것은 세상을 이롭게 만들기 위해서가 아니라, 투자를 원활하게 받고, 기업가치 평가도 높이 받고, ESG가 만들어내는 비즈니스 기회를 적극 공략해 성과를 내기 위해서다. 기업이 지속가능하게 경영하고, 계속 돈을 더 잘 벌기 위해서 필요한 중장기적 전략으로 ESG 경영이 필요한 것이다. 하지만 단기적으로 ESG 성적표만 생각하면서 겉으로 티 나는 것에만 집중하는 시도가 결국은 ESG 리스크를 만드는 주범이다. ESG 1.0 단계에서 벗어나지 못하는, ESG 2.0 단계로 진화하지 못하는 기업들이 ESG 워싱을 할 가능성이 높다. 분명한 건 한동안 국내 기업들에서 ESG 워싱을 우리가 많이 목격하고, 그로 인해 역풍 받는 기업도 많이 볼 것이라는 점이다.

왜 ESG, NFT, 메타버스를
3대 버블이라고 부를까?

        ESG, NFT, 메타버스Metaverse는 2021년 가장 많이 회자된 비즈니스 트렌드 키워드 3가지라고 해도 과언이 아니다. 한국거래소가 2021년 증권/파생상품 시장 10대 뉴스로 발표한 내용 중, 다섯 번째 뉴스가 NFT, 메타버스 등 미래산업 투자 열풍이고, 여덟 번째 뉴스가 ESG 투자문화 확산이다. 2021년은 ESG, NFT, 메타버스가 투자시장에서 아주 중요한 이슈가 된 해다. 우리나라만 그런 게 아니다. 미국도 그렇고, 전 세계가 마찬가지다. 전 세계 주식시장에서 ESG, NFT, 메타버스 모두 테마주로 부각되었고, 글로벌 기업이나 빅테크 기업들이 기업가치를 끌어올리는 방법 중 하나로 이들 3가지 테마와 관련한 사업을 벌이거나, 투자를 하는 경우가 많았다. 확실히 ESG, NFT, 메타버스는 돈이 된다고 여겨서 돈이 몰린다. 어떤 분야든 단기간에 성장시키는 데는 일정 정도의

코로나19로 인한 검색어 트렌드 변화 (구글)

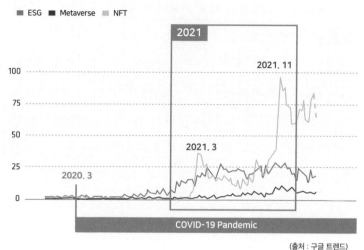

(출처 : 구글 트렌드)

코로나19로 인한 검색어 트렌드 변화 (네이버)

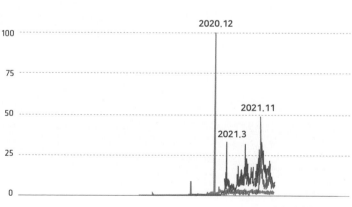

(출처 : 네이버 데이터랩)

버블은 필요하다. 버블의 순기능도 부정할 수 없다. 전체적으론 버블도 필요하지만 버블에 따른 피해나 손실을 누군가는 볼 수 있기에, 개별적으로는 가혹할 수 있다.

ESG는 2000년대 초반부터 부각되었다. UN이 기업의 지속가능성 향상을 목표로 2000년에 만든 글로벌 협약이 유엔글로벌콤팩트UN Global Compact다. 그리고 유엔글로벌콤팩트가 2004년 발표한 보고서에서 환경Environmental, 사회Social, 기업 지배구조Corporate Governance 3가지를 기업 및 투자 가치에 영향을 미치는 ESG 이슈로 제시하고, 각기 세부적인 이슈들도 소개했다. 하지만 기업들이 본격적으로 관심을 가진 것은 2016년 11월 파리협정(2015년 유엔기후변화회의에서 채택)이 국제법으로 효력을 발휘할 때부터다. 이때부터 미국의 거대기업을 비롯해 글로벌 대기업들이 ESG 경영에 나서기 시작했다.

NFT는 2014년 5월 뉴욕의 뉴뮤지엄New Museum에서 열린 세븐온세븐Seven on Seven 콘퍼런스에서 처음 등장했다. 하지만 본격적 시작은 2015년 10월 이더리움ETH 출시 3개월 후 이더리움 첫 번째 개발자 콘퍼런스인 데브콘1DEVCON1에서 NFT 프로젝트 이더리아Etheria가 나오면서부터다. 2017~2018년 다양한 NFT 프로젝트가 나오고 투자금이 커지기 시작했고, 스포츠계, 미술계, 영화계 등 다양한 영역에서 2020년까지 관심이 증폭되었다. 그럼에도 NFT에 대해 대중적 관심이 시작되고, 투자 열풍이 분 건 2021년부터다.

메타버스는 30년 정도 된 말이고, 메타버스 서비스인 '세컨드 라이프Second Life'는 2003년에 나와 2010년까지 운영되었으며, 글로벌 빅테크 기업들이 VR, AR 사업을 본격 투자한 것도 2010년대다. 세 가지 모두 2021년에 열풍처럼 부각되었지만, 나온 지는 꽤 되었다. 바꿔 말하면 거대한 변화이자 중요한 비전이라도 계기가 만들어지기 전까지는 느리게 진화하는 경우가 많다.

이들 세 가지가 부각된 계기는 공교롭게도 코로나19 팬데믹이다. 2020년 3월부터 전 세계가 거리두기와 단절, 격리를 통해 비대면 사회로 급전환을 했다. 그리고 팬데믹을 겪으며 사람들은 생태계와 환경, 기후위기에 대한 인식이 높아졌다. 팬데믹을 계기로 원격근무, 원격수업을 전방위적으로 경험하게 되었고, 가상의 세계가 더 이상 게임하는 놀이터 정도가 아니라 업무, 교육, 공연, 전시, 커머스 등 현실의 다양한 영역을 흡수할 수 있음을 인식했다. 가상세계에서 살아가는 것을 심도 깊게 생각할 계기가 팬데믹 기간에 만들어졌다. 가상세계의 확대는 가상자산, 디지털 자산의 가치에 대한 인식을 급전환시켰고, NFT는 가장 뜨거운 투자대상으로 주목받기 시작했다.

비트코인이나 이더리움 같은 가상화폐가 2021년 오르락내리락하며 투자 손실을 본 사람도 많지만 몇 년 전과 비교하면 폭등이라는 말로 설명할 수 있을 정도다. 비트코인과 이더리움 초창기에 투자해 몇백 배, 몇천 배의 투자수익을 거둔 전설적인 스토리가 가상화폐 투자자들에겐 아주 유혹적이다. 하지만 타임머신이 없으니 과거로 돌아갈 수는 없다. 그런데 NFT 투자는 2021년이 초창기였다. 가상화폐에서 초창기 투자의 효과를 경험한 이들이 NFT 초창기 투자에 솔깃하는 건 당연하다. NFT 플랫폼들도 열풍을 부추겼다. 2021년 한국은 주식시장이 하향세였다. 미국의 주식시장은 2020, 2021년까지 좋았다. 하지만 2022년은 미국도 한국도 가혹하다. 주식도 가상화폐도 2022년에 손실이 큰 투자자가 많다. 단기간에 큰 수익률을 기대하는 이들로선 NFT에 새로운 희망을 걸고 있다. 물론 NFT는 투명하고 안정적인 투자 시스템이 아니다. 얼마든지 가격을 올리기 위한 자전거래도 가능하다. 가상화폐 시장도 이런 점에서 자유롭지 않다. 그런데 반대로 생각하면 이런 점 때문에 가상화폐나 NFT는 단기간에 말도 안 되는 상승률이 가능하고, 반대로 하락률도 마찬가지다. 버블이 생기기 딱 좋은 환경이다. 버블을 통해 엄청난 돈을 버는 이들이 있기에, 버블을 부추기는 세력이 있을 수밖에 없다. ESG도 ETF 시장에서 주목받는 상품이 되었고, 막대한 돈이 ETF로, ESG 투자로 몰려든 것도 같은 시기다. ESG 투자 열풍이 분 것도, NFT를 투자 이슈로 주목하기 시작한 것도, 메타버스를 더 이상 미래가 아닌 현재의 산업으로 바라보기 시작한 것도 2021년이다.

ESG, NFT, 메타버스에 대한 관심은 2021년에 이어 2022년에도 이어진다. 분명 세 가지 키워드 모두 트렌드를 넘어 패러다임으로 오랜 기간 중요하게 활용될 것이다. 과거에도 이런 일은 계속 있었다. 뭐든 새롭게 비즈니스 이슈로 부각되어 산업적 가치가 커질 가능성이 보이면 나타나는 일이다. 사실 새로운 비즈니스 이슈가 산업으로 성장하고 자리잡는 데는 시간이 걸린다. 기업들이 사업을 전개하는 속도, 산업이 커지는 속도는 아무리 빨라도 한계가 있기 때문이다. 버블은 절대악이 아니다. 유망한 분야의 성장 속도를 빨리하는 데 기여한다. 물론 버블의 피해자, 엄밀히 투자에서 피해자는 불가피하지만 ESG, NFT, 메타버스 모두 미래에도 필요하다. 버블도 있고, 혹 하게 만드는 얘기도, 사기꾼도 많고, 단기간 과열로 투자 리스크도 커졌지만, 그렇다고 버릴 이슈가 아니다. 멋지게 부풀린 환상은 버리고 좀 더 냉정하고 심도 깊게 지켜봐야 한다.

RE100에 앞장선 빅테크는
왜 세금 문제에선 비겁했을까?

　　애플의 한국 법인 애플코리아가 2021년 납부한 법인세는 628억 9,000만 원이다. 매출 7조 971억 9,700만 원 대비 0.9%를 낸 것이다. 법인세를 적게 낸 이유는 이익이 적었기 때문인데, 2021년 애플코리아의 영업이익률은 1.6%다. 애플 전체의 영업이익률이 29.8%인데 왜 한국에서만 1.6%일까? 매출원가를 과도하게 높게 잡아 영업이익을 낮추고 영업이익률을 낮추는 건 세금 회피하는 글로벌 기업들의 전형적 방법이다. 애플만 그런 게 아니다. 글로벌 빅테크들이 이런 방법으로 세금 회피한 건 오래된 일이다. 그래서 EU가 가장 먼저 칼을 빼들었고, 빅테크들도 세금 회피를 줄여나갔다. 그런데 허술해 보여서 그랬는지 한국에서만 여전히 극악의 세금 회피를 하고 있다.

　　구글, 애플, 메타(페이스북) 등 글로벌 빅테크는 전 세계에서 세금 덜 내려고 온갖 방법을 동원했다. RE100에도 초창기부터 미리 가입하고, 탄소감축 계획과 ESG 경영에서도 목소리를 적극 내지만 탈세는 한다. 이걸 어떻게 봐야 할까? 이들이 정말 ESG 경영을 하는 걸까? ESG 워싱과 쇼잉을 하는 걸까? ESG에서 E에 편향된 것이 S, G로 확대될 수밖에 없다. 그건 기업이 나서지 않아도 시대가 방관하지 않는다.

OECD는 2021년 10월, 최저 법인세율 15%와 연간 매출 200억 달러 이상, 이익률 10% 이상인 글로벌 대기업은 이익 중 25%를 매출이 발생한 국가에서 과세할 수 있다는 내용이 포함된 글로벌 세제 개혁법안에 합의했다. (2023년부터 도입될 것이란 기대가 있었지만, 2024년 이후로 미뤄질 가능성도 커졌다. 미국에서 공화당 의원들을 중심으로 미국 기업에 불리하다는 이유로 반대하고, EU에선 폴란드가 반대한다.) 여기서 가장 핵심은 매출과 이익이 높은 글로벌 대기업을 매출이 발생한 현지 국가가 과세하는 부분인데, 이를 소위 구글세라고 부른다. 글로벌 빅테크 기업들은 세계 각국에서 돈을 벌지만 실제로 세금은 미미했다.

2020년 구글, 애플, 메타(페이스북), 넷플릭스 등 글로벌 IT 기업 19개사가 한국에서 납부한 법인세는 1,593억 원이고, 그중 구글이 낸 건 100억 원 정도로 추정되었다. 당시 네이버가 낸 법인세 4,303억 원과 비교해보면 말도 안 되는 액수다. 국내에서 엄청나게 많은 돈을 번 글로벌 빅테크(대개 미국 기업)는 매출을 한국이 아니라 법인세가 상대적으로 낮은 지역이나 조세 피난처로 세금 회피 목적의 매출 이전을 하기 때문이다.

이 문제는 EU에서 먼저 제기되어 구글세, 디지털세 같은 이름으로 세금 과세를 추진했고, OECD도 관련한 세제 개혁을 했다. OECD의 글로벌 세제 개혁법안에 합의한 국가가 136개국인데, 이들이 전 세계 GDP의 90% 이상을 차지한다. 이행 기간을 거쳐 2023년부터 적용되는데, 글로벌 빅테크들로선 조세 회피가 어려워지는 것이다. 글로벌 기업들이 조세 회피를 얼마나 악의적으로 많이 했으면 OECD가 이런 세제 개혁을 했을까?

나이키는 미국에서 인종차별 이슈가 생겼을 때 적극적으로 BLM(Black Lives Matter, 흑인의 생명은 소중하다) 광고와 캠페인을 하면서 인종차별 반대 목소리를 냈다. 평등고용기회위원회EEOC가 100대 기업S&P 100에 임직원 인종 다양성 자료 제출을 요구했을 때, 나이키는 하지 않았다. 100대 기입 중 71개 기업이나 제출했지만, 인종차별 반대에 목소리를 열심히 내는 나이키가 제출하지 않은 건 아이러니다. 특히 ESG 행동주의 비영리단체 애즈유소우As You Sow가 나이키 주주총회 때 이를 문제 삼는 결의안을 제시하자, 나이키는 미국 증권거래위원회SEC에 결의안 무효 요청을 신청했다. 전형적 이중성이자 내로남불이다.

그린 워싱이 친환경 활동을 부풀리거나 속이는 것이라면, 워크 워싱Woke Washing은 사회적 문제에 대해 깨어 있는 척하면서 실제로는 별다른 행동을 하지 않거나 오히려 내로남불의 행동을 하는 것을 말한다. 빅테크들이 젠더 다양성이나 인종, 노동, 환경, 차별, 동

'BLM(Black Lives Matter, 흑인의 생명은 소중하다)' 사회운동. 빅테크 기업들은 젠더 다양성이나 인종, 노동, 환경, 차별, 동물윤리 등의 문제에선 깨어 있는 척했지만 실상은 전혀 그렇지 않은 경우가 많다. 전형적인 워크 워싱Woke Washing이다. (출처 : Duncan Shaffer on Unsplash)

물윤리 등의 문제에선 깨어 있는 척, 진보적 행동과 메시지를 말하지만 세금 회피라는 측면을 보면 이들의 사회적 메시지가 얼마나 이중적이고 가증스러웠는지 생각해보게 된다. ESG가 확산되는 초반에는 E 중심으로만 활동했다면, 이제 ESG 2.0 단계로 진입하면서 S에 대한 요구가 커졌다. 기업들로선 이제 E, S, G 모두에서 질적 개선이 필요하다.

물론 E 활동에서도 글로벌 선두기업들의 워싱, 쇼잉이 존재한다. 2022년 1월에 발간된 RE100 연례보고서 〈RE100 annual disclosure report 2021〉에 따르면, 전체 RE100 가입 기업의 재생에너지 사용률은 평균 45%다. 전년도보다 41% 증가했다. 2021년 신규 회원의 62%가 아시아 태평양 지역의 기업이다. 그 배경엔 일본과 한국이 있다. 이 부분까진 긍정적인 얘기다. 그런데 RE100에 가입한 한국 기업의 재생에너지 사용률은 2%에 불과하다. 이미 재생에너지 사용률 100%를 달성한 글로벌 기업들도 꽤 나오고 있지만, 한국 기업들은 유독 낮다. 심지어 0%인 한국 기업도 있다. RE100 가입에만 열심이고, 막상 내실은 아쉬운 것이 한국 기업이다. 유럽과 북미 기업들이 먼저 주도했고, 이젠 한국 기업들도 속속 RE100에 합류하고 있지만 내실에선 차이가 있는 것이다. 그럼에도 RE100 가입을 적극 내세우며 RE100 마케팅을 하는 기업이라면 ESG 워싱으로도 볼 수 있다. 물론 한국 기업이 후발주자여서 그렇고, 이후 빠르게 개선되면 좋겠지만 말만 앞서는 기업도 분명 있다.

2022년 2월, 독일이 기후 연구단체 신기후연구소NCI는 빅테크 기업들이 기후변화 대응과 탄소감축 관련 계획은 발표했지만, 실효성이 없다고 문제 제기를 했다. 돈으로 상쇄해 넷제로 효과를 거두는 것에 대해서도 지적했다.

글로벌 기업들이 넷제로 선언을 많이 하지만 실효성에선 의문을 제기하는 시각이 여전히 많다. 이런 것도 엄밀히 ESG 워싱에 가깝다. CA100+Climate Action 100+, 기후행동100+가 2022년 3월 말 발표한 넷제로 기업 벤치마크 결과에 따르면, CA100+의 포커스 기업 중 69%가 넷제로 달성을 약속했는데 2021년 대비 17% 늘어난 수치다. 그런데 Scope 3를 포함해 모든 온실가스 종류를 포함한 넷제로

2022년 1월에 발간된 <RE100 연례보고서>. 보고서에 따르면 전체 RE100 가입 기업의 재생에너지 사용률은 평균 45%로 전년도보다 41% 증가했다. 그런데 2021년 RE100에 가입한 한국 기업의 재생에너지 사용률은 2%에 불과하다. (출처 : RE100)

달성 약속은 42% 기업만 했고, 설비 투자 전략을 넷제로 계획에 부합하도록 조정한 기업은 5%에 불과했다. 카본트래커이니셔티브ᴄᵀᴵ, Carbon Tracker Initiative의 기후 회계 및 감사 평가를 CA100+가 도입했는데, 포커스 기업 중 재무재표 작성 시 넷제로 목표를 고려해 작성한 곳은 전혀 없었다. 분명 넷제로를 약속한 포커스 기업 수는 늘었지만, 설비투자나 재무재표 등 주요 지표에선 진전이 별로 없었던 셈이다. 이에 글로벌 투자기관들이 주도해서 만든 CA100+으로선 포커스 기업에 넷제로 이행 계획의 진전을 요구하고, 주주행동을 강화하겠다고 목소리를 내고 있다.

애초부터 빅테크 기업들의 ESG 등급은 제조, 서비스 분야 기업들보다 상대적으로 높다. 하지만 세금은 더 적게 내고, 일자리도 더 적게 만든다. 탄소배출에서 제조업이 상대적으로 불리하지만, 이들이 세금도 더 많이 내고 일자리도 더 많이 만든다. 과연 누가 더 세상에 이득인가? 아니 이것이 ESG 경영의 실체일 수도 있다. 세상에 이득이 되는 걸 아는지가 핵심이 아니라, 과연 ESG를 통해 회사에 이득이 되는지 안 되는지 말이다. 결국 ESG는 회사에 이득이 되어야 지속적으로 할 수 있다. 일시적인 이벤트는 회사에 손해가 나도 할 수 있지만 장기적으로 계속 할 순 없다. ESG와 지속가능 경영은 단기전이 아닌 중장기전이기에, ESG 워싱의 유혹을 뿌리치는 게 기업의 숙제다. 물론 교묘하게 ESG 워싱하면서 ESG를 통한 기회와 위기의 경계선을 잘 타면서 기회 쪽으로 가는 전략도 있다. 실제로 글로벌 기업의 전략도 그렇다. 하지만 선발주자들은 이런 전략이 유용했지만, 후발주자들에게도 이런 전략이 가능하도록 선발주자들이 내버려두지 않을 것이다. 여기서도 사다리 걷어차기와 격차 전략이 드러난다.

ESG 워싱으로부터
투자자를 보호하라

프랑스 금융규제기관인 프랑스 금융시장감독청AMF
은 2021년 9월 투자자들이 ESG 투자를 기피하는 것이 정확한 정
보 및 기업 공시 부족과 그린 워싱 우려 때문이라는 조사결과를 발
표했다. 그리고 2022년 1월, 2022년에 최우선 할 과제 중 하나로
지속가능한 금융생태계 확대를 언급했다. 이는 EU의 그린 택소노
미Green taxonomy를 금융시장에 적용하기 위한 노력과, 지속가능성 공
시 개발 지원을 통해 금융시장의 그린 워싱을 원천 차단하겠다는
내용이다. 그린 워싱으로부터 투자자를 보호하는 건 각국 금융규
제, 금융감독기구의 공통된 방향이다.

그린 워싱Green washing은 위장 환경주의로 해석하는데, 친환경인
척 홍보하고 마케팅하지만, 실제보다 과장하거나 속이는 것을 의미
한다. 기업들이 친환경한다고 티 내려고 그린 컬러를 많이 쓰는데

실제로 석유화학, 에너지기업 중 그린 컬러가 회사 로고에 들어가는 경우가 많다.

그린 워싱은 1990년대부터 사용한 말인데, 그린 워싱을 해오던 기업들이 이젠 ESG 워싱도 한다. ESG 투자가 대세가 되고, ESG 경영에 대한 사회적 요구가 커지면서 기업 이미지 광고에서도, CEO의 공식 메시지에서도 적극적으로 ESG를 강조하는 기업이 늘었다. 가장 먼저 CSR 부서를 ESG 부서로 바꾸고, 이사회에 무늬만 ESG 위원회를 만들고, 별의별 이슈를 다 ESG에 갖다 붙여 언론 홍보를 하고, 심지어 ESG 경영 결의대회 같은 쇼도 한다. 실질적인 ESG 활동은 미미한 채 홍보로만 ESG 쇼를 하는 기업들이 꽤 있다.

ESG 경영의 초기에 드러나는 전형적 행태 중 하나다. 경영진이 ESG에 대한 이해도 부족하고, 전략도 없고, 비전도 없어서다. 단기적으로 ESG를 마케팅 키워드로 이용하려는 접근인데, 이렇게 ESG 워싱과 ESG 쇼잉을 해서 겉으로는 ESG 경영을 잘하는 것처럼 되면 투자자는 여기에 속아 투자할 수 있다. 여기서부터 문제가 시작된다. ESG 리스크가 드러나 주가 하락, 투자 손실을 볼 수 있다.

ESG에서 E 비중이 가장 높은 그린 워싱이 곧 ESG 워싱이 된다. 그리고 그린 워싱하는 기업이 환경 이슈만 속이고 과장하겠는가? 사회적 책임이나 지배구조 관련 이슈에서도 속일 가능성이 높지 않겠는가? 투자자를 보호하고, 지속가능한 금융투자 환경이 만들어지는 것이 금융 규제, 감독 기구의 역할이다. 아울러 ESG 워싱, 쇼잉에 속았던 투자자로선 투자 손실에 대한 소송을 기업에 건다.

기업은 주가 폭락, 소송에 따른 손실, 기업 평판 하락 등을 겪는다. 결국 ESG 워싱하는 기업들은 소탐대실하게 된다.

주관식 시험에서 0점을 맞는 경우는 2가지가 있다. 아는 게 아무것도 없을 때와 일부러 아무 답도 쓰지 않고 백지로 제출했을 때다. 공부도 안 했고 아는 것도 전혀 없는 사람 입장에선 둘 중 한 가지 선택권이 있다. 쓰고 틀릴 것이냐, 아니면 아예 안 쓰고 틀릴 것이냐. ESG 평가를 위해선 ESG 관련 정보 공시가 필수적이다. 기업이 정보를 공개하지 않으면 평가를 할 수가 없다. 그런데 기업들의 ESG 관련 정보 공시를 보면 내용이 너무 부실할 때가 많다. 아예 정보 공시를 하지 않는 경우도 많은데, 설령 공개했더라도 중요 정보는 다 누락되어 있다. 이건 마치 시험 쳐봤자 0점 맞을 것 같으니 그냥 백지로 제출하는 느낌이다. 그런데도 기업 이미지 광고에선 누구나 ESG를 유행어처럼 쓰고, 기업마다 CEO가 대외적으로 인터뷰나 연설할 기회만 있으면 ESG를 강조한다. 알맹이 다 빼놓은 부실한 ESG 관련 정보 공시를 과연 정보 공시했다고 할 수 있을까? 정보 공시하는 척했다고 하는 게 더 맞다. 왜 그러겠는가? 확실히 이유와 의도가 보인다. ESG를 대외적 이미지를 위해 홍보나 마케팅 키워드쯤으로 여기는 기업이 그만큼 많다는 것이고, ESG 평가나 등급을 잘 받으면 마치 지속가능한 기업으로 여겨져 그동안 저지른 수많은 문제를 없애주는 면죄부 같다.

도달하기 아주 어려운 목표일수록 거짓말의 유혹에 빠지기 쉽다. 거창하고 멋진 구호일수록 허점이 많다. 그럴듯하지만 막상 들여다보면 구체적이지 못하거나, 구체적으로 하려면 생각보다 너무 어려워 불가능에 가까운 경우가 많다. 이럴 때 거짓말이 많아진다. ESG 워싱과 ESG 쇼잉도 마찬가지다. 사악하고 부도덕한 기업이라서 ESG 워싱과 쇼잉을 하는 게 아니다. 목표가 너무 막연하고, 방대하고, 추상적이어서 그렇다. ESG 워싱과 쇼잉하는 기업을 두둔하려는 게 아니라, 현실적으로 ESG는 좋은 말 잔치 같을 때가 있기 때문이다.

기업 이미지 광고에서 ESG를 가장 강조하는 기업들부터 보자. 과연 이들이 ESG를 제대로 하는지, 아니면 ESG 워싱과 쇼잉을 하는지 봐야 한다. 특히 투자자와 소비자는 ESG를 강조하면서 E만 하는 기업부터 문제 삼아야 한다. E만 하면서 ESG를 전부 하는 척하는 것 자체가 불순하다. E 중에서도 플라스틱 프리나 일회용품 줄이기, 재활용이나 업사이클 같은 것만 하거나, 탄소절감 관련해서도 아주 적게 하고서 뭔가 대단히 많이 하는 척하는 기업도 지적해야 한다. 이런 게 투자자나 소비자가 속아 넘어가도록 의도를 가지고 하는 워싱이자 쇼잉, 좀 더 과격하게 말하면 사기다. ESG 워싱과 쇼잉을 근절하기 위해서는 기업의 지속가능 경영이자 ESG 관련한 공시의 강화가 필수다. EU, 미국을 비롯해 주요 경제 선진국들의 금융기관은 ESG 정보 공개에 대한 규제를 강화하고 있다. 한국 정부도 글로벌 스탠다드를 따를 수밖에 없다. 한국 정부와 한국 기업이 ESG 후발주자라고 글로벌 비즈니스에서 봐줄 리도 기다려줄 리도 없다.

ESG 워싱의 최대 피해자는 기업 자신이다

ESG를 평가하는 외국기관만 수백 곳이다. 아니 셀 수 없이 많다는 게 더 정확할 것이다. 언론사들이 다 ESG 평가기관을 자처하며 기업들의 ESG 등급을 매기기도 하고, 환경 관련 기관들은 탄소배출 관련해서 ESG 등급을 매기고, 지배구조 관련 기관도 마찬가지고, ESG에 조금이라도 연관되는 기관과 연구소 등도 각종 평가지표를 만들고, 기업들의 등급을 매기고 있다.

ESG가 경제의 중요 패러다임이 되면서 ESG 비즈니스도 커졌다. 국내에서도 ESG 강좌 프로그램이 연일 쏟아지고, ESG 컨설팅 프로그램과 ESG 평가 인증 시상도 쏟아진다. ESG 강사 양성과정이나 ESG 자격증도 나오고, 여기저기서 ESG라는 말이 붙은 것들이 쏟아진다. 그동안 이렇게 많은 ESG 전문가들이 어디 다 숨어 있었나 싶을 정도다. 역시 ESG가 트렌드가 되니 흐름에 올라타서 돈

벌겠다는 이들도 많고, 기업들도 ESG 쇼잉과 워싱을 하는 유혹에 더 쉽게 빠지기도 한다. 진짜는 어렵고 가짜는 쉽다.

소비자도, 투자자도, 사회도 ESG 워싱이 만들어내는 리스크를 감당해야 하지만, 결국 가장 큰 리스크는 ESG 워싱을 하는 기업에 부메랑이 되어 돌아간다. ESG는 절대 쇼도 아니고 패션도 아니다. 잠시 부는 바람이 아니고, 자본주의가 선택한 미래다. 거창한 듯 보이지만, 지속가능성은 기업에게 이미 필수이고, 환경(E), 사회(S), 지배구조(G) 개선을 통해 기업의 가치를 키워야 한다. ESG는 도덕적, 윤리적 이슈가 아니다. 기업의 CSR도 아니다. 세상을 위해서가 아니라, 기업 자신을 위해 필요한 것이 ESG다. 돈을 벌기 위해서 하는 것이지, 돈 퍼주기가 아니다. 그런데 ESG 워싱에 빠지는 건 기업 스스로가 ESG를 오해해서다. ESG의 목적과 방향을 모르고 뛰어든 ESG만큼 무모한 것도 없다. ESG 위싱은 결국 기업에 손해다.

"ESG 경영은 이제 기업 생존이 걸린 문제다. ESG 경영 강화를 위해 사회적 성과를 정확히 측정하려는 노력이 필요하다." 이 말은 SK그룹 최태원 회장이 2021 보아오 포럼 Boao Forum for Asia 개막식에서 영상 메시지로 한 말이다. 최태원 회장은 국내에선 ESG 전도사로도 불리는데, 2017년 SK그룹은 정관에서 '이윤 창출' 문구를 삭제하고 '사회적 가치 창출' 문구를 넣었다. 국내 대기업에선 아주 파격적인 일이었다. 사실 그는 1998년 회장에 오른 후 2004년 그룹 임원 워크숍에서 이윤 극대화를 넘어 이해관계자 가치 추구를 제안했다. ESG 경영에 대해 오래전부터 관심을 둔 셈인데, 국내 기업 중 RE100에 최초로 가입한 기업이 SK그룹의 관계사 7곳이라는 것도 우연이 아니다.

최태원 회장은 2020년 9월 임직원에게 보낸 이메일에서 "ESG를 기업 경영의 새로운 축으로 삼겠다"고 선언하기도 했다. SK그룹 상장사 중 SK하이닉스는 2018년에 가장 먼저 ESG 위원회를 만들었다. 회장이 ESG와 사회적 가치에 대한 관심도가 높아서인지, SK하이닉스가 전문성 있는 ESG 위원 구성과 위원회 개최 횟수 등을 볼 때 가장 목적에 충실하다는 평가다. 삼성전자는 거버넌스 위원회가 ESG 위원회를 겸하는데 2017년에 만들었다. 사실 삼성전자나 SK하이닉스처럼 글로벌 비즈니스가 중요한 기업은 ESG 경영에 더 적극적일 수밖에 없다. 그것이 글로벌 스탠다드이기 때문이고, ESG 쇼잉이나 워싱에 빠지지 않아야 한다는 것을 누구보다 잘 알기 때문이다.

분명한 건 적은 돈과 쉬운 노력으로 단기간에 ESG 성적이나 대외적 평가를 높이고 싶은 욕심을 버리지 못하는 기업은 ESG 쇼잉과 워싱을 피할 수 없다는 점이다. 결국 ESG 쇼잉이나 워싱은 역풍을 겪어보고, 큰코다쳐봐야 줄어든다. 곧 피할 수 있는 일이기보단 겪고 지나갈 일이다. ESG 2.0 시대, 국내 기업의 ESG 활동을 더 주목해 봐야 할 것이다. 당신이 투자를 하거나, 사업을 하거나, 취업이나 이직을 할 때도 기업의 ESG 성적을 참고할 것이기 때문이다.

국내 10대 그룹이 모두 ESG 위원회를 2021년에 만들었다. 그런데 대외적으로 공개한 ESG 위원회 구성원들을 보면 묘하다. 거의 대부분이 교수인데, 무슨 의도로 ESG 위원회를 만들었는지 애매하기도 하다. 과연 저분은 왜 저기 들어갔을까, 어떤 역할을 할 수 있을까 의문이 드는 경우도 있다.

〈매일경제〉는 2021년 7월 25일 10대 그룹 ESG 위원회를 분석한 기사를 냈는데, 10대 그룹 상장사 99개 중 68개가 이사회 산하에 ESG 위원회를 설치했다. 이중 50개사는 위원장까지 선임했는데, 50명 중 26명이 교수다. 국세청이나 검찰 등 국가 권력기관 출신 6명, 기업인 출신 6명, 장차관급 5명, 변호사 4명 순이다. 교수 중에선 전공별로 경영경제학과 11명, 로스쿨 6명, 행정정치외교가 4명, 인문학 2명, 공학 2명, 의학 1명이다.

물론 위원장 말고 위원 중에선 ESG 관련 전문성이 높은 사람이 많을 수는 있다. 하지만 그동안 한국의 기업들이나 정치권이 무슨무슨 위원회 만드는 행태를 봐선 기업의 ESG 위원회도 우려가 클 수밖에 없다. 실질적으로 어떤 권한을 가지는지, 원래 목적대로 ESG 경영을 위한 구체적 결정을 할 수 있을지, 정말 지배구조(G) 개선에도 목소리를 낼 수 있을지, 기업의 ESG 쇼잉을 위한 보여주기식 기구로 전락하진 않을지 등은 결국 이런 위원회가 어떤 결과를 내는지 지켜보면 알 것이다.

2021년에 대거 ESG 위원회를 꾸렸으니 2022~2023년에 이들 위원회의 성적표도 점점 드러날 것이다. 10대 그룹 상장사가 먼저 나섰지만, 10대 그룹 외의 대기업 상장사들도 ESG 위원회를 만들고 있다. ESG 위원회 만드는 건 필수가 된 듯한데, 그렇다면 이젠

ESG 위원회의 활동을 제대로 공시하고 평가받아야 한다.

ESG 경영에 적극적이지만 막상 실적이 좋지 않아 문제가 되는 ESG 딜레마도 기업은 경계해야 한다. ESG 경영의 모범 사례로 꼽히는 프랑스 최대 식품기업 다논Danone은 탄소배출뿐 아니라, 사회적 책임과 공익 추구에서 적극적이다. 하지만 매출 하락과 주가 하락으로 결국 2021년 3월 주주총회에서 7년간 다논을 이끌고 ESG 경영을 주도한 에마뉘엘 파베르Emmanuel Faber CEO가 행동주의 펀드들에 의해 해임되었다.

ESG의 목적은 결코 지구를 위하고 세상을 위하는 게 아니다. ESG 딜레마는 ESG에 적극 나서기 싫은 기업들이 좋아하는 얘기지만, 엄밀히 ESG 경영에 대한 이해 부족에서 나온다. ESG 경영의 목적은 ESG 활동 자체가 아니라 ESG 활동을 비즈니스 전환이자 사업성과, 이윤 확대로 연결하는 것이다. ESG 경영에서 ESG는 목적이 아닌 도구다. ESG를 통해 기업이 돈을 벌어야 하고, 그래야만 이런 기업에 투자한 투자기관도 수익률이 높아진다. 다논의 ESG 경영성과에 대한 평가는 중장기로 봐야 한다. 단기적으로만 평가하면 ESG에 소극적 투자를 하게 되고, 방어적으로만 대응하기 쉽다. 결국 경영진의 역량이 무엇보다 중요한 것이 ESG 경영이다. 경영학의 아버지라 불리는 피터 드러커가 지금 생존해 있다면 ESG 2.0을 경영의 중심이자 리더십의 중심 전략으로 제시하는 책을 썼을 것이라 생각한다.

ESG 워싱은
정부도 한다

2021년 10월, 아랍에미리트는 2050년까지 탄소중립을 실현하겠다고 선언했다. 사우디아라비아와 바레인은 2060년까지 실현하겠다고 선언했고, 오스트레일리아는 2050년까지 실현하겠다고 선언했다. 탄소중립을 선언하는 것이 무슨 문제냐 싶겠지만, 이들 국가가 하필이면 제26차 유엔기후변화협약 당사국총회(COP26, 2021년 10월 31일)를 앞두고 선언했다. 그리고 이들 국가는 공통점이 있다. 아랍에미리트는 석유 수출 세계 3위 국가다. 경제에서 석유 의존도를 낮추는 정책을 계속 추진하고 있지만, 여전히 석유는 경제의 핵심이다. 사우디아라비아는 석유 수출 세계 1위다. 생산량은 세계 2위, 매장량도 세계 2위다. 석유가 사우디아라비아 정부 예산 수입의 87%, GDP의 42%를 차지한다. 한마디로 석유 없으면 국가 경제가 위태롭다. 바레인은 OPEC 산유국 중 경제에서 석유 의존도가 상대적으로 낮은 국가이긴 하지만, 석유의 역할을 배제할 수 없다. 오스트레일리아는 석탄 수출 세계 2위, LNG(액화천연가스) 수출 세계 1위다.

앞서 언급한 나라들의 공통점이 바로 화석연료 수출 국가다. 이들이 탄소중립을 선언하긴 했지만, 그렇다고 화석연료 수출을 중단하지는 않는다. 그들이 수출한 화석연료를 수입해 사용하는 나라에 탄소배출이 늘어나겠지만, 수출국으로선 이것이 자국의 탄소배출량으로 포함되는 것이 아니기에 자기들과 상관없다고 여기는 것이다. 그냥 자기 나라에서 발생하는 것만 가지고 탄소중립 목표를 선언한 것이다.

2050년 탄소중립은 글로벌 목표다. 특정 국가가 아닌 전 세계의 목표다. 미국, 캐나다, 유럽, 한국, 일본 등은 2050년이 목표고, 중국은 2060년, 심지어 핀란드는 2035년이 목표다. 온난화는 특정 국가만의 문제도 아니고, 특정 국가만 잘 한다고 해결될 일도 아니다. 지구의 문제는 공동의 책임이고, 국제사회의 일원으로 각자의 책임과 역할을 해야 한다.

그런데 탄소배출의 가장 주범이 되는 화석연료 주요 수출국들의 탄소중립 선언은 말장난 같기도 하다. 정치적인 구호일 뿐 구체적 실행계획도 모호하다. 실현 가능성 없이 공수표만 날리는 느낌이 들다 보니 비판받을 수밖에 없다. 제26차 유엔기후변화협약 당사국총회를 앞두고 정치적으로 탄소중립 선언을 한 정황으로 합리적 의심을 하게 된다. 탄소중립 선언이 정치적으론 매력적인 카드다.

뭔가 진화하는 흐름에 동참하는 것 같고, ESG 열풍에도 잘 맞는다.

화석연료 수출국뿐 아니라, 탄소배출 상위권 국가들에서 모두 2050 탄소중립 선언을 한다. 2050년까지는 아직 시간이 많이 남았으니 지금 탄소중립을 선언한 정치인이 그때 가서 책임지거나 욕먹을 일도 거의 없을 것이다. 산유국 중 하나인 카타르의 알 카비Ali Kaabi 에너지 담당 국무장관도 정치인들이 계획 없이 탄소중립을 선언하는 건 올바르지 않다며 비판했다. 이건 구체적 계획, 실행이 담보된 실질적인 탄소중립 선언을 하라는 요구다.

이라크의 알리 알라위Ali Allawi 재무장관과 국제에너지기구IEA 파티 비롤Fatih Birol 사무총장이 공동으로 영국 〈가디언〉에 기고한 글의 헤드라인이 'Without help for oil-producing countries, net zero by 2050 is a distant dream'이다. 산유국 도움 없이는 2050년 넷제로는 먼 꿈, 곧 산유국이 적극 나서지 않으면 2050년까지의 탄소중립은 불가능하다는 얘기다. 탄소중립을 위해서는 전 세계가 석탄과 석유, 천연가스 등 화석연료 소비를 줄여야 하고, 산유국들도 화석연료 수출 의존도를 줄여야 한다.

아울러 산유국들이 재생에너지 개발에 더 적극적으로 나서야 한다는 주장까지 담겼다. 이라크는 OPEC에서 사우디아라비아 다음가는 석유 생산국이자 석유 생산과 수출이 이라크 경제의 핵심이다. 이라크 총 수출의 99%가 원유 수출이고, 이라크 정부 수입의 85%도 원유 수출에서 나온다. 이런 나라에서 재무장관이 산유국의 변화를 촉구한 것이다. 쇼할 시간 여유가 없기에, 정치권도 그린 워싱 하지 말라는 경고로 들린다.

한국 정부도 ESG 워싱, ESG 쇼잉으로부터 자유롭지 않다. 탄소 배출과 에너지 소비에서 최상위권 국가인 데다, 경제 선진국 중 제조업 비중이 아주 높은 국가다. 정치적 구호가 아니라 구체적, 과학적 기후위기 대응 정책이 일관성 있게 중장기적으로 이어져야 하는데, 한국에서는 이런 문제조차도 너무 정치적으로 접근한다. 결국 ESG 리더십이 무엇보다 요구되는 게 지금 한국의 정치권이자 정부다.

Part 7

NEXT Leadership,
ESG Leadership은 무엇일까?

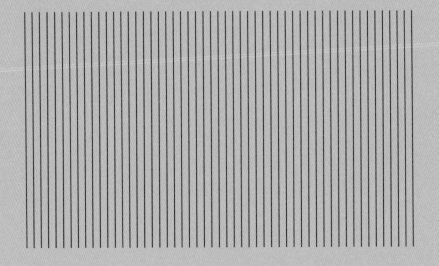

리더십은 조직의 목적을 달성하려고 구성원을 일정한 방향으로 이끌어 성과를 창출하는 능력을 일컫는다. 정치든 경영이든 모든 조직에서 리더십이 중요하다. 특히 변화가 많은 시기일 수록 리더의 역할은 중요하다.

수많은 리더십의 변주가 있지만, 본질은 다르지 않다. 변화에 대응하고, 조직을 성장시켜, 조직 구성원 공동의 목표를 위하는 리더의 본질적 역할은 변함없다. 본질을 지키기 위해 변화와 트렌드를 반영하는 것이 새로운 리더십의 역할이다. ESG 리더십도 마찬가지다. ESG가 경영 전반에 연결되어 모든 의사결정에 반영되는 것이 ESG 2.0이고, 결국 경영자는 ESG 2.0 전략가이자 집행자가 되는 것이다.

미국 최고 기업 CEO들이
왜 주주우선원칙을 변경했을까?

2019년 8월 19일, BRT Business Round Table는 기업의 목적에 대한 성명을 발표했다. 기업의 최우선 기능이 주주들에 대한 봉사와 수이 극대화라는 '주주우선원칙'을 낡은 가치로 규정하고 이를 버리겠다고 했고, 주주가 아니라 고객, 임직원, 지역사회, 납품업체 등 이해관계자의 이익을 위해 기업을 이끌겠다고 선언했다. 납품업체는 공정하고 윤리적으로 대하고, 커뮤니티에는 지속가능 경영을 통해 환경을 보호하고, 지역사회 사람들을 존중하고, 임직원에게는 공정한 보상을 하고, 새로운 기술과 변화에 대응하기 위해 훈련과 교육을 지원하고, 다양성과 포용, 존엄, 존중을 촉진한다는 내용이 담겼다.

BRT의 발표 내용은 한마디로 이해관계자 자본주의 Stakeholder Capitalism다. 고객, 임직원, 노동조합, 납품업체, 채권자, 투자자, 지역사회, 정부, 사회 등 기업과 연결된 모든 이해관계자에게 가치를 제공하고 공존하고 상생하는 이해관계자 자본주의가 ESG 경영이기도 하다.

기업의 목적이 바뀌는 건 기업의 존재 가치가 바뀌는, 자본주의 사상의 중대한 전환이다. 기업의 유일한 의무는 주주들을 위한 가치 극대화라는 자유주의 경제학자 밀턴 프리드먼의 이론이 자본주의이자 금융자본, 산업자본, 경영계에서 오랫동안 지지받았는데, 이걸 뒤집는 성명을 낸 것이다.

BRT는 미국 200대 기업의 이익을 대변하는 경제 단체로 우리나라의 전경련전국경제인연합회과 비슷하다. 1972년 설립되었으며, 미국에서 가장 영향력 있는 로비 단체 중 하나이며, 미국 정부뿐 아니라 WTO 등 국제기구에도 영향력을 행사한다. BRT는 1978년부터 주기적으로 기업 지배구조 원칙을 발표했다. 시대적, 산업적 변화에 대응하며 기업의 목적도 조정해왔다. 1997년 기업이 주주에게 봉사하기 위해 존재한다는 주주우선원칙을 승인했고, 20년 이상 유지되었는데, 2019년 8월에 기존의 원칙을 대체하는 새로운 원칙을 내세운 것이다.

미국의 200대 기업 상당수는 글로벌 기업이기도 하다. 200대 기업이 회원이니, 각 기업의 CEO들이 구성원이다. 자본주의의 최전선에 있는 기업들의 이익단체가 1년여 작업을 통해 기업의 목적을 변경한 것은 ESG 경영 때문이다. ESG 경영이 기업에 이익이 된다는 의미기도 하고, 적극적으로 ESG 경영을 전개하겠다는 의미다.

ESG 2.0 단계로 가속화하겠다는 선언인 것이다.

BRT에 속한 200대 대기업 중 181개사 CEO가 이 성명에 서명했는데, BRT 회장인 JP모건체이스의 제이미 다이먼Jamie Dimon, 애플의 팀 쿡, 아마존의 제프 베이조스, GM의 메리 바라Marry Barra, 블랙록의 래리 핑크 등이다. 200개 기업 중 181개이니 90% 이상이 서명한 것이다.

이를 두고 미국의 주요 경제 매체들은 의미 있는 평가를 내놓았다. 〈월스트리트저널〉은 자유시장경제 이론을 신봉한 기존 입장을 바꾼 중요한 철학적 전환이라고, 〈블룸버그〉는 기업 경영의 의사결정에 ESG가 핵심적 요소로 자리 잡아야 한다는 것을 보여준 선언이라고, 〈CNBC〉는 기업이 주주 최우선과 이윤 극대화라는 전통적 개념을 버린 것이라고 평가했을 정도로, 미국 주요 경제 매체들이 이 선언의 의미를 ESG 경영이 대세가 된 시대의 당연한 변화이자 중대한 전환이라고 봤다.

BRT가 이해관계자 자본주의를 선언한 것은 한국 경제계에도 영향을 준다. 2022년 5월 24일, 한국 경제계는 ERTEntrepreneurship Round Table, 신기업가정신협의회를 출범하고 신기업자정신 선포식을 했다. BRT의 한국 버전인 셈인데, 새로운 정부 출범 시기에 맞물려 만들어졌다. (친기업적인 정부이기에 ESG가 중요 정책 어젠다가 되는 건 당연한데, 정부의 경제와 기업 관련 정책에서 ESG 2.0이 어떻게 적용될지 지켜볼 일이기도 하다.) 선포식에는 최태원 SK그룹 회장이 신기업 정신에 대해 강연하고, 현대차그룹 정의선 회장을 비롯해 삼성전자,

LG, 한화, 포스코, CJ, 롯데, KT 등 대기업과 중견기업, 금융사, 유니콘 기업, 외국계 기업의 CEO들이 참석했다. ERT는 6월부터 탄소감축, 지역사회 문제 해결, 협력사 동반 성장, 기업 문화 개선 등에 대한 논의를 본격화하는데, 엄밀히 ESG 경영 활동에 해당되는 내용들이다. 한국 경제계로서도 중요한 변화다. 물론 말뿐인 쇼잉인지 근본적 전환인지는 지켜봐야 한다.

경영에서 필요한 리더십은 군림하는 것, 카리스마, 타고난 핏줄에서 나오는 게 아니다. 능력에서 나온다. 조직의 목표를 정하고, 목표를 이루기 위한 우선순위를 정하고, 목표를 향해 전진하는 능력이다. 그리고 책임에서 나온다. 최종 책임은 리더가 진다. 경영은 수많은 의사결정의 연속이다. 어떤 결정을 하는지에 따라 결과가 다를 수 있고, 그에 따른 책임은 결정한 리더가 져야 한다. 그러기 위해서라도 리더는 능력도 있어야 하고, 트렌드에 민감하고 과감한 결단력이 필요하다. 끝으로 리더십의 완성은 신뢰다. 구성원들이 믿고 따를 수 있게, 일관성과 언행일치가 필요하다.

리더는 조직의 구성원에게서 존경받는 게 목표다. 능력과 성과에서 존경, 결단력과 지도력에서 존경을 구성원에게 이끌어낼 수 있어야 한다. 이건 리더라는 직책이 만들어내는 힘이 아니라 온전히 역량에서 나온다. 사랑받고 인기 높아지는 게 리더의 목표가 아니다. 구성원의 눈치를 보면서 조직의 방향과 목적을 타협봐선 안 된다. 리더는 자기가 하고 싶은 것을 하는 사람이 아니다. 조직을 위해 리더가 어떤 필요를 충족시키고, 어떤 것에 공헌하고 기여할지 고민하는 사람이어야 한다. 리더는 왕이 아니고, 리더십은 타고 나는 것이 아니다.

리더십을 정치 이슈에서 경영 이슈로 옮겨놓은 건 미국이 주도한 현대 경영학이다. 수십 년간 리더십에 관해 수많은 새로운 어젠다들이 쏟아졌다. 시대에 따라, 산업적 변화에 따라 새로운 리더십이 등장했다. 제목에 '리더십'이 들어간 책이 국내 발행된 것만 2만 권이 넘는다. 수십 년째, 매년 수많은 책이 제목에 리더십을 달고 있다.

기업의 임직원 교육에서 가장 많이 다루는 주제도 리더십일 것이다. CEO나 임원을 위한 리더십, 팀장 리더십 등의 주제를 대부분의 기업이 매년 수없이 교육한다. 뿐만 아니라 서번트 리더십, 섬김 리더십, 코칭 리더십, 인문학 리더십, 크리스천 리더십, 긍정 리더십, 디지털 리더십, 빅데이터 리더십, 여성 리더십, 유머 리더십, 셀프 리더십, 소통 리더십, 행동 리더십 등 리더십의 변주도 엄청나게 많고, 이순신 리더십, 메르켈 리더십, 카네기 리더십, 피터 드러커 리더십 등 역사적 위인이나 경영 리더 이름이 붙은 리더십 변주도 셀 수 없이 많다. 리더십에 이어 팔로워십도 출판, 기업 교육 분야에서 활용된다.

이제 리더십의 새로운 중심은 ESG 리더십이 될 것이다. 기업이 바뀌고, CEO가 바뀌는 중심에 ESG가 자리잡고 있기 때문이다. ESG 리더십을 다루는 콘텐츠와 교육, 컨설팅 비즈니스는 커질 수밖에 없고, ESG 전략과 실행을 주도하는 리더도 늘어날 것이다.

ESG 리더십과 공정한 보상, 그리고 조직의 능력주의

앞서 BRT의 기업 목적에 대한 성명 내용 중 임직원에게는 공정한 보상을 하고, 새로운 기술과 변화에 대응하기 위해 훈련과 교육을 지원하고, 다양성과 포용, 존엄, 존중을 촉진한다는 내용이 담겼다. 이 부분이 기업의 인사제도, 조직문화 변화에 직접적으로 연결된다. 주주도 중요하고, 소비자도 중요하고, 공급망에 연결된 하청회사, 관계회사도 중요하지만 결국 일을 하고 기업을 성장시키는 건 임직원이다. 모든 이해관계자가 중요하지만, 그중에서도 임직원은 특별히 중요하다. 이건 과거의 노사관계 같은 접근을 얘기하는 게 아니다. 임직원과 인사제도, 조직문화에 대한 근본적 전환이 필요하고, 이 또한 ESG 경영을 하는 기업에는 필수적이다.

2021년 초 SK하이닉스에서 4년차 직원이 성과급 기준을 투명하게 공개해달라, 공개하지 못하겠으면 그 이유를 공개해달라고 문제

제기를 한 후, SK하이닉스를 필두로 대기업의 임금, 성과급 기준에 대한 전면적 개선과 투명성 요구로 이어졌다. 그 연장선상에서 LG전자가 사무직 노동조합을 만들었고, 현대자동차그룹도 사무연구직 노동조합을 만드는 등 대기업에서 사무연구직 노조 설립 러시가 이어졌다.

흥미로운 건 기존 노조와 달리, 정치색이나 사회적 이슈가 아니라 조직 내 업무 성과에 따른 공정한 보상에 포커스가 맞춰져 있다는 점이고, 새롭게 만들어진 노조가 2030대 중심이라는 점이다. 이는 2030대가 업무 성과에 따른 보상이 공정하지 않고 투명하지 않다는 불만이 크다는 의미기도 하고, 위계구조에 따른 수직적 조직문화가 중심이던 한국 기업의 조직문화에 대해 정면 반발하고 있다는 의미다.

LG전자 사무식 노조 설립을 주도한 유준환 초대 위원장이 언론 인터뷰에서 "조합원들은 사측의 불통과 불투명함에 지쳐 노조에 가입한 것이기 때문에 소통과 투명성을 확보하는 것이 첫째 지향점이고 둘째는 상생이다. 회사가 있어야 노동자도 있고 노동자가 있어야 회사도 존재할 수 있다. 서로가 잘되는 것이 목표다"라고 했다. 이는 현대자동차그룹의 사무연구직 노조 설립을 주도한 이건우 초대 위원장이 언론에서 밝힌 "기존 노조는 생산직의 권익 우선이었고 (의사결정 과정을) 투명하게 공개하지 않아 사무연구직 사이에서 이에 대한 불만이 많았다. 의사결정 시 통계와 데이터를 기반으로 해 투명성과 공정성을 확보한다는 것이 기존 노조와 가장 차별화되는 부분일 것이다"라는 말과 서로 연결된다.

사실 두 노조 위원장의 말에서 핵심은 '연차와 지위와 상관없이 업무 성과에 따라 공정하고 정당한 보상을 받고 싶다는 것이 아닐까? 경영자도 조직의 인재가 늘어나고, 성과가 늘어나 더 많은 보상을 구성원에게 주는 것을 원한다. 일 못 하고, 성과 못 내고, 소위 무임승차자인 사람까지 다 챙겨가는 것은 결코 공정한 보상이 아니다. 신상필벌은 냉정하지만, 능력주의의 기본이다.

Part 2에서 글로벌 투자자들이 직원행동주의를 지지한다고 얘기했는데, 한국의 대기업에서 2030대가 주도해서 만드는 사무연구직 노조의 방향성은 조직의 비효율적이거나 불합리한 관성을 깨고, 더욱 투명하고 합리적으로 운영하며, 조직의 능력주의, 인재 우대주의로 이어져 결과적으로 기업의 경영 성과를 개선하는 데 기여할 수 있다는 점에서 직원행동주의에 해당된다. 미국에서 2021~2022년 빅테크를 비롯해 무노조였던 기업들이 속속 노조를 만드는 것도 기업의 ESG 경영의 질적 진화를 요구하는 흐름과 무관치 않다. ESG 리스크를 줄이는 데 분명 직원행동주의는 기여할 수 있다.

삼성전자는 2021년 11월 29일, 인사제도 혁신안을 발표했다. 타이틀은 '미래지향 인사제도' 혁신안이다. 2017년에도 직급을 7단계에서 4단계로 바꾸는 등 인사제도를 혁신했다. 4년 만에 바꾼 인사제도는 2022년부터 적용하는데, 가장 눈에 띄는 건 '나이와 상관없이 인재 중용, 젊은 경영진 조기 육성(승진 연한 폐지 및 능력 있으면 30대 임원 가능)'이다. 능력에 따른 공정한 보상을 의미한다. 우수 인력은 정년이 지나도 계속 일할 수 있는 방안도 만들어졌다. 확실히 인재 우대주의다.

CJ는 2021년 11월 CJ그룹 제2의 도약 선언(2010. 5.) 이후 11년 만에 CJ그룹 중기 비전을 발표했다. 회사의 성장 엔진이 될 4개 분야에 3년간 10조 원을 투자하는 내용이 포함되는데, 여기서 핵심으로 부각된 것이 바로 인사조직 혁신이다. 연공서열(나이, 연차, 직급)이 아닌 능력 중심의 인재 발탁, 임직원 스스로 일하는 시공간과 경력까지 설계할 수 있는 자기주도형 몰입 환경을 제공하고, 다양한 기회를 주되 책임과 관리는 확실히 하고, 결과를 공정히 평가해 성과를 파격적으로 보상한다. CJ그룹은 성장 정체 상태였는데, 그 이유가 신성장 동력을 발굴하기 위한 과감한 의사결정에 주저하며, 인재를 키우고 새롭게 도전하는 조직문화를 정착시키지 못해 미래 대비에 부신했다고 회장이 직접 지적했다. CJ그룹도 인재 우대주의이자 능력과 성과에 따른 공정한 보상을 강조했다.

주요 대기업들의 최근 인사제도 방향성은 비슷하다. 공정한 보상, 능력주의가 대두되는 건 급변하는 비즈니스 환경, 위기와 기회가 엇갈리는 가속화와 전환의 시대, 기업이 살아남기 위해서 인재의 중요성을 실감했기 때문이다. 기존의 위계구조, 공채 기수와 연차 등에 익숙한 조직 구성원들 중에선 이런 변화가 불편하게 여겨질 수 있다. 하지만 모든 산업의 전방위적 디지털 트랜스포메이션으로 영역 파괴와 무한 경쟁 체제가 되고, ESG를 적극 비즈니스 모델로 연결해 미래 먹거리를 만들어내야 하는 현실에선 불가피한 변화다.

LG CNS는 2019년 나이와 직급에 상관없이 역량이 뛰어난 직원에게 더 많이 보상해주는 기술 역량 레벨 평가제를 도입했다. 사내 기술인증시험인 'TCT Technology Certification Test'를 통해 역량 레벨(1~5단계)을 평가한다. 직원들은 매년 TCT에 응시하고 역량 레벨은 매년 갱신된다. 절대 평가인 역량 레벨에서 좋은 성적을 받으면 연봉도 인상된다. 역량 레벨을 도입한 후에는 연차에 상관없이 모두 승진 대상자가 되고, 역량 우수자가 유리하다. 2020년부터 역량이 더 뛰어난 S급 인재를 선별해, 더 많은 보상을 주는 패스트트랙을 만들었다. 인재 우대주의, 능력주의 체제를 구축한 것이다. 그 결과 최상위 등급에 해당되는 레벨 4~5 인력이 매년 증가해, 2021년 기준 2,400여 명(클라우드 1,000명, AI 400명, 빅데이터 400명 등)으로 전체 임직원 중 40% 정도다. 최상위 인재가 늘어나는 건 기업에도 이익이고 구성원 개인에게도 이익이다. 회사를 통해 역량이 높아지고 전문가로 진화하는 것이고, 이는 곧 회사의 실적으로 드러난다.

LG CNS는 매년 매출, 영업이익에서 최대치를 경신하고 있다. 2021년 매출은 4조 1,431억 원으로 전년(3조 3,605억 원) 대비 23.3%, 영업이익은 3,286억 원으로 전년(2,461억 원) 대비 33.5% 증가했다. 영업이익율 7.9%로 SI System Integration 업계에서 가장 높고, 국내 IT 서비스 시장 점유율 1위(2021년 기준)다. 회사의 실적이 높아지니 성과급도 높아진다. 2022년 1월에 발표한 2021년 성과급(초과이익 배분금)은 월급의 240%로, 2020년 성과급 180%보다 높다. 기술 역량 레벨 평가제 적용 이후 퇴사율도 크게 줄었다. 직원들도 만족하고, 회사도 성장했다.

물론 이렇게 자리 잡기까지 문제가 없지는 않았다. 새로운 제도 도입에 직원들이 반발하기도 했지만, 기술 중심 회사로 변하지 않으면 생존할 수 없고 이를 위해선 기술 역량 레벨 평가제가 필요하다는 CEO의 메시지와 함께, 기술 역량 레벨 평가제 도입을 위한 공청회를 30회 이상 열었다. 끈질긴 소통과 설득으로 결국 제도를 도입해 자리를 잡았고, 기업의 성과는 좋아졌고, 직원들도 만족하게 되었다. 이것이 CEO의 리더십이다.

현대자동차가 전기차 시장 확대를 위해 미국에 전기차 공장을 신설한다고 했을 때, 생산직 노조에선 반대했다. 사무연구직 직원들은 대부분 찬성했다. 그 차이가 뭘까? 분명 전기차는 자동차 산업의 미래가 맞고, 미국은 중요한 자동차 시장이 맞다. 회사의 미래를 위해서라면 미국에 전기차 공장을 짓는 데 반대할 리가 없다. 다만 국내 공장의 일자리가 계속 줄어드는 상황에서 새로운 일자리가 만들어질 공장을 미국에 짓는다면 생산직 노조의 이해관계에선 반대할 수도 있을 것이다. 내연기관 자동차 라인이 전기차 라인으로 전환되면 일자리의 대폭 감소가 불가피한 상황에서 생산직 노조는 회사의 미래보다 노조의 미래를 위한 목소리를 냈다고도 볼 수 있다. 사무연구직 노조라면 오히려 미국의 전기차 공장 건설이 회사의 기회이자 자신들의 기회도 되기에 찬성하는 게 당연하다.

이런 상황은 다른 기업에서도 얼마든지 생긴다. 산업의 재편, 비즈니스 전환은 일자리 재편도 가져올 수밖에 없고, 각자의 이해관계에 따라 입장을 취할 수 있다. 하지만 기업 경영의 관점, 투자자의 관점이라면 이런 문제를 해결해야만 한다. 이 문제를 풀지 못하여 조직 내 갈등과 그로 인한 업무 차질이 생기고, 자칫 시장에서 경쟁에 밀리거나 손실이 생기는 상황이 되어선 안 되기 때문이다.

조직 내에서도 일자리 전환에 따른 대비가 되어야 하고, 직원들에 대해 새로운 직무교육이나 새로운 기술에 대한 훈련, 새로운 직업에 대한 준비에 투자해야 한다. 이것도 ESG 경영의 요소다. 글로벌 대기업들이 직원 교육, 훈련에 대한 투자를 더 강화하고, 회사의 업무와 무관한 분야에까지 교육, 훈련을 지원하는 것도 이런 이유다. 새로운 인재를 잘 영입하는 것만큼, 기존 인재를 잘 키우고, 역할이 사라진 인재를 잘 내보내는 건 인사에서 가장 중요한 역할이고, 비즈니스 변화의 속도가 빨라질수록 이 역할을 잘 하냐 그렇지 못하냐가 기업의 성과와 경쟁력을 좌우한다. 이러니 투자자도 경영자도 인력 재편과 교육, 훈련을 중요하게 볼 수밖에 없다.

ESG 2.0을 하려면
리더부터 바꿔라!
ESG 2.0 전략이 없는 리더는
당장 사표 써라

ESG 리더십이 지금 필요한 건 위기의 시대를 맞고 있어서다. 코로나19 팬데믹을 계기로 산업과 사회, 기술 변화의 속도는 더 가속화되었다. 코로나19 등장이 생태계 파괴와 무관하지 않고, 이상기후도 팬데믹 기간 동안 전 세계에서 더 많아졌다. 기후 위기도 더 심화되었다. 위기는 더 심화되고 전방위로 확대되었다. '변화', '혁신'이라는 말은 늘 '위기'일 때 더 많이 쓴다. 만약 위기가 심화되지 않았다면 ESG 1.0이 더 오래 유지되어도 문제없었을 것이다. 여유 부리며 ESG 워싱, 쇼잉도 하면서 ESG에 소극적이어도 되었을 것이다. 하지만 현실은 그렇지 않다. ESG 2.0으로 진화한 기업들이 그렇지 못한 기업들과 격차를 벌이고, 기업뿐 아니라 정부도 국제사회도 이 흐름을 지지하고 동조한다. 난세에 영웅이 나듯, 위기엔 리더의 역할이 더욱 중요할 수밖에 없다. 위기에서 기회를 찾는 것은 결국 리더의 몫이다.

변수가 많아진 시대, 위기가 전방위적으로 나오는 시대다. ESG 2.0 전략은 단순한 환경 정책을 얘기하는 게 아니다. ESG를 비즈니스 전환의 무기로 활용할 수 있는 전략을 의미한다. 기업 리더에겐 가장 중요한 역할이다.

리튬 가격은 지속적으로 오르긴 했지만 2021년 들어 급등하기 시작해 2022년에 폭등했다. 2012~2015년까지 1톤당 4,500~5,200달러였는데, 2017~2019년까지 12,000~15,000달러였고, 2020년 잠시 하락했다가 2021년 4만 달러대까지 오르고, 2022년 1월 5만 달러를 넘더니 4월에 8만 달러에 육박했다. 우크라이나 전쟁 전부터 많이 올랐는데 전쟁을 기점으로 더 올랐다. 일론 머스크가 이에 대해 리튬 가격이 미쳤다며 테슬라가 직접 채굴과 정제에 뛰어들어야 할지 모르겠다고 말했다. 이후 테슬라의 리튬 광산 기업 인수설이 계속 나왔다. 테슬라는 리튬 처리 공장을 텍사스에 건설 중이고, 니켈 정제소도 건설할 가능성이 크다.

배터리에서 니켈도 중요하다 보니 니켈 가격도 급등세다. 전기차에서는 배터리가 중요하고, 지금 주류인 리튬이온배터리에서 리튬, 니켈이 중요하다. 리튬, 니켈 가격 상승은 결국 배터리 가격과 전기차 가격에 영향을 준다. 실제 전기차에서 가장 원가 비중이 높은 것이 배터리다. 자동차 업계는 반도체 부족 문제를 겪고 있는데, 여기에 배터리 문제까지 겪게 될 수 있다. 자동차 산업으로선 타격이고, 특히 전기차 산업으로선 큰 타격이다.

테슬라는 니켈 가격 급등에 대응해 니켈을 빼고 리튬·인산·철 LFP 배터리를 모든 스탠다드 트림에 탑재하겠다고 했고, 테슬라 전기차에도 일부 활용하겠다고 했다. 이미 중국 전기차 업체, 일부 자동차 업체들은 사용하고 있었다. 리튬이온배터리를 대체할 나트륨이온배터리도 주목받는데, 희토류인 리튬과 달리 나트륨은 흔한 물질이기 때문이다. 희토류의 희소성이나 원자재 가격 상승 문제는 결국 기술적 진화를 통해 반고체 배터리를 거쳐 전고체 배터리로 가면서 해결할 수밖에 없다. 결국 여기서도 관련 기업에서 리더들이 내리는 결정에 따라 속도와 방향에서 희비가 엇갈릴 수 있다.

메타버스 산업이 커질 가장 강력한 이유 중 하나가 넷제로다. 아니 탄소를 줄이는 것과 메타버스가 무슨 상관인가 싶지만, 실물 자원을 최소화하는 것이 넷제로 시대의 숙제기도 하다. 에너지 사용과 탄소배출은 밀접한데, 현실 세계에서 물리적 활동을 줄여 에너지 사용을 줄이면 탄소배출도 줄어들 수 있다. 여가를 위한 게임이 아니라 교육, 업무 등 기존 현실에서 벌어지는 비즈니스와 활동의 공간을 옮기는 것을 얘기한다.

가령 교육이 메타버스로 옮겨간다고 생각해보라. 전국, 아니 전세계의 학교가 가상 공간에 만들어지고 학생들은 집에서 증강현실 고글을 쓰고 메타버스 속 학교에서 수업도 받고 친구들과 어울린다. 전 세계의 물리적 학교 공간이 필요없어지고, 그 공간에서 쓰는 전기도, 학교로 가기 위해 필요한 교통수단이 만들어내는 탄소배출도 줄어든다.

이건 업무도 마찬가지다. 회사의 원격근무도 메타버스 공간으로 옮겨가 증강현실로 서로를 마주하며 일한다고 생각해보라. 증강현실, 혼합현실 등과 5G, 6G 기술이 진화할수록 우리가 현실 세계에서 해온 물리적 활동이 가상공간으로 옮겨가고, 회사의 업무용 빌딩에서 쓰는 전기도, 출퇴근 이동을 위해 쓰이던 에너지도, 업무 과정에서 쓰는 실물 자원 사용도 줄어든다.

교육과 업무, 직장인과 학생의 이동이 줄어드는 것은 교통과 도로, 도시 인프라 운용에도 큰 변화를 줄 것이다. 메타버스 산업이 아직 초기라서 롤플레잉 게임만 하다가 말 것이라 여기는 이들도 있겠지만, 결국 메타버스 산업은 성장할 것이고, 물리적 현실 세계의 상당수가 옮겨갈 것이다.

전 세계의 넷제로 목표는 2050년이다. 2022년 기준으로도 28년 후다. 메타버스 산업이 그동안 아주 느리게 진전되다가 코로나19 팬데믹을 계기로 속도가 빨라졌는데, 2050년보다는 이전에 메타버스 산업이 현실 세계의 강력한 경쟁자로 부상할 것이다. 물론 메타버스 산업을 위해서 클라우드 서비스와 데이터센터, 통신 인프라를 위해 막대한 전기가 필요하다. 하지만 여기서 소요되는 에너지가 물리적 현실 세계에서 똑같은 역할을 할 때 소요되는 에너지보다 적다면 메타버스 산업이 넷제로를 달성하는 일등공신이 될 수 있는 것이다.

아마존, 구글, 마이크로소프트 등 클라우드 컴퓨팅 서비스의 빅3를 필두로 데이터센터의 에너지 효율은 계속 높아지고, 데이터센터의 전기를 풍력, 수력, 태양광 등 재생에너지 100%로 전환하는 것을 생각하면 메타버스와 넷제로를 연결하는 건 절대 비약이 아니다. 디지털 트랜스포메이션과 메타버스의 확장은 모두 실물 자원 절감과 에너지 절감과 연결될 수 있는 것이다.

디지털 트랜스포메이션의 핵심은 효율성, 생산성 증대다. 비즈니스의 모든 과정에서 디지털 전환을 통해 효율성이 높아지면, 결국 자원과 에너지 사용도 줄어든다. 디지털 전환이 곧 비즈니스 전환이고, 이는 곧 Part 4에서 말한 디지털 트랜스포메이션과 ESG 2.0이 결합되는 트윈 트랜스포메이션Twin Transformation으로도 이어진다. 다시 강조하지만, 디지털 트랜스포메이션을 제대로 이해하지 못하는 리더가 당장 사표 써야 하듯, ESG 2.0을 모르는 리더도 당장 사표 써야 한다.

ESG가 일시적 유행이라거나, 심지어 ESG가 사기라는 극단적 비판도 있다. ESG 워싱과 쇼잉도 많고, ESG의 한계도 분명히 있다. 그렇다고 이런 이유가 ESG가 무용하다거나 사기라는 시각은 위험하다. ESG도 계속 진화하고 있다. ESG에 대한 비판은 ESG 1.0에서 주로 드러났다. ESG는 기업의 존재 이유와 투자자본의 존재 이유와도 무관하지 않다. 더 이상 사회와 동떨어진 채로 돈만 벌고 주주 이익만 우선하는 기업은 살아남지 못한다. 사회도 진화했고, 소비자이자 시민도 진화했고, 정치도 진화했기 때문이다. ESG 1.0에서 ESG 2.0으로 진화하는 것도 결국은 자본주의를 위해서다. 금융자본과 산업자본을 위하고, 기업을 위해서다.

기후위기가 심각한 위기가 되었고, 넷제로는 전 세계적 과제가 되었고, 사회적 책임과 노동, 인권, 다양성에 대한 요구는 더 커졌다. 기업이 리스크를 최소화하고 지속가능한 경영을 하기 위해서라도 ESG는 필요하고, ESG의 진화가 결국 답이다. 당연히 리더도, 리더십도 진화해야 한다. 변화에 민감하고, 과감하게 결단하는 리더십이 요구되는 것은 당연하지 않을까? ESG 2.0 시대에는 트렌드와 미래에 더 민감한 리더가 필요하다. 더 넓은 스펙트럼으로 보고, 더 깊은 인사이트를 가질 수 있는 리더가 필요하다.

왜 잘못 없는 마다가스카르가
기후위기의 직격탄을 맞아야 하는가?

유엔세계식량계획UNWFP에 따르면, 마다가스카르는 최악의 가뭄으로 남부 지역 114만 명이 굶주리고 있다. 이중 5세 이하 영유아만 13만 명 정도다. 통합식량안보단계분류IPC, Integrated Food Security Phase Classification에서 최고 수위인 재앙(IPC5) 단계로 굶어 죽기 직전이란 얘기다. 아프리카에서 분쟁으로 인한 기근은 자주 겪었지만, 기후위기에 따른 기근은 사실상 처음이라고 한다. 4년간 비가 전혀 오지 않은 지역도 있고, 식량 가격은 3~4배 급등해 가난한 사람들은 먹을 것이 없어 개미나 메뚜기 같은 곤충이나 선인장을 야생에서 채취해 먹거나, 진흙을 먹는다고 한다.

그들은 왜 이런 심각한 상태를 겪어야 할까? 그들이 도대체 무슨 잘못을 했나? 사실 마다가스카르는 기후위기에 일조하지 않았다. 탄소배출과는 무관해 보이는 마다가스카르가 사실 기후위기의 최대 피해국가 중 하나다. 사고 치고 이득은 경제대국들이 다 챙기고, 피해는 아프리카 약소국이 겪는 셈이다. 데이비드 비즐리David Beasley 유엔세계식량계획 사무총장도 기후변화에 책임이 있는 선진국이 일으킨 기후위기의 대가를 마다가스카르가 치르고 있다고 발언했다.

아프리카 동쪽의 마다가스카르는 세계에서 네 번째 큰 섬으로 국토 면적은 대한민국의 5.5배 정도 된다. 인구 2,840만 명이고 농업이 중심 산업이다. 우리가 먹는 바닐라는 이곳에서 온 것일 가능성이 크다. 전 세계 바닐라 생산의 80%를 담당한다. 국토가 넓다 보니 지역에 따라 연간 강수량 편차도 큰데, 동부와 북부는 강수량이 많지만 남부 지역은 강수량이 적다. 그래서 기후도 한 국가 내에서(엄밀히 한 섬 내에서) 아주 다양하다. 마다가스카르는 대륙의 축소판이라고 불릴 정도이고, 국제자연보존협회는 지구에서 가장 생태학적으로 풍부한 나라로 꼽기도 했다. 하지만 지금은 기후위기에 가장 취약한 국가가 되었다.

유엔환경계획UNEP에 따르면, 기후위기로 아프리카가 입을 GDP 손실이 2023년에 1조 4,000억 달러로 예상된다. 세계 GDP 순위로 11위인 러시아 정도 규모다. 한국이 10위다. 아프리카가 기후위기만으로도 이렇게 막대한 손실을 본다는 의미다. 아프리카는 남부 지역이 최근 2년여간 역대급으로 심각한 가뭄을 겪으며 식량부족을 겪는 인구만 1,100만 명이 넘는다. 가뭄뿐인가, 대홍수로 남수단, 에티오피아, 수단, 소말리아 등에서 250만 명 이상의 이재민이 발생하고, 최악의 사이클론으로 모잠비크, 마다가스카르, 말라위,

짐바브웨 등에서 300만 명의 이재민이 발생했다. 직접적 타격만 심각한 게 아니라, 이로 인해 작물 수확량 감소와 식량난, 물 부족 등의 피해는 더 가혹하다.

2021년 6월, 유엔재난위험경감사무국UNDRR은 가뭄에 대한 특별 보고서를 발간했는데, 21세기 들어 최소 15억 명이 가뭄의 피해를 입었고, 경제적 피해가 약 1,240억 달러 규모다. 아프리카와 사막 지역뿐 아니라, 미국, 호주, 남부 유럽 등 가뭄 피해는 전 세계로 확대되고 있다. 가뭄은 전염병에 버금갈 재앙이다. 전염병은 백신이라도 있지, 가뭄은 그것도 없다. 가뭄의 주요 원인은 지구온난화다. 아니 엄밀히 지구가열화다. 지구온난화global warming라는 말을 지구가열화global heating로 바꾸는 것이 요즘 글로벌 추세다. 따뜻하다는 말과 뜨겁다는 말은 확실히 다르다. 기후변화라는 말도 기후위기climate crisis로 바꿔 쓴 것과 같은 이유다. 변화와 온난화는 그리 심각해 보이지 않아서다. 우리가 겪을지도 모를 심각한 기후위기의 리스크들은 가혹하다. 그리고 그 가혹함을 먼저 겪는 건 선진국보다 아프리카를 비롯한 제3세계다. 오염 엘리트는 개인의 문제가 아니라 국가의 문제다. 오염 엘리트 국가들인 경제대국이자 선진국들이 더 많은 책임과 비용을 부담하는 것이 당연하다.

국제기구 AOSIS Alliance of Small Island States는 1990년에 설립되었는데, 우리 말로 하면 작은 섬 국가들의 연합체다. 몰디브, 바하마, 피지, 모리셔스, 몰타, 파푸아뉴기니, 팔라우, 나우루, 사모아, 통가, 투발루, 수리남, 아이티 등 섬으로 이뤄진 39개국이 참가하는데, 이들 모두 지구온난화로 침수 위험이 높다는 공통점과 함께, 기후위기에 이들이 직접적으로 미친 영향이 거의 없다는 점도 같다. 전 세계 탄소배출량의 70% 가까이는 상위 10개국이 배출하는 것이다. 반대로 전 세계 하위 100개국의 탄소배출량은 3% 정도에 불과하다. AOSIS 회원국인 39개 섬 국가들이 모두 여기에 포함된다. 솔직히 이들 국가로선 너무 억울할 것이다.

지구온난화로 해수면이 상승하고 섬이 침수되면 집 잃은 난민이 대거 발생한다. 대개 섬에서도 해안 가까이에 사람들이 많이 산다. 섬뿐 아니라 대륙에서도 바다와 강, 호수 가까이에 도시가 발달한다. 서울은 한강이 가운데 흐르고, 런던, 파리, 모스크바도 강을 중심으로 만들어진 도시이고, 뉴욕과 도쿄, 상하이도 바다와 맞닿아 있다. 물론 기후위기가 초래할 해수면 상승의 피해를 보는 건, 국가로선 섬 국가들이 가장 심각할 것이고, 국가 내에서도 저소득층이 가장 심각할 것이다. 서울에서도 홍수 때 상습 침수구역에 해당하는 지역들이 타격이 제일 클 것이고, 이런 지역은 상대적으로 저소득층이 많기도 하다. 문제의 핵심은 기후위기의 피해를 모두가 균등하게 보는 게 아니라, 어려운 사람들이 더 심각하게 본다는 점이다. 아울러 기후위기를 초래한 탄소배출에서도 모두가 균등하게 책임이 있는 게 아니라 상위권 경제대국이, 국가 내에서는 고소득층이 더 많은 책임이 있다는 점이다.

AOSIS는 1994년 교토의정서 초안 작성, 2015년 파리협정, 2021년 제26차 유엔기후협약 당사국총회(COP 26) 회담 등에서도 목소리를 적극 내고 있다. 기후위기의 가장 심각한 피해 당사자이기 때문에 이들이 국가적 힘은 작아도 국제적 기후회담에서의 목소리는 클 수 있다. 그런데 이걸 반대로 생각해보면, 경제에서나 외교에서나 가장 힘이 센 선진국들이 그만큼 덜 적극적이라는 의미로도 해석할 수 있다. '하긴 해야 하는데'라는 입장을 가진 측과 '안 하면 죽는다'라는 입장을 가진 측의 태도와 관점은 다를 수밖에 없다. 만약 선진국에 큰 이득이 되는 이슈라고 생각해보라. 선진국들이 서로 큰 목소리를 내려고 하지 않겠는가? 한국은 이제 선진국이다. 한국은 제조업을 통해 경제성장을 이뤘고, 탄소배출로 한국 경제를 일궜다. 수출 의존도가 높은 한국 경제로선 경제 외교가 무엇보다 중요하다. 국제사회에서 외교적 위상을 위해서도, 한국 경제를 위해서도, 한국 기업들의 글로벌 비즈니스를 위해서도 한국 정부의 ESG 리더십은 필요하다.

기후변화 문제의 심각성을 전 세계가 인지하기 시작한 건 오래되었다. UN이 기후변화에 관한 정부 간 협의체IPCC, Intergovernmental Panel on Climate Change를 설립한 것이 1988년이다. 하지만 그 시점 이전까지의 배출량보다 이후 30년의 배출량이 더 많았다. 경제 선진국들은 말만 앞섰지 대응은 소극적이었던 것이 사실이다. 2015년 파리기후협약에 이어, 2021년 COP 26에서 채택된 글래스고 기후조약까지 이어졌지만 온실가스의 주범인 메탄과 석탄에 대해선 대응이 아쉽다. COP 26에서 메탄 30% 감축, 석탄화력 발전 2040년 폐지 서약이 추진되었지만 결국 불발되었다. 각국의 이해관계 차이

때문이었다.

결국 기후변화 문제에 대응하는 핵심도 국가 경제, 곧 돈이다. 정치가 하는 가장 큰 역할은 국가의 자원이자 예산을 배분하고 경제의 방향을 정하는 일이다. 복지든 교육이든 취업이든 기술이든 지역이든 모든 문제에서 경제, 자본주의의 관점과 무관한 것은 없다. 그런 점에서 정치도 지속가능 경영, ESG에 대한 인식 수준의 개선이 필요하다.

어떤 정부, 정치도 개인의 삶을 모두 감당할 수는 없다. 아무리 좋은 정부, 정치 리더가 등장해도 불이익을 얻거나 손해를 봐서 불만을 품는 이들은 나온다. 결국 대의와 진화의 방향에 맞는 정치가 필요한데, 바로 지속가능성과 ESG만 한 전략이 없다. 기업뿐 아니라, 정부도 지자체도, 공직 사회에서도 ESG 평가를 해야 하고, ESG 개선을 위한 구체적 실행을 해야 한다. 정부와 정치가 입으로만 일을 하고 행동은 느리면 변화하는 시대에 대응할 수 없다. 이는 어떤 이념을 지향하는 정부건 마찬가지다. 아니 이념이 아니라 실리와 실용을 지향해야 한다. 이것이 새로운 리더십이 필요한 이유다. ESG 리더십이 필요한 이유다.

심화되는 국가 간 갈등, 세계화의 종말이 ESG 리더십에 미칠 영향은?

BBC와 HBO가 공동제작한 영국 TV 드라마 〈Years & Years〉(2019년 5월 BBC 방영)는 6개의 에피소드로 구성되었다. 2019~2034년까지를 다루는데, 픽션이지만 암울한 미래가 현실이 될 것 같은 느낌이 드는 블랙코미디다.

놀랍게도 러시아가 우크라이나를 침공해 영토를 차지한다는 내용이 있다. 조짐이 늘 있던 일이라 드라마에서도 그려진 것인데, 실제 현실이 되었다. 드라마에서 미중 갈등의 일환으로 미국이 중국령 섬에 핵무기를 발사하는 게 나온다. 다행히 중국이 한발 물러서서 세계 전쟁이 벌어지진 않지만 국제사회가 미국을 제재하려 한다. 미국 대통령은 UN을 거부한다. 영국이 미국에 대한 제재를 가하자 미국 기업들은 영국에서 철수하고, 그에 따라 상당수 영국인들이 일자리를 잃는다. 세계 증시는 급락하고 은행은 도산하고 영국에선 대규모 뱅크런이 일어난다. 세계적 경제불황이 오고, 국가 간 갈등이자 전쟁 공포도 커진다.

푸틴과 시진핑은 종신 국가지도가가 되고, 미국은 트럼프가 재선에 성공하고, 그후에도 트럼프의 꼭두각시가 대통령이 되어 실권은 트럼프가 잡고 있다. 한마디로 스트롱맨들이 국제사회를 쥐고 있다. 영국에서도 극단적 주장을 하는 정치세력이 등장해 세력을 키워가고, 급기야 총리가 되어 반대파를 숙청하고, BBC를 문 닫게 하고 언론을 통제한다.

투표는 의무화되어 투표하지 않으면 벌금을 내고, 자동화로 일자리를 잃고, 트랜스휴먼이 되려고 의식을 DB화하여 클라우드에 업로드하고, 이상기후가 극심해지고, 도심에서 방사능 폭탄테러가 일어나고, 동성애나 난민 문제 등도 논쟁적으로 다룬다.

〈Years & Years〉의 각본은 BBC SF 드라마 〈닥터 후-Doctor Who〉의 각본을 쓴 러셀 데이비스 Russell T. Davies 가 썼다. 세계적으로도 손꼽히는 SF 드라마 작가가 근 미래를 그린 것이다. 사실 드라마 속 상황들은 그전부터 가능성이 충분했고, 앞으로 그렇게 될 수 있다. 국가 간 갈등이 심화되고, 정치에서 강경한 스트롱맨들이 득세하고, 세계 경제는 위기를 겪고, 과학기술 발전의 부작용이 커지고, 기후위기로 심각한 문제를 겪게 되는 건 결코 픽션이 아니다.

지금은 다시 세계 갈등의 시대다. 미국과 중국, 러시아와 우크라이나뿐 아니라, 한국과 일본의 갈등도 여전하고, 전 세계로 전방위적 갈등이 심화된 시대다. 갈등은 이해관계 때문에 생긴다. 탄소중

2019년 BBC와 HBO가 공동제작한 TV 드라마 <Years & Years>. 2019~2034년까지를 다룬 블랙코미디인데, 놀랍게도 러시아가 우크라이나를 침공해 영토를 차지한다는 내용을 비롯하여, 자동화로 사람이 일자리를 잃고, 이상기후가 극심해지는 상황을 보여준다. (출처 : 아마존 프라임 비디오)

립과 ESG도 새로운 갈등이 된다. 그동안 탄소배출 많이 하면서 경제력을 키워온 유럽과 북미, 반면 아시아나 아프리카 등은 탄소배출을 더 하더라도 더 성장해야 하고 경제력을 키워야 한다. ESG를 무기 삼아 사다리 걷어차기를 하는 상황에 거부감이 생긴다. 지구 환경이라는 명분이 결합되니 사다리 걷어차기의 속셈도 잘 포장되어 탄소중립을 거부하지도 못한다.

이상기후와 환경재난, 누가 책임져야 할까? 선진국과 개발도상국, 저개발국의 입장은 차이가 있고 그에 따른 갈등은 불가피하다.

에너지 전환에 따른 막대한 비용도 필요하고, 그린 인플레이션이 만들어내는 경제적 부담도 가중된다. 국가 간 갈등만 있는 게 아니라, 국내에서도 갈등이 생길 수 있다. 막대한 돈이 걸려 있기 때문이다.

탄소감축과 에너지 전환에 따른 비용은 누가 감당할까? 국가와 기업과 국민이 감당할 수밖에 없다. 국가가 감당하는 건 결국 세금이니 국민이 내고, 기업이 감당하는 것 중 일부는 소비자에게 전가될 것이니 그 또한 국민이 내는 것이다. 국가 재원을 얼마나 투자할지, 기업의 투자를 얼마나 이끌어낼지는 정부와 정치가 정하는데, 이를 둘러싼 극단적 정치세력이 등장할 가능성도 배제하지 못한다. 재원은 한정적이다 보니 기후위기 대응이나 환경 이슈에 막대한 돈이 투자되는 것을 꺼리는 이들도 나올 수 있고, 이들을 공략할 정치세력도 나올 수밖에 없다. 에코파시즘도 나올 수 있고, 극단적 생태주의, 극단적 동물권 옹호주의, 극단적 환경주의도 대두될 수 있다. 개인의 자유를 주장하며 기후위기 대응에 반발하는 이들도 충분히 많아질 수 있다. 탄소감축과 기후위기 극복이 생각보다 쉽지 않을 수 있다. 지금은 잘 될 거란 기대가 크고 그에 따라 추진되지만, 막상 현실에서 어려움이 계속 드러날수록 극단적인 대응이 나올 수도 있다.

코로나19 팬데믹은 세계화에 균열을 만들었다. 글로벌 공급망은 효율성이 핵심인데, 팬데믹으로 글로벌 공급망이 무너졌다. 원자재 대란, 생산 대란, 물류 대란 등 차질이 생기며 세계화를 주도한 미국과 EU, 글로벌 기업, 금융자본으로선 변화를 받아들어야 했다. 거기다 러시아의 우크라이나 침공이 더해지며 세계화는 더 큰 타격을 맞았다. 러시아에 대한 수출 금지, 러시아의 석유와 천연가스 등에 대한 수입 금지 등 강력한 경제제재는 자유무역과 세계화를 정면으로 위배하는 것이기도 하다.

공산당이 지배하는 중국마저도 자본주의를 적극 받아들이고, 세계화의 일원이 되어 세계의 공장이 되며 글로벌 공급망의 중요 역할을 담당하게 만들었는데, 미국과 경제 전쟁을 벌여오던 중국은 러시아 제재에 동참하지 않는다. 오히려 중국은 러시아의 우방이다. 인도도 러시아에 호의적이다. 중국과 인도의 경제력은 무시하지 못할 수준이고, 성장세는 유럽과 북미를 압도할 정도로 가파르다.

분명 ESG, 그중에서도 기후위기 대응과 탄소중립 부분에서 유럽은 새로운 경제 전쟁을 펼치는 중이고, 자신들의 무기를 만들어왔다. 유럽에서 시작해 미국으로 건너간 세계 경제의 주도권이 미래엔 아시아로 갈 가능성이 크다. 아시아는 21세기 들어서 전 세계에서 에너지 소비량이 가장 크게 늘어난 지역이다. 인구도 크게 늘었지만, 중국, 인도, 한국의 성장과 연관 있다. 반면 유럽은 총 에너지 소비량이 감소세다. 공장을 중국으로 대거 옮겨놓기도 했고, 탄소감축에 적극 대응한 결과다. 미국도 마찬가지다.

미국은 미래에도 세계 경제의 주도권을 가지겠지만, 유럽은 아시아에 밀릴 수 있다. 중국, 인도, 한국, 일본은 지금도 GDP Top 10에 속하지만 미래엔 더 높은 순위가 가능하고, 동남아시아 국가들

전 세계 총 에너지 소비량

1990~2020년 추이, Mtoe (million tons of oil)

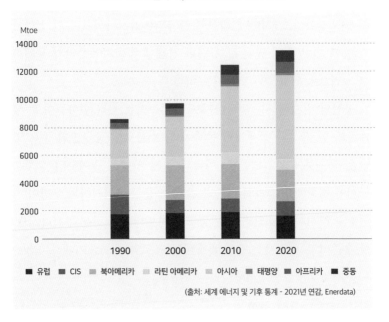

(출처: 세계 에너지 및 기후 통계 - 2021년 연감, Enerdata)

도 성장세와 잠재력에서 주목받는다. 유럽으로선 세계 경제 주도권을 잡기 위해(최소한 아시아 국가들에게 밀리지 않기 위해) 탄소중립과 ESG를 주도하고 있기도 하다. 미국도 탄소중립이 주도할 경제 전쟁의 공격자가 된다. 반면 중국, 인도, 러시아 모두 탄소중립이 주도할 경제 전쟁에선 방어자이고, 기회보단 위기가 더 많은 입장이다. 이건 우리나라도 마찬가지다.

BP British Petroleum가 발간한 '2021 세계 에너지 통계 분석 Statistical Review of World Energy 2021에 따르면, 한국은 세계 탄소배출량 순위 8위

에 해당된다. 탄소배출량 Top 10은 중국(2), 미국(1), 인도(6), 러시아(11), 일본(3), 이란(21), 독일(4), 한국(10), 사우디아라비아(19), 인도네시아(15)다. 괄호한 숫자는 GDP 순위다. 한국은 GDP 10위지만 탄소배출량은 8위다. 사우디아라비아, 인도네시아, 러시아, 이란, 인도는 GDP 순위보다 탄소배출량 순위가 훨씬 높은 나라다. 사실 다른 나라 걱정할 게 아니다. 우리나라는 인구도 많지 않고 산유국도 아닌데 탄소배출량이 많다는 것이 걱정이다. GDP는 한국보다 2배 이상 높고 인구도 50% 정도 더 많은 독일(6억 500만 톤)이 탄소배출량은 한국(5억 7,900만 톤)보다 근소하게 많다. 독일도 한국과 마찬가지로 제조업 비중이 높지만, 재생에너지와 탈탄소에 대해 훨씬 강도 높은 투자를 해왔다.

제조업 비중이 높은 한국은
ESG 리더십이 더욱 절실하다

독일과 한국은 같지만 다르다. 둘 다 GDP에서 제조업 비중이 높고, 제조업이 국가 경제의 중심축인 건 같다. 독일은 GDP에서 제조업 비중이 23% 정도인데, 2019년에 국가 제조업 전략 2030을 발표하며 제조업 비중을 25%까지 올리는 목표를 세웠다. 4차 산업혁명이란 말의 원조 격인 인더스트리 4.0(산업 4.0)은 독일 정부가 2011년부터 제시한 화두다. 독일의 제조업 비중은 1990년대부터 지금까지 계속 21~23%다. 한국은 2020년 기준 GDP에서 제조업 비중이 27% 정도다. 1995년에는 28% 정도였으니 25년간 1% 남짓 줄어들었을 뿐 제조업의 비중은 계속 높았다. 역대 가장 높았을 때가 2010년 30.2%였다. 일본도 20% 정도다. 경제 선진국 중 GDP 대비 제조업 비중이 20% 넘는 나라는 독일, 한국, 일본이다. 미국, 영국, 프랑스, 캐나다 등은 10% 내외에 불과하다. 북미와 유럽 선진국들의 제조업 비중이 2005년 이후 크게 줄었는데, 중국으로 생산 거점을 옮긴 영향이다.

유엔산업개발기구UNIDO가 2021년에 발표한 세계 제조업 경쟁력 지수CIP Index에서 2019년 기준 1위는 독일로 세계 제조업 경쟁력 지수 부동의 최강국이다. 2위는 중국이다. 1990년엔 32위였고, 2002년엔 21위에 불과했던 중국이 세계의 공장으로 성장하며 순위를 끌어올리더니 2010년에 5위권에 들어오고, 2015년부터는 2위를 지키고 있다. 3위 미국, 4위 일본, 한국 5위다. 미국과 일본은 1990년대부터 2010년대까지 2~3위를 왔다 갔다 하다가 중국이 급부상한 후 밀렸다. 한국은 1990년대에는 10위권이었고, 2006년에 5위로 진입한 이후 2010년부터 4위를 지키다 2017~2018년 3위까지 오른다. 2019년에 미국, 일본에 순위를 내주며 5위로 내려앉긴 했지만 CIP 전체 점수는 미국, 일본, 한국이 같다. 주요 지표인 1인당 제조업 부가가치는 오히려 미국, 일본보다 높다. 분명 제조 경쟁력에서 독일에 견줄 만한 한국이다. 제조업은 산업적 특성상 에너지 소비가 많고, 탄소배출량도 많을 수밖에 없다. 제조업 비중이 높은 국가는 넷제로에 상대적으로 불리하고, 더 많은 투자가 필요하고, 리스크도 크다. 그런데 독일과 한국은 여기서 크게 다르다.

독일은 EU 중에서도 가장 ESG 모범 국가다. 2050년 탄소중립 목표를 가장 잘 이행한다고 평가받는다. 2020년까지 1990년 대비 온실가스 40% 감축을 목표로 했는데 초과 달성했고, 2030년까지 1990년 대비 온실가스 55% 감축 목표를 독일 연방헌법재판소가 불충분하다며 앞당기라고 명령했고 독일 정부가 수용하여 65% 감축으로 바뀌었다. 2040년까지는 88% 감축 목표다. 독일은 재생에너지에서 가장 선도적인 국가인데, 정부가 에너지 관련 법제도를 개정하고 적극적으로 추진한 덕분이다. 독일은 2021년 기준 전력 소비 중 재생에너지 비중이 42%였는데, 2030년까지 80%, 2035년까지 모든 전력 수요를 100% 재생에너지로 대체하는 게 목표다.

한국에너지공단 신재생에너지센터에 따르면, 한국의 2020년 전체 전력 발전량 대비 재생에너지 비율은 6.4%다. 2000년 1.5%에서 2020년 6.4%가 되었으니 20년간 4배 증가했다. 독일은 2000년 6.6%에서 2020년 44.9%로 7배 정도 증가했고, 영국은 2.7%에서 42.3%로 20년간 15배 이상 증가했다. 2020년 기준 미국 20.4%, 일본 26.3%와 비교해도 한국은 재생에너지 비율이 너무 낮다.

2030년까지 독일은 재생에너지 비율을 80%로 높이는 게 목표고, 영국도 60~65%, 미국은 50~70%, 일본은 36~38%를 목표로 세웠다. 한국도 2030년 목표한 온실가스 감축을 달성하려면 재생에너지 비율을 30% 이상으로 만들어야 하는데, 갈 길이 멀다. 독일, 미국, 영국, EU의 감축 목표는 IPCC 권고안에 부합하지만, 한국과 일본은 권고안을 충족하지 못하고 있다. 일본은 한국보다는 권고안에 좀 더 가깝다. 전력 소비 중 재생에너지 비율만 봐도 일본이 한국보다 4배 높다. 이는 한국 제조업이 감당할 리스크가 된다.

독일 정부의 강력한 탄소중립 정책 이행에 맞물려, 독일의 제조 기업도 적극적으로 탄소중립 목표를 이행 중이다.

BMW는 2030년까지 탄소배출을 생산 공정에선 2019년 대비 80% 감축, 소비자의 사용에선 40% 이상, 공급망에서 20% 이상 감축하는 목표를 실행하고 있다. 2025년까지 자동차 판매량 중 전기차 비중 25% 이상도 목표다. BMW는 지속가능경영보고서를 2001년부터 발간해왔고, 2020년부터는 재정보고서와 지속가능경영보고서를 통합한 보고서를 발간하고 있다.

　　메르세데스벤츠는 2030년까지 전체 판매량 중 전기차 비중을 50%, 2039년까지 모든 자동차를 전기차로 만들 계획이다. 공급망의 협력업체 선정에 탄소배출량을 기준으로 삼고 있고, 2039년부터 탄소중립을 달성한 기업만 공급망에 포함하겠다고 한다. 심지어 전기차에 필수인 배터리에 대해서도, 인권 문제가 된 코발트 광산을 비롯해 가이드라인에 따라 인증된 원자재만 쓴 배터리 셀을 공급받기로 했다. 공급망에서 탄소배출뿐 아니라 인권과 노동 등 S 이슈에 대해서도 가이드라인을 적용하는 것이다.

　　글로벌 1위 화학기업 BASF는 2030년까지 2018년 대비 온실가스 배출량을 25% 감축하고, 2050년까지 탄소중립을 달성하는 목표를 2018년에 선언하며, 온실가스 감축을 위해 생산 및 공정 효율 고도화, 재생에너지 확보, 온실가스 저배출 신기술 개발에 적극 나섰다. 이미 2018년 이산화탄소 배출량은 1990년 대비 절반으로 감축했는데, 2030년까지 1990년 대비 60% 감축이 목표다. EU의 55% 감축 목표보다 앞선다. 제조업으로선 전력 수요와 생산량이 비례할 수 있는데, 전력에서 재생에너지 비율을 높여 생산이 늘고 전력 수요가 늘어도 탄소배출을 줄이면 된다. 폐플라스틱 재활용을 비롯한 자원 선순환, 환경보호 관련해서도 적극적으로 투자하고 있다. BASF는 1989년부터 환경보고서를 발간했고, 1973년부터 사회보고서를 발간했다. 이미 1970년대부터 S를, 1980년대부터 E에 대응했고, 기업 사훈에 지속가능한 미래를 위한다는 메시지가 들어가 있다.

탄소중립은 정치 화두가 아니라 경제 화두다. 정부가 탄소중립을 비롯한 ESG 관련 법제도 개정을 산업과 경제 관점으로 바라보아야 한다. 이미 글로벌 경제가 ESG를 적극 흡수하고 있고, ESG 2.0으로 진입하면서 EU와 미국이 주도하는 국가 간 격차와 보호무역주의, 기업 간 격차는 심화되고 있다. 더 이상 ESG는 선의의, 호의의 화두가 아니라 새롭게 기울어진 운동장을 만드는 무기가 되고 있다. 특히 제조업에선 어떻게 대응하고 대비하냐에 따라 희비가 엇갈릴 수밖에 없다. 진보나 보수 같은 낡은 이념으로 이 문제를 바라봐선 안 되고, 지구를 위한다거나 북극곰을 걱정하며 감성적으로 호소하는 아마추어적 접근에서 벗어나, 지극히 전략적이고 실리적 관점으로 봐야 한다.

정부의 탄소중립과 ESG 분야를 환경 전문가만 주도하는 게 아니라, 경제와 산업 전문가의 역할이 더 커져야 한다. 환경이 절대 단독 주연이어선 안 된다. 이는 기업도 마찬가지다. 경영진에게 비즈니스 관점에서의 ESG 전략 이해가 더 높아져야 한다. 결국 정부는 경제 효과를, 기업은 경영 성과를 증대시키기 위한 ESG 정책, ESG 실행, ESG 전략을 구사할 수 있는 리더들이 많아져야 한다.

ESG 2.0과 빅 웨이브, 과연 누가 살아남을 것인가?

그레임 매카이Graeme MacKay는 캐나다 신문 〈해밀턴 스펙테이터Hamilton Spectator〉에 소속된 만화가editorial cartoonist다. 전 세계적으로도 신문에는 뉴스를 기반으로 한 만화, 만평이 오래전부터 실렸는데, 그레임 매카이가 바로 이 일을 하는 만화가다. 1997년부터 〈해밀턴 스펙테이터〉에서 일했고, 다른 매체에서 일한 것까지 포함하면 30년 가까이 신문에서 만화를 그렸다. 그런 그가 2020년 3월 11일에 그린 만화가 세계적으로 이슈가 되었다. WHO가 COVID-19 팬데믹을 공식적으로 선언한 바로 그날이다. COVID-19라는 거대한 파도가 캐나다를 덮치려 하는데, 그 뒤로 불황Recession이 더 큰 파도로 다가오고 있다. 가장 직관적으로 팬데믹의 실체를 보여준 셈이다. 팬데믹은 보건 건강의 악재이기보다 경제위기를 초래할 악재다. 이 만화는 전 세계로 번지며 수많은 패러디를 낳았다. 영국에선 캐나다 국기 대신 영국 국기를 걸고, 브렉시트Brexit, 영국의 유럽연합 탈퇴라는 파도를 하나 더 붙이기도 하고, 각국 상황에 맞는 패러디가 소셜네트워크에 쏟아졌다. 덕분에 그레임 매카이는 2020년 가장 유명한 만화가가 되었다. 이후 그는 COVID-19, 불황, 기후위기로 이어지는 그림으로 전 세계가 닥친 상황을 가장 직관적으로 보여줬다.

이젠 기후변화 대신 기후위기라는 말을 쓴다. 변화라는 말로는 심각성을 담아내지 못한다는 이유다. 기후변화는 전 세계 모든 산업과 경제에 가장 큰 영향을 미칠 변수다. 막대한 위기와 함께, 엄청난 기회도 기후변화에 숨어 있다. ESG에서 E가 주인공일 수밖에 없고, ESG 대신 기후에 집중하자는 목소리가 투자와 경영 업계에서 나오는 것도 이런 이유다. 4차 산업혁명이란 어젠다를 부각시킨 세계경제포럼WEF은 이제 ESG 관련 어젠다를 열심히 부각시킨다. 세계 경제에서 지속가능과 기후변화(기후위기), ESG는 가장 뜨거운 어젠다다. 수년째 그랬고, 앞으로도 계속 그럴 것이다. 세계경제포럼에서 ESG 생태계 지도ESG Ecosystem Map를 만들어 웹사이트에 게재했는데, ESG를 둘러싼 각종 기준, 지표, 평가에 관한 기관을 한눈에 보기 좋게 나열해놨다. 그만큼 ESG를 둘러싼 주도권과 이해관계가 복잡하게 존재한다는 의미기도 하고, ESG가 만들어낼 기회와 위기, 영향력이 엄청나게 크다는 것을 반증하기도 한다.

미국과 중국의 경제 전쟁은 아직 진행 중이다. 미국은 많은 부분에서 중국에 우위지만, 특히 에너지 분야에선 훨씬 우위다. 미국은 최대 산유국이면서, 중동의 주요 산유국들과 우방이다. 재생에너지도 적극 투자한다. 화석연료와 재생에너지 양쪽에서 경쟁력을 갖고있다.

중국은 최대 탄소배출 국가다. 미국의 두 배 정도나 배출하는데, 세계의 공장이 되어서다. 이것이 중국 경제를 키운 힘이자, 중국의 약점이 되고 있다. 막대한 전력이 필요한데, 이는 곧 막대한 탄소배출량으로 이어진다. 중국은 전 세계에서 석탄을 가장 많이 소비하는데, 전 세계 소비량의 절반 정도 쓴다. 중국 전체 발전량에서 석탄의 비중이 62.9%나 된다.

중국에도 석유가 나지만, 중국 내수로 쓰기도 모자란다. 중국의 석유 소비량 70%는 수입이고, 상당수가 중동에서 온다. 중국도 에너지 안보와 탄소감축 문제를 동시에 해결해야 한다. 그래서 원자력 발전 비중을 2030년까지 3배로 늘려 세계 최대의 원자력 발전 국가가 되는 계획을 갖고 있다. 재생에너지도 투자하지만 한계가 있다. 당장 급한 석탄 비중을 줄이는 데 원자력이 적극 활용된다.

중국은 탄소중립 달성 시점을 2060년으로 잡았다. 유럽과 미국, 심지어 한국도 2050년이 목표인 것에 비해 중국은 10년의 시간을 더 추가했다. 그만큼 중국으로선 탄소중립이 다른 나라들보다 상대적으로 더 어렵다. 중국은 경제성장을 더 이뤄야 하는데, 세계의 공장으로서의 역할을 더 오래 이어가야 한다.

탄소중립은 환경이 아닌 경제 화두다. EU와 미국이 주도하고 있고, 특히 미국은 탄소중립을 무기로 중국 경제에 타격을 줄 수 있다. 중국 경제가 성장하는 데 가장 중요한 걸림돌이자 미국 입장에 선 방어막이 될 수 있다. EU와 미국이 부과하는 탄소국경세에 가장 크게 타격받는 나라도 중국이다. 러시아도 EU와 미국이 주도하는 탄소중립 시대는 반갑지 않다. 러시아 경제는 석유, 천연가스 등 화석연료 수출의 비중이 크다. 러시아와 중국으로선 탈탄소라는 글로벌 방향성이 자신들에겐 위협적일 수 있다.

한국 경제도 탈탄소가 부담스럽다. 제조업과 중공업의 비중이 높고, 탄소배출량도 높고, 석탄 발전 비중도 40%대로 너무 높다. 이걸 바꾸려면 막대한 돈이 들어갈 수밖에 없다. 중국 경제가 받는 타격을 고스란히 한국도 받을 수 있는 것이다. 한국 기업으로선 탄소 관련 리스크를 빨리 해결해야만 한다. 탄소중립 2050년이란 목표는 아주 멀어 보이지만, 실제로 온실가스 감축 목표 2018년 대비 40%는 2030년까지다. 감축 목표 40%도 COP26으로 높아진 것이지 그전까진 26% 감축이 목표였다. 2022년 기준으로 8년 남은 시간까지 얼마나 탄소감축을 잘 시켜내는지를 보면, 2050년 목표가 현실성이 있을지 거짓말일지 드러난다. 따라서 향후 8년 석탄과 석유 소비를 줄이고, 재생에너지를 늘리는 강력한 정책이 이어져야 하고, 산업계와 기업으로선 변화된 환경에 대응해가야 한다.

탄소중립 얘기를 아무리 강조해도 전 세계의 전력 수요는 계속 증가하고 있다. 코로나19 팬데믹으로 잠시 주춤하는 듯했지만, 2022년 경기 회복과 함께 전력 수요와 그에 따른 탄소배출도 증가한다. 국제에너지기구IEA는 2023년이 이산화탄소 배출량 최고 기록을 세울 것이라 전망하기도 했는데, 사실 최고치가 언제일지는 미지수다. 2022년엔 전쟁이란 변수가 기후위기 대응에 악재로 작용하고 있다. 석유, 천연가스보다 더 심각한 것이 석탄이다. 러시아의 우크라이나 침공 이후 EU의 전체 발전량에서 석탄화력 발전 비중이 이전 10%에서 13%로 높아졌고, 독일은 25%에서 37%로 높아졌다. 석탄 수요가 늘어나며 가격도 상승했다. 이는 결국 유럽의 탄소배출량 목표에도 차질을 준다.

EU는 2030년 이산화탄소 배출량을 1990년 대비 최소 55% 감축하기로 했지만, 러시아의 전쟁이 변수가 되었다. 전쟁을 계기로 에너지 안보가 더 부각되었고, 탈탄소도 좋지만 에너지 안보를 배제할 수 없다 보니 석탄을 선택하게 된다. 러시아의 석유, 천연가스에 대한 제재로 러시아의 돈줄을 끊으려다, 탈탄소 계획에 차질이 생기는 셈이다. 에너지 안보를 이유로 탈석탄 속도가 늦춰지게 생겼다.

탄소중립은 경제 화두다. 2050년 탄소중립을 목표대로 이룬다면, 목표를 이루지 못할 때보다 세계 경제는 더 성장하지만, 과정은 순탄치 않을 것이다. 탄소중립을 둘러싼 국가 간 갈등은 기업에게 고스란히 피해를 준다. 탄소중립 2050년은 결코 쉬운 목표가 아니다. 막대한 투자가 따르는 목표이고, 그 과정에서 국가 경쟁력, 기업 경쟁력에서 위기와 기회가 엇갈리는 상황이 얼마든지 나타날 것이다.

탄소중립 이슈에서 EU와 미국이 유리한 고지를 점하고 주도권을 행사하고 있지만, 다른 나라들도 결국은 대응해가며 위기를 극복해갈 것이다. 그러면 EU와 미국은 S, G에서도 주도권을 행사하며 얼마든지 무기화할 것이다. ESG는 경제 전쟁의 무기가 될 수 있고, ESG 2.0으로 진입하는 건 기업에겐 위기를 극복하고 새로운 기회로 전진한다는 의미가 된다. 전방위적 위기와 영역 파괴의 시대, 결국 살아남는 기업은 기술적 우위, 시장 경쟁력의 우위를 가져야겠지만, 그 근간에 ESG의 우위도 자리 잡을 것이다.

세상은 바뀌었다. 가장 강한 자가 살아남는 게 아니라, 살아남는 자가 강한 자다. 리더 중에선 과거가 좋았다는 얘기를 많이 하거나, 변한 세상에 대한 불만을 얘기하는 사람이 있는데 이런 리더는 지금 시대엔 리더 자격이 없다. 기업의 리더, 정부의 리더, 모든 조직의 리더는 바뀐 세상이 만들어내는 기회에 주목해야 하고, 아무리 좋았던 과거라도 과감하게 관성을 버리는 용기도 필요하다.

한국 경제는 전쟁을 겪고 폐허에서 시작했지만 세계에서 손꼽힐 경제성장을 하고, 금융위기도 극복하고 결국은 선진국에 진입했다. 한국은 기후위기 대응과 ESG 경영에서 후발주자이고 위기가 더 많은 상황이긴 하지만, 결국 극복해내고 전진할 것이다. 그렇게 되기 위해서라도 리더의 역할이 중요하다. 이 책은 한국의 리더들을 위해 썼다. 한국의 기업들에 자극을 주고 동기부여를 하기 위해 썼다. ESG는 분명 경제의 중심이 되고, 국가 간, 기업 간 이해관계에 따른 무기로 작용할 수밖에 없다.

ESG 2.0으로 하루빨리 진화하는 것은 선택이 아닌 필수다.

ESG 2.0

자본주의가 선택한 미래 생존 전략

참고문헌

Part 1 기업의 존재 가치, 기업가의 존재 이유는 무엇일까?

- 애플테슬라는 '러시아 손절'하는데 삼성현대차는 침묵, 왜, 2022.3.4, 중앙일보
- "애플의 러시아 사업 철수로 삼성전자 압박 커질 것", 2022.3.4, 조선비즈
- BP, 250억 달러 손실 감수 러시아 로스네프트 지분 매각키로, 2022.2.28, 글로벌이코노믹
- BP쉘도 '굿바이 러시아'…등 돌리는 글로벌 기업들, 2022.3.1, 매일경제
- 맥도날드, 러시아 매장 폐쇄로 월 5천만 달러 비용 발생, 2022.3.10, 연합인포맥스
- '소련 개방' 상징 맥도날드 철수…"마지막 빅맥" 수백미터 줄었다, 2022.3.9, 중앙일보
- 머스크 "이상하지 않아?"…테슬라 빠진 백악관 전기차 행사, 2021.8.6, 중앙일보
- '머스크 트윗 삭제 못 해'…테슬라, '노조 위협' 관련 소송 착수, 2021.4.6, 연합뉴스
- 스타벅스 '전설의 CEO' 복귀 첫날, 주가는 왜 하락?, 2022.4.5, 머니투데이
- '뉴욕 창고'서 시작된 '아마존 노조 설립' 움직임, '나비효과' 일으킬까, 2022.4.10, BLOTER
- 일론 머스크 "테슬라 노조 결성 안 막는다", 2022.3.4, ZDNet Korea
- '최대 수익' 올린 국내은행들, 정규작지점ATM은 대폭 줄여, 2022.2.22, 중앙일보

- 스페이스캐피탈 "우주인터넷 3~5년내 통신시장 25% 차지할 것", 2022.2.3, 동아사이언스
- 우주인터넷 '스타링크' 위성 발사 2000기 돌파, 2022.1.19, 한겨레신문
- 우크라 전쟁에서 진가 드러난 '우주인터넷'…한국은 언제나?, 2022.3.2, 아시아경제
- Elon Musk says people need to work around 80 hours per week to change the world, Nov 27, 2018, Business Insider
- https://about.bnef.com/electric-vehicle-outlook/
- Electric Vehicle Outlook 2021, BloombergNEF
- The SatCom Playbook, 2022.2, Space Capital
- OECD, 「Labour Force Statistics」
- OECD, 「https://stats.oecd.org, Average annual hours actually worked per worker」2021. 7
- The SatCom Playbook, Space Capital, 2022.2
- 《Rise of the Robots》Martin ford, 2015
- 《라이프 트렌드 2022 : Better Normal Life》, 김용섭 저, 2021, 부키

Part 2 투자자본의 존재 가치, 투자기관의 존재 이유는 무엇일까?

- "30%까지 여성이사 채워라"… 노르웨이 국부펀드 투자방침 배경은?, 2021.2.17, IMPACTON
- 여성 임원 없는 일본기업에 무조건 '반대표' 던진다…자산운용사들 선언에 비상, 2021.1.12, IMPACTON
- "이사회에 여성 꼭 있어야"…글로벌 자산운용사들, 기업에 압박, 2022.1.13
- 올해 대기업 신규 사외이사 43%가 여성…사내이사는 여전히 적어, 2022.3.8, 매일경제.
- "나스닥 기업, 이사회에 여성소수자 1명 이상씩 뽑아야", 2021.8.8, 한국경제
- 미 노동위, 일론 머스크에 "'노조 방해' 트위트 삭제하라" 명령, 2021.3.28, 한겨레신문
- 네덜란드 연금, 삼성전자 등 국내 10개 기업에 '탄소 감축' 서한, 2022.2.17, 연합인

포맥스

- 애플 주총 난리날까…"1180억원은 너무 많다" 팀 쿡 CEO 연봉에 반대 목소리, 2022.2.17, 매일경제
- '2002년~2021년 삼성전자 등기 사내이사 및 임직원 간 보수 격차 분석', 2022.2.23, 한국CXO연구소
- 삼성전자 작년 직원 평균 연봉 1억 4000만 원…20년 만에 최고치, 2022.2.23, 뉴시스
- 반도체 공급난 이겨낸 애플… 4분기 매출 사상 최대 "팀 쿡 매직", 2022.1.18. 한국일보
- 미국 CEO 평균 연봉, 일반 근로자보다 351배나 더 많다, 2021.9.16, 글로벌이코노믹
- "중국 내 애플 공장 강제노동 의혹 밝혀라" 안건 상정됐지만…애플 주총서 부결, 2022.3.5, 디지털데일리
- 세계 최대 노르웨이 국부펀드, 애플 팀 쿡 급여 패키지에 '반대', 2022.2.28, 글로벌이코노믹
- 두둑이 챙기고 튀다니… 스톡옵션 본고장 美도 브레이크 걸었다, 2022.3.3, 조선일보
- 미국 증권당국, 상장사 온실가스 직간접 배출량 공시 의무화한다, 2022.3.22, 연합뉴스
- 2022년 가장 투명한 100대 기업으로 선정된 곳은 어디?, 2022.2.10, IMPACT ON
- 러시아 전쟁으로 돈 버는 美 월가, 2022.4.10, ZdnetKorea
- 전쟁통에 돈버는 왕서방…美 LNG 되팔고, 러 석유 줍줍 '짭짤', 2022.3.17, 중앙일보
- 곡물 수급 불안에 문 걸어 잠그는 국가들…'식량의 무기화' 가속화, 2022.3.8, 경향신문
- Banks are making big money off of Russian debt, April 9, 2022, CNN Business
- McDonald's and Coca-Cola boycott calls grow over Russia, 7 March 2022, BBC
- https://www.bbc.com/news/business-60649214
- bp to exit Rosneft shareholding, 27 February 2022, bp
- https://www.bp.com/en/global/corporate/news-and-insights/press-releases/bp-to-exit-rosneft-shareholding.html
- ISS ESG Releases Annual Global Outlook Report Volatile Transitions - Navigating ESG in 2021, FEBRUARY 15, 2021, ISS
- CNBC Transcript: Goldman Sachs CEO David Solomon Speaks with CNBC's

"Squawk Box" From Davos Today, JAN 23 2020, cnbc
- https://www.cnbc.com/2020/01/23/cnbc-transcript-goldman-sachs-ceo-david-solomon-speaks-with-cnbcs-squawk-boxfrom-
- davos-today.html
- 「The Tipping Point: Women on Boards and Financial Performance」, 2016. 12, MSCI
- EU Wants a Third of Board Positions to Be Held by Women by 2027, 2022.3.14, Bloomberg
- https://insights.issgovernance.com/posts/iss-esg-releases-annual-global-outlook-report-volatile-transitions-navigating-esgin-2021/
- https://www.blackrock.com/corporate/investor-relations/2020-larry-fink-ceo-letter
- https://www.blackrock.com/kr/2021-larry-fink-ceo-letter
- https://www.blackrock.com/kr/2022-larry-fink-ceo-letter
- https://www.blackrock.com/corporate/investor-relations/larry-fink-chairmans-letter#
- https://www.climateaction100.org
- https://www.transparency.org/en/cpi/2021
- https://transparency.global/transparency-index/
- https://transparency.global/transparency-25-index/

Part 3 ESG, 견고하게 구축된 금융자본의 리스크 관리 체계

- 영국 금융감독청(FCA), 'TCFD 연계 기후공시' 의무 규정 발표, 2021.12.21, IMPACT ON
- 세계 기업 5000곳 중 절반 이상 "기후변화 관련 공시 전혀 안 해", 2021.11.19, 더나은미래
- GRI와 IFRS 재단 지속가능성 보고 기준 합친다, 2022.3.25, IMPACT ON
- ISSB, 지속가능성 보고 표준안 2개 초안 발표, 2022.4.1, IMPACT ON

- 글로벌 ESG 공시 기준 나온다⋯국내 준비위도 출범, 2021.12.15, 한경ESG
- '황금알'이 된 지수 사업⋯ 대표 거위 MSCI, 2분기만 3000억 원 벌었다, 2021.8.13, 조선일보 ESG
- 공시법안 난립⋯기업은 고달프다, 2021.12.16, 서울경제
- ESG 정보 공개 의무화 관련 설문조사 결과, 2021.12, 한국상장회사협의회의
- 지속가능보고 의무공시 이행을 위한 논의 방향, 이인형, 이상호, 2021.12, 자본시장연구원
- 《라이프 트렌드 2022 : Better Normal Life》, 김용섭 저, 2021, 부키
- Changing our ways? Behaviour change and the climate crisis, 2021.4, Cambridge Sustainability Commission
- 'Polluter elite' must be target of policies to tackle climate crisis, report says, 13 April 2021
- oxfam International https://www.oxfam.org
- Clothes dryer vs the car: carbon footprint misconceptions, APRIL 17 2021, Financial Times
- PERILS OF PERCEPTION 2021 : Environmental Perils, April 2021, ipsos
- https://www.ipsos.com/en/ipsos-perils-perception-climate-change
- The climate mitigation gap: education and government recommendations miss the most effective individual actions, Seth
- Wynes and Kimberly A Nicholas, 12 July 2017, IOP Science
- https://iopscience.iop.org/article/10.1088/1748-9326/aa7541
- https://www.sciencemag.org/news/2017/07/best-way-reduce-your-carbon-footprint-one-government-isn-t-telling-youabout
- The World Needs Biden to Lead on Climate Reporting, 2020.12.14, Bloomberg
- 2021 Status Report, TCFD
- https://www.msci.com
- https://www.sasb.org
- https://www.globalreporting.org
- www.fsb-tcfd.org

- https://tpicap.com/burtontaylor
- https://www.arabesque.com
- https://www.unglobalcompact.org
- https://www.unpri.org
- https://www.ifrs.org/groups/international-sustainability-standards-board/

Part 4 ESG 2.0 : 본격적 ESG 투자와 비즈니스 전환 단계

- 유영상 SKT 사장, "본업과 ESG 연결하는 'ESG 2.0' 시대 열겠다", 2022.3.25, 매일경제
- The net-zero transition: What it would cost, what it could bring, 2022.1, McKinsey
- SBTi, 세계 최초 넷제로 기업 표준 출시, 2021.11.15, 유엔글로벌콤팩트 한국협회
- 선택이 아닌 필수, 이제는 ESG 2.0이다, 2022.1.19, Tech42
- MS, 핀란드 난방을 해결한다고?…폐자원의 재발견, 2022.3.28, IMPACT ON
- MS·구글·아마존 "클라우드 사용자 탄소발자국 공개한다", 2022.3.10, IMPACT ON
- 구글은 어떻게 데이터센터를 100% 무탄소화 시키는가?, 2022.4.14, IMPACT ON
- 탄소배출권을 가상화폐로, 아마존 NFT까지 탄소 핀테크를 아시나요?, 2022.3.25, IMPACT ON
- "노동 변호사 모셔라"…중대재해법에 몸값 급등, 2022.3.20, 한국경제신문
- 국내 기업, '사회(S) 리스크' 관리 시급, 2022.1.14, IMPACT ON
- '어게인1973'?…오일쇼크 사례로 보는 오늘날의 에너지 대란, 2022.3.25, IMPACT ON
- "원전도 그린에너지" 각국 확대 정책↑…우라늄에 투자하려면?, 2022.3.28, 머니투데이
- '그린 택소노미' 뭐길래…원자력 놓고 독프 갈라진 EU, 2021.11.12, 한겨레신문
- <2022 ESG Trends to Watch>, 2021.12, MSCI
- ESG 2.0—The Next Generation of Leadership, Kurt B. Harrison, Emily Meneer, and Beijing Zhu, Russell Reynolds Associates,
- September 2, 2021, Harvard Law School Forum

- http://unglobalcompact.kr/our-work/gc-news/?mod=document&uid=2112
- SBTi launches world-first net-zero corporate standard, 28th Oct 2021, The Science Based Targets initiative (SBTi)
- https://sciencebasedtargets.org/news/sbti-launches-world-first-net-zero-corporate-standard
- https://sciencebasedtargets.org
- https://www.iea.org
- https://www.there100.org/

Part 5 글로벌 선두기업의 초격차 전략이 되는 ESG 2.0

- Apple, 47억 달러 규모의 그린 본드 자금 집행으로 혁신적인 친환경 기술 지원, 2022.3.24, Apple Newsroom
- Apple, 47억 달러 규모의 그린 본드 자금 집행으로 1.2기가와트의 청정에너지 생산에 기여, 2021.3.17, Apple Newsroom
- Annual Green Bond Impact Report, Fiscal Year 2021 Update, investor.apple.com
- [ESG 해부] 'Scope 3' 소극적이던 삼성전자…협력사 관리 나서나, 2022.3.24, BLOTER
- '손 큰' 애플과 다른 삼성전자 현금 사용법, 2022.2.11, Bisiness Watch
- 삼성전자 지속가능경영보고서 2021 : A JOURNEY TOWARDS A SUSTAINABLE FUTURE, 2021. 6, 삼성전자
- https://img.kr.news.samsung.com/kr/wp-content/uploads/2021/06/삼성전자-지속가능경영보고서-2021.pdf
- 마이크로소프트 탄소 네거티브 선언 2주년…지속가능성보고서 발표, 2022.3.28, Microsoft NewsCenter
- https://www.microsoft.com/en-us/corporate-responsibility/sustainability/report
- 2021 Environmental Sustainability Report, 2022.3, Microsoft

- '국내 RE100 활성화를 위한 기업 설문조사', 2022.1, 한국RE100협의체
- RE100정보플랫폼(www.k-re100.or.kr)
- 글로벌 빅테크 기업의 ESG 동향과 시사점, 2021.12, 삼정KPMG 경제연구원
- [ESG 해부] 인텔 '순배출 제로' 선언…삼성전자 향하는 시선, 2022.4.14, BLOTER
- Global Investment in Low-Carbon Energy Transition Hit $755 Billion in 2021, January 27, 2022, BloombergNEF
- Carbon-Capture Startup Using Dirt Cheap Material Raises $53 Million, 2022.3.17, Bloomberg
- 탄소배출권 사업 뛰어드는 SK…친환경 시장 선점 가속, 2022.2.22, 연합인포맥스
- [IPO 2022] 세상에서 가장 비싼 스타트업 스트라이프, byline.network
- EU, 탄소국경세 더 강화…韓 수출기업 비상, 2022.4.3, 노컷뉴스
- "EU 탄소배출권값, 조만간 100유로로 넘을 것", 2022.4.4, 한국경제신문
- https://ets.krx.co.kr/main/main.jsp
- 도심 속 건물을 테슬라처럼 전기로? MS와 아마존 투자한 '블록파워', 2022.3.20, IMPACTON
- 삼성전자, 2021년 영업익 전년 대비 '43%' 껑충…전 사업 호조세, 2022.1.27, 디일렉(www.thelec.kr)
- Microsoft carbon removal : Lessons from an early corporate purchase, 2021. Microsoft
- https://query.prod.cms.rt.microsoft.com/cms/api/am/binary/RE4MDlc
- Microsoft and Jeff Bezos are backing this start-up that aims to retrofit millions of old buildings with 'green' energy, MAR 15 2022, CNBC
- [Trend Insight] 배출량 6% 줄인 MS의 탄소 네거티브 1년…지속가능성 성과 경영진 보수 반영키로, 2021.3.3, IMPACTON
- EIA, "2050년까지 세계 에너지 소비 크게 증가할 것", 2021.10.14, 에너지신문
- 한종희 "매출 늘어 탄소 배출량 증가"…삼성전자, 불명확한 탄소 감축 의지, 2022.1.6, BLOTER
- 나이키, H&M 총배출량 늘었는데 어떻게 CDP 높은 점수 받았지?, 2022.04.12, IMPACT ON

- 매일 13만 개가 태워진다…아마존 반품 논란과 이커머스 지속가능성 전략, 2022.04.12, IMPACT ON
- 스위스리, 넷제로 목표 없는 석유화학업체 보험 거부하기로, 2022.3.18, IMPACT ON
- Sustainability Report 2021, 2022.3, Swiss Re
- Net Zero by 2050 : A Roadmap for the Global Energy Sector, 2021.5, IEA
- https://news.samsung.com/kr/핵심만-쏙-한눈에-보는-ces-2022-삼성전자-기조연설
- 《2050 에너지 제국의 미래》, 양수영, 최지웅 저, 2022.4, 비즈니스북스
- 《라이프 트렌드 2019 : 젠더 뉴트럴》, 김용섭 저, 2018, 부키
- 《WORLD ECONOMIC LEAGUE TABLE 2022》, 2021.12, CEBR
- 세계 에너지 및 기후 통계 2021년 연감, Enerdata
- https://yearbook.enerdata.co.kr/total-energy/world-consumption-statistics.html
- [ESG 해부] 'SDG' 강조한 삼성전자, ISS 평가에선 마이너스 받았다, 2022.3.7, BLOTER
- https://www.isscorporatesolutions.com/solutions/esg-solutions/iss-esg-gateway/
- https://www.apple.com/diversity/
- https://about.netflix.com/en/news/our-progress-on-inclusion-2021-update
- https://transformtonetzero.org
- RE100 annual disclosure report 2021, January 2022, RE100
- https://www.there100.org/

Part 6 ESG 버블과 회의론, 그리고 ESG 워싱과 쇼잉

- 佛 AMF, '그린 워싱'과의 싸움을 2022년 최우선 과제로 삼아, 2022.1.10, IMPACTON
- ESG 정착에 가장 위험한 적, ESG 워싱, 2022.1.14, 이로운넷

- 블랙록 ESG투자 성공 스토리의 민낯…결국 '장삿속'인가?, 2022.1.5, ESG경제
- 공익환경만 강조하다 경영 망가진 '다논'…ESG, 과연 좋기만 한 것일까, 2021.6.4, 조선일보
- 재계 우등생들은 왜 'ESG 워싱' 의심받고 있나, 2021.7.18, 한겨레신문
- 국내 기업 ESG 열풍…뚜껑 여니 'G' 빠진 'ESG' 워싱, 2021.7.20, 인베스트조선
- 훌쩍 커진 ESG 시장…'그린 워싱' 감시망 더 촘촘해져야 [연중기획-포스트 코로나 시대], 2021.8.12, 세계일보
- [조신의 이로운 경영] 2. 지나치다 싶은 ESG 열풍, 원인이 무엇일까?, 2021.7.16, 이로운넷
- 바람직한 ESG 경영과 금융의 역할, 하나은행 하나금융경영연구소 Bi-Weekly Hana Financial Focus, 제11권 9호 2021.4.16~5.9
- 한전 투자 철회한 네덜란드 연기금, 이번엔 한국 정부에 촉구, 2021.8.4, 에너지데일리
- [국민연금 주주권] ③ 세계10대 연기금 어떻게 활동하나, 2018.6.7, 비즈니스워치
- "거품 낀 ESG, 앞장 설 필요없다"…세계최대 日공적연금 前수장 조언, 2021.6.29, 이데일리
- '기업시민 전도사' 최태원 SK 회장, 'ESG 경영' 전파 채널이 되다, 2021.5.3, 인사이트 코리아
- ESG 성적표 잘 받는 법…글로벌 3대 지수를 기억하라, 2021.4.20, 매경이코노미
- 최태원 회장이 강조한 'ESG'가 뭐길래…삼성·현대차도 "선택 아닌 필수", 2020.12.13, 조선비즈
- 유럽서만 매년 1조 원 낼 판…글로벌 탄소세 '모락모락', 2021.7.5, 매일경제
- ESG 위원회, 만들기는 쉽다…제대로 하는 건 어려운 문제다 [스페셜 리포트], 2021.7.25, 매일경제
- ESG 투자 고수익 행진 '종착역' 다가오나?, 2021.7.6, ESG 경제
- "기업들, 탄소세 도망칠 곳 없다… ESG 안되면 망해", 2021.7.26, 오마이뉴스
- 구글애플의 '탄소중립' 점수는…독일 NCI "실효성 미미", 2022.2.13, BLOTER
- 선진국 100%, 국내 0% 수두룩…기업 재생에너지 전환율, 2022.2.7, 이코노미스트
- CA100+, 벤치마크 결과 발표…꼴찌 기업은 버크셔 해서웨이?, 2022.3.31, IMPACT ON
- "사회 문제에 깨어 있는 척"…워크 워싱(Woke Washing) 논란에 휘말린 기업들,

2021.7.27, IMPACT ON
- 애플, 한국서 매출의 0.9%만 법인세로…극한 절세?, 2022.2.2, 아시아투데이
- OECD releases Pillar Two model rules for domestic implementation of 15% global minimum tax, 20/12/2021, OECD
- International community strikes a ground-breaking tax deal for the digital age, 08/10/2021, OECD
- ESG outperformance looks set to end, study suggests, JULY 6 2021, financial times
- Chasing the ESG Factor, Abraham Lioui, Andrea Tarelli, July 1, 2021
- The ESG honeymoon is over, October 20, 2021, Fortune
- 《라이프 트렌드 2022 : Better Normal Life》, 김용섭 저, 2021.10, 부키
- The dirty dozen: meet America's top climate villains, 27 Oct 2021, the Guardian
- How BlackRock Made ESG the Hottest Ticket on Wall Street, 2022.1.1, Bloomberg
- RE100 annual disclosure report 2021, January 2022, RE100
- Nike investors won't force company to show results of diversity efforts, Oct. 6, 2021, MarketWatch
- Nike: Greater Disclosure of Material Corporate Diversity, Equity and Inclusion Data, April 8, 2021, As You Sow
- https://www.asyousow.org/resolutions/2021/04/08/nike-greater-disclosure-of-material-corporate-diversity-equity-andinclusion-data
- https://www.there100.org/
- https://www.climateaction100.org

Part 7 NEXT Leadership, ESG Leadership은 무엇일까?

- 美 CEO들, '기업의 목적' 대전환…"주주 아닌 고객직원 위한 것", 2019.8.20, 이데일리

- "ESG는 사기일 가능성이 높다, 왜냐하면…", 2021.8.24, 시사인
- [글로벌 ESG 현장] 獨 'ESG 모범국'될 수 있었던 배경은, 2021.5.6, 이데일리
- 독일 재생에너지 비율 80%까지 높인다는데…한국은?, 2022.1.19, 그린포스트코리아
- 대기업 총수들 일제히 ESG 외쳤는데…한국엔 G 없는 이유, 2021.2.19, 중앙일보
- 글로벌 B2B 기업들의 탄소중립 전략 분석, 2021.7.14, 포스코경영연구원
- 독일 ESG 최신 동향, 2021.5.2, KOTRA 해외시장뉴스
- 탄소중립의 역설 '그린플레이션' 공포, 2021.10.25, 헤럴드경제
- 에너지경제연구원, 「2021 에너지통계연보」 2022
- Editorial Cartoon by Graeme MacKay, The Hamilton Spectator - Wednesday March 11, 2020
- https://mackaycartoons.net
- https://widgets.weforum.org/esgecosystemmap/index.html#/
- Statistical Review of World Energy, 2021(70th edition), BP
- ESG 2.0—The Next Generation of Leadership, Kurt B. Harrison, Emily Meneer, and Beijing Zhu, Russell Reynolds Associates,
- September 2, 2021, Harvard Law School Forum
- https://en.wikipedia.org/wiki/Years_and_Years_(IV_series)
- https://www.bbc.co.uk/programmes/m000539g
- Big Business and its 'Stakeholders', Aug. 19, 2019, WSJ
- Maybe CEOs Are Fed Up With Shareholders, AUG 20, 2019, Bloomberg
- Business Roundtable Redefines the Purpose of a Corporation to Promote 'An Economy That Serves All Americans', AUG 19, 2019, Business Roundtable
- https://www.businessroundtable.org
- https://stat.unido.org/cip/

ESG 2.0
자본주의가 선택한 미래 생존 전략

1판 1쇄 발행 2022년 7월 1일

지은이　　김용섭
펴낸이　　박선영

편집장　　이효선
마케팅　　김서연
디자인　　어나더페이퍼
발행처　　퍼블리온
출판등록　2020년 2월 26일 제2021-000048호
주소　　　서울시 영등포구 양평로 157, 408호(양평동 5가)
전화　　　02-3144-1191
팩스　　　02-3144-1192
전자우편　info@publion.co.kr

ISBN　　　979-11-91587-24-1 (03320)

※ 책값은 뒤표지에 있습니다.

Trend Insight

더 많은 연결을 위한 새로운 시대 진화코드
언컨택트 / 김용섭(트렌드 분석가) 지음

코로나가 몰고 온 영향과 트렌드를
정확하게 분석한 책!

위기를 기회로 만드는 사람들의 생존코드
프로페셔널 스튜던트 / 김용섭(트렌드 분석가) 지음

코로나 이후 세상, 공부의 맥락을 바꿔야 산다!
위기의 실체를 알고 나를 바꾸는 진짜 공부를 시작해보자!

Z세대, 그들이 바꿀 미래의 단서들
결국 Z세대가 세상을 지배한다 / 김용섭(트렌드 분석가) 지음

미래 한국 사회를 주도할 강력한 진화 세대,
Z세대에게서 변화하는 세상의 미래를 읽어라!

자본주의가 선택한 미래 생존 전략
ESG 2.0 / 김용섭(트렌드 분석가) 지음

팬데믹 이후 급속도로 진화하고 위기가 심화된 세상,
NEXT ESG가 필요하고 NEXT Leadership이 필요하다!